Tweede ronde

Nederlands voor buitenlanders

Delftse methode

Deze uitgave

Tweede ronde

tekstboek (inclusief 2 cd's en cd-rom) 978 90 5352 966 9
woordenlijsten in het boek: Engels, Duits, Frans, Turks
woordenlijsten los: Arabisch, Bulgaars, Chinees, Farsi, Hongaars, Italiaans, Indonesisch, Pools, Portugees, Russisch, Servisch/Kroatisch, Spaans, Tsjechisch
oefenboek 978 90 5352 967 6

Overzicht Delftse methode

Basiscursus 1

tekstboek (inclusief cd en cd-rom) 978 90 5352 955 3
woordenlijsten in het boek: Arabisch, Engels, Indonesisch, Pools, Russisch, Spaans, Turks
woordenlijsten los: Chinees, Duits, Frans, Hongaars, Koerdisch, Litouws, Perzisch, Portugees, Somalisch, Thai, Tsjechisch, Vietnamees
oefenboek (inclusief cd-rom) 978 90 5352 965 2

Basiscursus 2

tekstboek (inclusief cd en cd-rom) 978 90 8506 431 2
woordenlijsten in het boek: Arabisch, Engels, Chinees, Pools, Russisch, Spaans, Turks
woordenlijsten los: Duits, Frans, Hongaars, Indonesisch, Koerdisch, Litouws, Perzisch, Portugees, Somalisch, Thai, Tsjechisch, Vietnamees
oefenboek (inclusief cd-rom) 978 90 8506 432 9

Nederlands voor buitenlanders

tekstboek (incl. 2 cd's en cd-rom) 978 90 5352 871 6
woordenlijsten in het boek: Arabisch, Duits, Engels, Frans, Turks
woordenlijsten los: Amhaars, Bulgaars, Chinees, Farsi, Grieks, Hongaars, Indonesisch, Italiaans, Japans, Litouws, Pools, Portugees, Roemeens, Russisch, Servisch/Kroatisch, Spaans, Thai, Tigrinya, Vietnamees
oefenboek (inclusief cd) 978 90 5352 593 7

De Delftse grammatica 978 90 8506 096 3

www.delftsemethodeonline.nl

Kijk ook op: www.delftsemethode.nl

Andere NT2-titels bij Uitgeverij Boom

Een goed begin (cd-rom met 30 lessen) 978 90 5352 846 4
Klare Taal, uitgebreide basisgrammatica Nt2 978 90 8506 258 5

Voor meer informatie over deze en andere Nt2-uitgaven en bestellingen:
www.nt2.nl

Halfgevorderden
NT2-niveau 2 ⊳ 3

Delftse methode

Tweede ronde

Nederlands voor buitenlanders

A. Blom
J.L. Wesdijk

Boom, Amsterdam

Eerste oplage: januari 2005
Tweede oplage: maart 2006
Derde oplage: november 2008

Verzorging omslag en binnenwerk: Anja Verhart, Den Haag
Tekeningen: Frans Piena, Rotterdam

ISBN 978 90 5352 966 9
NUR 110

Inhoud

Voorwoord

Voor u ligt een vernieuwde uitgave van de *Tweede ronde, Nederlands voor buitenlanders,* volgens de Delftse methode. Dit grotendeels nieuwe tekstmateriaal is makkelijker dan in de vorige uitgave, korter en toegankelijker, en sluit beter aan bij het eindniveau van deel 1 *Nederlands voor buitenlanders,* het 'groene boek'. De inhoud is aangepast aan de veranderingen in de samenleving, zodat die voor halfgevorderde leerders van het Nederlands interessant en nuttig is. Alle belangrijke aspecten van de Nederlandse samenleving komen aan bod: landschap, economie, politiek, zorg, onderwijs. Maar ook informatie over de Nederlandse taal en geschiedenis vindt u terug in de teksten: *hoe leer je een taal, wanneer zeg je u of jij, waar komt de naam Oranje vandaan, en hoe komen andere Nederlanders aan hun achternaam*? Andere teksten nodigen uit tot discussies zoals die ook wel in de media gevoerd worden, soms met kant-en-klare argumenten voor en tegen: *hoe zit het met de veiligheid in Nederland, moet voetbal verboden worden, is het waar dat in Nederland alles kan*? Er is gezorgd voor variatie in tekstsoorten; tussen de teksten vindt u: een brief en een ansichtkaart, een kranteninterview, een telefoongesprek, een rondleiding, een beschrijving van diagrammen, een sollicitatiegesprek en een woordenwisseling tijdens een 'inspraakavond'.

Diverse collega's en meelezers hebben ons geholpen door de teksten te voorzien van commentaar; wij noemen hier met name Roos Naeff en René de Zeeuw. Een bijzonder woord van dank komt Piet Meijer toe voor het onverdroten doorlezen en becommentariëren van steeds weer nieuwe versies, en eindredacteur Bondi Sciarone voor zijn kritische sturing van het schrijfproces en voor zijn inspanningen om het boek van een robuuste cd-rom te voorzien. Jan Erik Grezel zijn wij dank verschuldigd voor de tekst van les 6, en Jan Laboyrie, voor die van les 39. Ook de vertalers danken wij voor hun noeste arbeid, alsook degenen die foto's voor de cd-rom leverden, en de redacteuren van Uitgeverij Boom. Wij houden ons aanbevolen voor ieder commentaar.

Bij de tweede druk: het gehele boek is in de nieuwe spelling omgezet.

Alied Blom **a.blom@tudelft.nl**
Conny Wesdijk **j.l.wesdijk@tudelft.nl**

Verantwoording en inhoud

Evenals *Nederlands voor buitenlanders*, deel 1, is de *Tweede ronde* geschreven op basis van de Eindhovense frequentielijst, aangevuld met nieuwvormingen. Getracht is om de 2500 meest frequente woorden van het Nederlands te verwerken. Woorden die slechts één keer voorkomen in deel 1, het 'groene boek', zijn opnieuw van een vertaling voorzien. Enkele vaste uitdrukkingen en zegswijzen zijn niet vertaald maar uitgelegd in het Nederlands, om vertaalproblemen te voorkomen, maar ook om de cursist voor te bereiden op het gebruik van een woordenboek. Achter in het boek zijn deze uitdrukkingen op een aparte lijst bij elkaar genomen.

Audio-cd's, cd-rom en internet

De audio-cd's bij het boek bevatten een geluidsweergave van alle teksten, zodat de cursist beschikt over voldoende luistermateriaal. De cd-rom biedt vertalingen van *alle* woorden in de teksten, in 17 talen. Door middel van de luisteroefeningen op diezelfde cd-rom kan de cursist zich gemakkelijk een oordeel vormen over de eigen luistervaardigheid. Met de gedetailleerde feedback bij alle oefeningen in het boek kan de cursist werken aan de taalvaardigheid en eventuele problemen zelf oplossen. Door dit alles, en ook door de 'studiehelper' waar de gebruiker via het internet over kan beschikken (www.delftsemethode.nl), leent de cursus zich uitstekend voor zelfstudie.

Niveau

Net als in de vorige uitgave richt de *Tweede ronde* zich op cursisten die ten minste enige jaren middelbaar onderwijs hebben gevolgd, en die het Nederlands beheersen op NT2-niveau A2. Het eindniveau is NT2-niveau B1.

Inhoud

Een greep uit de onderwerpen:

- het landschap
- de grote steden
- talen leren
- economie
- zorg
- dijken en dammen
- geschiedenis
- veiligheid
- politiek
- openbaar vervoer
- onderwijs
- omgangsvormen
- Nederland binnen Europa en in de wereld

Voor de cursist

Dit is het tweede deel *Nederlands voor buitenlanders* volgens de Delftse methode. Het is net zo opgezet als het eerste deel, het 'groene boek'. In deze methode draait alles om de teksten. U leert de teksten door te luisteren naar de audio-cd's en mee te lezen in het boek. Sommige woorden staan cursief, de betekenis vindt u op de rechterpagina. De andere woorden kunt u opzoeken in de index achterin. Grammaticale problemen lost u op met behulp van het overzicht voorin.

Audio-cd's

Luister net zo lang naar elke tekst tot u alles begrijpt, ook zonder boek. U zult merken dat u de Nederlanders beter kunt verstaan. En als u nazegt wat u hoort, dan leert u ook hoe u het Nederlands moet uitspreken. Het schrijven oefent u door op te schrijven wat u hoort. Later controleert u dit met de tekst.

Gatentekst

Als u de tekst goed beheerst, kent u ook de woorden daarin. Om dit te controleren gaat u door naar de volgende bladzijde. U vult de gaten in zonder naar de vorige bladzijde te kijken. U moet dus eerst de tekst zelf grondig bestuderen, dan pas controleren met de gatentekst!

Vragen en oefeningen

Elke les eindigt met oefeningen en vragen. Beantwoord de vragen, en gebruik de tekst, de woordenlijsten en de grammatica om de gaten in te vullen.

Cd-rom

Als u over een pc met Windows beschikt, is de cd-rom een belangrijk hulpmiddel. U kunt de teksten beluisteren met of zonder tekst, vertalingen opvragen, uw uitspraak oefenen en luisteroefeningen maken. Ook kunt u gatenoefeningen maken: bij foute antwoorden krijgt u gedetailleerde uitleg.

U hebt mischien wel 2 of 3 uur nodig om een tekst te leren. Maar dan kunt u wel een gesprek voeren over de onderwerpen in de teksten.

Handleiding cd-rom

Kies een taal

Selecteer een taal. Engels staat voorgeprogrammeerd. Kies op de pijltjes rechts naast het venster en kies een van de 17 hulptalen.

Kies een les

Kies met behulp van de pijltjes rechts naast het venster het nummer van de les die u wilt openen en klik hierop. Links staat een rijtje van zes knoppen. Met behulp van deze knoppen kunt u de tekst leren, uzelf controleren en een oefening maken.

Leer de tekst

Knop 1: u hoort de tekst zin voor zin; na elke zin is er een pauze waarin u de zin kunt naspreken; als u op 'luisteren' klikt, hoort u wat u gezegd hebt. U ziet de tekst op het scherm en u kunt elk woord aanklikken voor een vertaling in een taal naar keuze.

Knop 2: u hoort de gehele tekst zonder pauzes; u ziet de geschreven tekst; u kunt bij elk woord de vertaling aanklikken.

Knop 3: u hoort de tekst zin voor zin; na elke zin is er een pauze; u ziet **geen** tekst.

Knop 4: u hoort de gehele tekst zonder pauzes en zonder de geschreven tekst.

Controleer

Knop 5: Als u de tekst grondig hebt bestudeerd gaat u uzelf controleren. Klik op knop 5. U hoort een willekeurig gekozen fragment van de tekst. Daarna hoort u steeds één zin. Tik deze zin in. Druk op enter als u klaar bent. U leest hoeveel woorden u goed hebt. Daarna hoort u de volgende zin. Als u alle zinnen van het fragment hebt ingetypt verschijnt de correcte tekst met daaronder uw zinnen. Vergelijk deze zinnen met elkaar. Uw fouten zijn gemarkeerd met een sterretje *.

Oefen

Knop 6: Als u uzelf gecontroleerd hebt gaat u oefenen. Klik op knop 6. U ziet een oefening uit het boek. Vul het eerste woord in en druk op *enter*. Als het woord goed is wordt het groen. Als het fout is wordt het woord rood. In een venster verschijnt uitleg over de fout. Bestudeer de informatie en tik een ander woord in.

Voor de docent

Indeling

Het boek is als volgt ingedeeld:

- Een beknopte **grammatica** met voorbeelden, op enkele toevoegingen na gelijk aan die in deel 1, het 'groene boek'. Bij een aantal paragrafen is een verwijzing opgenomen naar een les elders in dit boek. De lijst met onregelmatige werkwoorden is aangevuld.
- Een serie van 45 **lessen**, over voor de doelgroep interessante onderwerpen.
- Een index van alle gebruikte nieuwe woordvormen, voorzien van het lidwoord, vaste voorzetsels en andere bijbehorende elementen; vervoegde en verbogen vormen zijn voorzien van de grondvorm. De beklemtoonde lettergreep in elk woord is vet gedrukt.
- Een lijst met vaste verbindingen en uitdrukkingen.

De lessen bestaan uit de volgende vier vaste componenten:

- Een **tekst**, waarin circa 55 nieuwe woorden (gecursiveerd) verwerkt zijn.
- Een **woordenlijst**, met vertalingen in het Engels, Frans, Duits en Turks. Vertalingen in 13 andere talen zijn op te vragen op de cd-rom, en zijn ook op papier verkrijgbaar. De niet gecursiveerde woorden in de tekst worden bekend verondersteld; de vertalingen daarvan zijn te vinden met behulp van de index achter in het boek of van die in het 'groene boek'.
- Een **gatentekst**, een versie van de tekst waarin elk achtste woord is weggelaten. Het is niet de bedoeling dat deze gatenteksten in de les behandeld worden. Ze zijn voor de cursisten, om te controleren of zij de tekst al voldoende kennen. De lestijd kan wel beter besteed worden!
- **Vragen bij de tekst**, variërend van gesloten vragen die op reproductie van de tekst aansturen tot open vragen die uitnodigen tot een vrijere discussie. Door bij de voorbereiding zelf antwoorden te formuleren oefent de cursist met het woordmateriaal, zodat snel en adequaat gereageerd kan worden in conversaties over deze onderwerpen, in de les of daarbuiten.
- **Oefeningen**, die een aspect van de grammatica, gepresenteerd in een 'geel blokje', uitdiepen. De cd-rom biedt gedetailleerde feedback op de oefeningen, waarbij niet alleen de mogelijke goede antwoorden gespecificeerd worden, maar ook tal van mogelijke fouten van

commentaar voorzien worden, met verwijzingen naar relevante paragrafen van de grammatica. Wij hebben aan dit krachtige didactische instrument de voorkeur gegeven boven een sleutel achter in het boek, waarbij deze mogelijkheid zich niet voordoet.
- **Spreek- en schrijfopdrachten**, die als huiswerk meegegeven kunnen worden of gedurende de les of in een pauze in groepjes voorbereid.

Didactische principes

Voorbereiding

De teksten in het boek en op de cd's vormen de kern van de methode. In de les werkt u met die teksten, niet met gatenteksten, oefeningen, of de grammatica; dat zijn slechts hulpmiddelen voor de cursisten. Het is duidelijk dat die vóór elke les de stof grondig moeten voorbereiden. U zult ze dat uit moeten leggen. Drukt u ze op het hart om van tevoren de teksten te lezen en meermalen te beluisteren, nieuwe woorden en oude woorden die ze vergeten zijn, op te zoeken, met de gatenversies na te gaan of ze de teksten al kennen en om zichzelf vragen te stellen over de tekst. De vragen op de oefenpagina dienen ter voorbereiding op de conversatie in de les, evenals de invuloefeningen; hun antwoorden moeten zij zelf controleren met behulp van de feedback op de cd-rom. Maakt u hun duidelijk dat de voorbereiding waarschijnlijk meer tijd kost dan de lessen zelf!

De les

De rol van de docent bestaat er voornamelijk uit de cursisten het geleerde in praktijk te laten brengen. Het leukste is natuurlijk dit te doen in een conversatie. De vragen en de discussieonderwerpen op de oefenpagina geven een idee over de manier waarop u dat kunt doen. Maar waarschijnlijk hebt u hier niet genoeg aan, en zult u zelf ook een reeks vragen over de tekst klaar moeten hebben. Dat is het belangrijkste deel van de voorbereiding op de les: hoe krijg ik de cursisten aan de praat?

In het begin neemt u vragen die dicht bij de tekst liggen. Bij les 3 bij voorbeeld: *Met wie belt Erik? Wat zegt hij? Wat zegt Iwan? En Els? Wat gaan ze doen? Met wie? Waarom vindt Els fietsen prettiger?* Daarna gaat u de breedte in, bijvoorbeeld met vragen als: *Wat vind je het interessantste onderdeel van de rondleiding van Els en Iwan, en waarom? Welke stad is het geschiktst als hoofdstad, en waarom?* Tot slot gaat u over op een vrijere informatie-uitwisseling. U wijst een 'Els' en een 'Iwan' aan, die de anderen, hun 'gasten', wegwijs moeten maken in de stad. Die hebben vast allerlei vragen! Of u laat cursisten met z'n tweeën een rondleiding voorbereiden door een stad die ze kennen, en hier een telefoongesprek over voeren. Natuurlijk kunt u in deze fase van het leerproces ook **spreekopdrachten** laten houden, mits onder strikte beperkingen: niet langer dan 2 of 3 minuten, over een onderwerp dat aan de orde komt in de tekst, niet van papier opgelezen, maar zo goed voorbereid dat enkele notities genoeg zijn.

Feedback in de les

U hebt natuurlijk de taak uw cursisten feedback te geven op hun productie in de les. Zij wennen er dan aan de voorbereiding van dit soort opdrachten serieus te nemen. Houdt u de feedback echter zo kort mogelijk en gericht op één aspect, en verstoort u de uitwisseling van interessante informatie niet door lange uiteenzettingen. Uiteraard houdt u ook het leerproces van uw cursisten in de gaten. Luisteren ze wel genoeg naar de cd's, oefenen ze de uitspraak? Gebruiken ze gatenteksten en bekijken ze de vragen bij de tekst? Oefenen ze het schrijven voldoende? Als u regelmatig toetsmomenten inlast, met het luisteroverhoorprogramma bij de Delftse methode of met welke andere toetsmethode ook, blijkt al snel of u moet bijsturen en in welke richting. Grote uitspraakproblemen bestrijdt u door de cursist voor of na de les apart te nemen en twee minuten te laten volpraten over de tekst. De winst zit hem vooral in de voorbereiding door de cursist. Spel- of schrijfproblemen gaat u te lijf met extra luisteroverhooroefeningen of dictees, of met extra schrijfopdrachten.

Extra materiaal

Bij dit tekstboek hoort ook een oefenboek. Hierin vindt u nog veel meer vragen bij de teksten en allerlei opdrachten die aansluiten op de teksten; ook kunt u hiervoor terecht op de site www.delftsemethode.nl. Voor een uitvoerige bespreking van De Delftse Methode verwijzen wij naar A.G. Sciarones *De Delftse Methode nader bekeken* (Boom, Amsterdam 1999) en naar **www.delftsemethode.nl**.

Grammatica

1   1 land – 2 landen

land	-	land**en**	maar:	stad	-	steden
maand	-	maand**en**		kind	-	kinderen
dorp	-	dorp**en**		lid	-	leden
				blad	-	bladeren
				ei	-	eieren
			en:	moeilijk**heid**	-	moeilijk**heden**

Voorbeeld: Nederland is een klein *land*.

Duitsland en Frankrijk zijn grote *landen*.

Ik woon één *maand* in Nederland.

Marja woont al drie *maanden* in Nederland.

2   1 jongen – 2 jongens

jong**en**	-	jongens	winke**l**	-	winkels	situati**e**	-	situaties
meisj**e**	-	meisjes	kamer	-	kamers	auto	-	auto's

Voorbeeld: Anne heeft 2 kinderen, een *jongen* en een *meisje*.

Mijn moeder heeft 5 kinderen: 3 *jongens* en 2 *meisjes*.

Bijna elke *Nederlander* heeft een *auto*.

Veel *Nederlanders* hebben twee *auto's*.

Op zondag zijn de meeste *winkels* gesloten.

3 de, het

de stoel		**het** boek		de	stoelen, boeken
die	stoel	dat	boek	die	stoelen, boeken
deze	stoel	dit	boek	deze	stoelen, boeken
onze	stoel	ons	boek	onze	stoelen, boeken
welke	stoel	welk	boek	welke	stoelen, boeken
elke	stoel	elk	boek	alle	stoelen, boeken
iedere	stoel	ieder	boek	alle	stoelen, boeken

Voorbeeld: Ik luister naar *de* cd. Ik lees in *het* boek.
Elke jongen en *elk* meisje heeft een boek.
Ons boek is geel. *Onze* boeken zijn geel.
In *welk* dorp woon jij of in *welke* stad?

Zie ook: het grammaticablokje bij de lessen 3, 7, 39.

4 spelling (les-lessen, leer-leren)

				maar:	
land	landen	man	mannen	dag	dagen
maand	maanden	naam	namen	glas	glazen
tekst	teksten	les	lessen	gat	gaten
feest	feesten	week	weken	weg	wegen
borst	borsten	bos	bossen	kom	komen (wij)
woord	woorden	woon	wonen	twee	tweede
lukt	lukte	bus	bussen		
punt	punten	minuut	minuten		
mist	miste	mis	missen		

f	v	s	z	**maar:**	
geef	geven	lees	lezen	mens	mensen
brief	brieven	grens	grenzen	wens	wensen
geloof	geloven			kans	kansen
				eis	eisen
				Europees	Europese

Voorbeeld: Ik *leer* Nederlands, omdat ik in Nederland *woon*. Buitenlanders die in Nederland *wonen*, moeten Nederlands *leren*. Wie in Nederland *woont*, moet *lessen* Nederlands *nemen*. *Ken* jij al Nederlands? Nee, mijn vrouw en ik *kennen* nog geen Nederlands. We *zitten* op een cursus die 8 *weken duurt*. Zeg maar twee *maanden*. De meeste *lessen duren* ongeveer 60 *minuten*. Ik *lees* en *schrijf* veel. Ik vind *lezen* en *schrijven* fijn. Ik schrijf ook graag *brieven* naar mijn vrienden en familie.

Zie ook: het grammaticablokje bij de lessen 9 en 10.

5 groot, grote

is groot, zijn groot	*de grote -, het grote -, een grote -, grote -*	*een groot -*
de stad **is** groot	de grote stad, een grote stad	
het land **is** groot	**het grote land**	**een groot land**
de steden **zijn** groot	de grote steden, grote steden	
de landen **zijn** groot	de grote landen, grote landen	

Voorbeeld: Ik leer Nederlands met een *geel* boek. Ik leer Nederlands met het *gele boek*. Mijn *Nederlandse* boek is *geel*. Ik woon nu in een *grote* stad in een *mooi* land. Dit *mooie* land heeft geen echt *grote* steden.

Zie ook: het grammaticablokje bij les 6.

6 groot, groter, grootst

Delft is **groot**.	Delft is een **grote** stad.
Breda is **groter** (**dan** Delft).	Breda is een **grotere stad** (**dan** Delft).
	Nederland is een **groter** land dan Luxemburg (*het* land).
Amsterdam is het **grootst.**	Amsterdam is de **grootste** stad (**van** Nederland).

Maar:	veel weinig goed	meer minder beter	meest minst best	duur graag dichtbij	duurder liever dichterbij	duurst liefst dichtstbij
Let op:	heel groot	**veel** groter		heel weinig	**veel** minder	

Ik **drink graag** thee   Ik **drink liever** thee   Ik **drink het liefst** thee

Zie ook: het grammaticablokje bij les 33.

7 wonen, werken

nu		*vroeger*	
ik	**woon, werk** **woon, werk** jij/je	ik jij, je u hij zij, ze het, 't men	**woonde, werkte**
jij, je u hij zij, ze het, 't men	**woont, werkt**	wij, we jullie zij, ze	**woonden, werkten**
wij, we jullie zij, ze	**wonen, werken**	ik wij	heb **gewoond, gewerkt** hebben **gewoond, gewerkt**
Let op:	Woon jij in Nederland?	Nu woon jij in Nederland.	

Voorbeeld: Ik *woon* nu in Nederland. Mijn ouders *wonen* ook in Nederland. Vroeger *woonde* ik in China. Ik heb 20 jaar in China *gewoond*. Een van mijn broers *woont* en *werkt* nog in China. *Woon* jij ook in Nederland?

8 **woon***de*-**woon***den*-**gewoon***d*, **werk***te*-**werk***ten*- **gewerk***t*

-de, -den, ge-d	in de meeste gevallen,
-te, -ten, ge-t	na de letters: t k f s ch p ('t kofschip):

't	k (o)	f	s	ch (i)	p
praatte(n) gepraat	werkte(n) gewerkt	strafte(n) gestraft	miste(n) gemist	lachte(n) gekocht	stopte(n) gestopt

Voorbeeld: Vroeger woon*de* en werk*te* ik in Engeland. Mijn vrouw en ik hebben ruim 30 jaar in Engeland gewoon*d* en gewerk*t*. Mijn vrouw hoop*te* ook in Nederland te kunnen werken. Ze heeft het geprobeer*d*, maar is nu gestop*t* in verband met de kinderen.

9 zijn

nu	
ik	**ben** **ben** jij/je
jij, je u	**bent**
hij zij, ze het, 't men	**is**
wij, we jullie zij, ze	**zijn**

vroeger	
ik jij, je u hij zij, ze het, 't men	**was**
wij, we jullie zij, ze	**waren**
ik wij	ben **geweest** zijn

Voorbeeld: Ik *ben* Anne. Wie *bent* u? En wie *zijn* jullie? Gisteren *was* ik met mijn ouders in Amsterdam. Ze *waren* nog nooit in Amsterdam *geweest*. In het centrum *was* het erg druk. We *zijn* pas 's avonds laat naar huis gegaan.

10 hebben

nu		*vroeger*	
ik	**heb** **heb** jij/je	ik jij, je u hij zij, ze het, 't men	**had**
jij, je u	**hebt** **hebt**		
hij zij, ze het, 't men	**heeft**	wij, we jullie zij, ze	**hadden**
wij, we jullie zij, ze	**hebben**	ik wij	heb **gehad** hebben **gehad**

Voorbeeld: Ik *heb* geen kinderen. Anne *heeft* 2 kinderen. *Hebt* u kinderen? Ja, wij *hebben* een zoon en een dochter. Vroeger *hadden* mensen veel kinderen. Als een vrouw een kind *had gehad* kreeg ze een jaar later weer een kind.

11 kan-kun-kunt, zal-zul-zult, wil-wilt

ik	mag	kan	zal	wil	in Nederland wonen.
jij, u	mag	kan, kunt	zal, zult	wil(t)	in Nederland wonen.
	mag	kan, kun	zal, zul	wil je	in Nederland wonen?
hij, zij	**mag**	**kan**	**zal**	**wil**	in Nederland wonen.
wij	mogen	kunnen	zullen	willen	in Nederland wonen.

Voorbeeld: *Kun (Kan)* je een kaartje kopen in de trein? Ja, dat *kan*. Maar dan moet je extra betalen, en niemand *wil* dat. Je *mag* ook een kaartje kopen bij het loket, maar dat kost ook extra geld. Je *kunt (kan)* 't beste een kaartje kopen bij de automaat, dat *wil* de NS het liefst. Maar als je nog geen kaartje hebt, en je de trein toch *wil(t)* halen, dan *zul (zal)* je een kaartje in de trein moeten kopen.

12 betaald, verteld, herhaald

leren, werken	ik heb **ge**leerd, **ge**werkt		
maar geen ge-:		net zo:	
be**ta**len	ik heb het be**taald**	aan**vaar**den	ik heb het aan**vaard**
er**va**ren	ik heb het er**va**ren	mis**luk**ken	het is mis**lukt**
her**ha**len	ik heb alles her**haald**	om**ge**ven	het was om**ge**ven
ont**dek**ken	ik heb het ont**dekt**	onder**gaan**	ik heb het onder**gaan**
ver**tel**len	ik heb het ver**teld**	onder**vin**den	ik heb het onder**von**den
ge**beu**ren	het is ge**beurd**	onder**zoe**ken	ik heb het onder**zocht**
		over**ko**men	het is mij over**ko**men
		over**lij**den	hij is over**le**den
		over**drij**ven	ik heb over**dre**ven
		over**we**gen	ik heb het over**wo**gen
		voor**ko**men	ik heb het voor**ko**men
		voor**spel**len	ik heb het voor**speld**
		voor**zien**	ik heb het voor**zien**

13 hebben of zijn?

Hij **heeft** geleerd, gewerkt

maar:

Hij **is** gekomen, gebleven, vertrokken, gegaan, geweest, geslaagd, begonnen, geëindigd, gestopt, gevallen, gestorven, gezakt, veranderd, gevallen, gestegen, (het is) gebeurd, ...

14 volgorde: ik kom/kom ik

	Kom jij morgen?
Ik	**kom** morgen.
Morgen	**kom** ik.
Ik	**kom** morgen misschien met de auto.
Morgen	**kom ik** misschien met de auto.
Als het regent	**kom ik** morgen met de auto.

15 volgorde: omdat ik ... woon

Je leert Nederlands	**Je woont** nu in Nederland
Maar:	
Je leert Nederlands	*omdat* **je** nu in Nederland **woont**.
Dat betekent	*dat* **je** elke dag naar school **gaat**.
Je doet boodschappen	*als* **je** 's avonds thuis **komt**.
Ik begrijp niet	*waarom* **we** zoveel woorden moeten **leren**.
Ik vraag me af	*of* **we** minder woorden beter **onthouden**.
Er zijn veel woorden	*die* **ik** na een paar dagen **ben vergeten**.
Soms weten we niet	*wat* **een woord** precies **betekent**.
Maar we weten allemaal	*waar* **we** de betekenis **kunnen vinden**.
dus: Je leert Nederlands,	*omdat* **je** nu in Nederland **woont**.
maar: Je leert Nederlands,	*want* **je woont** nu in Nederland.
We leren woorden,	*maar* **we vergeten** ook woorden.
Ik werk	*en* **ik leer** Nederlands.

Zie ook: het grammaticablokje bij les 13.

16 volgorde: ik heb ... gewoond

a	**ik woon** in Nederland **ik heb** in Engeland **gewoond**
b	ik leer Nederlands, *omdat* **ik** in Nederland **woon** ik ken Nederlands, *omdat* **ik** in Nederland **heb gewoond** ik ken Nederlands, *omdat* **ik** in Nederland **gewoond heb**

Zie ook: het grammaticablokje bij les 15.

17 opstaan, weggaan, aankomen, terugkomen, nazeggen, opstaan, ...

De trein **komt** om 10 uur **aan**.
De trein moet om 10 uur **aankomen**.
De trein is om 10 uur **aan***ge***komen**.
De machinist probeert om 10 uur **aan** te **komen**.

Wij **staan** meestal om 7 uur **op**.
Morgen moeten we om half zeven **opstaan**.
Vandaag zijn we om half zeven **op***ge***staan**.
We proberen altijd op tijd **op** te **staan**.

18 ik – mijn – mij

Ik leer Nederlands.	**Mijn** leraar helpt.	Hij helpt **mij** (=**me**).
Jij (=**je**) leert Nederlands.	**Jouw** (= **je**) leraar helpt.	Hij helpt **jou** (= **je**).
U leert Nederlands.	**Uw** leraar helpt.	Hij helpt **u**.
Hij leert Nederlands.	**Zijn** leraar helpt.	Hij helpt **hem**.
Zij (=**ze**) leert Nederlands.	**Haar** leraar helpt.	Hij helpt **haar**.
Het ligt op tafel.	Het ligt op **zijn** plaats.	Ik heb **het** gezien.
Wij (=**we**) leren Nederlands.	**Onze** leraar helpt.	Hij helpt **ons**.
Jullie leren Nederlands.	**Jullie** leraar helpt.	Hij helpt **jullie**.
Zij (=**ze**) leren Nederlands.	**Hun** leraar helpt.	Hij helpt **ze** (= **hun/hen**).

ook: **m'n** (= mijn), **z'n** (= zijn), **d'r** (= haar), **'m** (= hem), **'t** (= het)

19 zich thuisvoelen

Ik	voel	mij/me thuis.	Wij/we	voelen	ons thuis.
Jij/je	voelt	je thuis.	Jullie	voelen	je/jullie thuis.
Hij/zij/u	voelt	**zich** thuis.	Zij/ze	voelen	**zich** thuis.

Zie ook: het grammaticablokje bij les 22.

20 kan, moet, ... + werkwoord

Hij **kan, moet, mag, wil, zal** komen.	Hij *heeft* **kunnen, moeten,** ... *komen.*
Hij **komt, gaat, blijft** eten.	Hij *is* **komen, blijven,** ... *eten.*
Ik **laat, hoor, zie** hem komen.	Ik heb hem **laten, horen,** ... *komen.*

Zie ook: het grammaticablokje bij les 45.

21 zit, staat, ... + te + werkwoord

Ik **zit** al 2 uur **te** werken.	Ik *heb* al 2 uur **zitten** *werken.*
Hij **staat** al ruim een uur **te** praten.	Hij *heeft* al ruim een uur **staan** *praten.*
Hij **ligt** in de kamer **te** rusten.	Hij *heeft* in de kamer **liggen** *rusten.*
Ik **loop** een uur mijn pen **te** zoeken.	Ik *heb* een uur mijn pen **lopen** *zoeken.*
Zij **durft** niets **te** zeggen.	Zij *heeft* niets **durven** *zeggen.*

22 probeert, vraagt, ... + (om) te + werkwoord

We proberen **(om)** veel **te** luisteren.
De leraar vraagt ons **(om)** goed **te** luisteren.
Ik weiger **(om)** dat **te** geloven.

Hij schijnt **te** komen.	Het lijkt **te** gaan regenen.
Zij blijkt ziek **te** zijn.	Het begint **te** regenen.

23 om/door/zonder + te + werkwoord

Ik luister veel **om** goed Nederlands **te** leren.
Herhaal oude teksten **om** geen woorden **te** vergeten.

Je leert Nederlands **door** veel **te** luisteren.
Je onthoudt de woorden beter **door** oude teksten **te** herhalen.

Zonder te luisteren leer je geen taal.
Sommige mensen leren een taal **zonder** les **te** nemen.

24 de kamer = hij (die)

Hij, die, deze (= de kamer) is vrij groot.
Het, dat, dit (= het huis) bevat drie kamers.
Ze, die, deze (= de huizen) zijn erg duur in Amsterdam.

Ik huur **hem, die, deze** (= de kamer) voor 600,- per maand.
Ik vind **het, dat, dit** (=het bedrag) nogal hoog.
Ik vind ze, **die, deze** (= de kamers) in het centrum erg duur.

Ik lees **in de krant**.	Ik lees **erin, daarin, hierin**.
Ik lees graag **in de krant**.	Ik lees **er, daar, hier** graag in.
Ik luister **naar muziek**.	Ik luister **ernaar, daarnaar, hiernaar**.
Ik luister graag **naar muziek**.	Ik luister **er** graag **naar**.
Ik zit **op een stoel**.	Ik zit **erop, daarop, hierop**.
Ik hou **van spaghetti**.	Ik hou **ervan, daarvan, hiervan**.
enz.	

maar: (*personen*)

Ik luister naar *mijn moeder*.	Ik luister naar **haar**.
Ik speel met *mijn vader*.	Ik speel met **hem**.
Anne denkt aan *de kinderen*.	Anne denkt aan **ze** (**hen, hun**).

Zie ook: het grammaticablokje bij les 12.

25 de trein, die ...

(*de* trein)	Ik zit in een trein **die** overal stopt.
(*het* dorp)	Hij stopt bij een dorp **dat** ik niet ken.
(*de* dorpen)	Hij stopt bij allerlei dorpen **die** ik niet ken.

26 waarin, waarop, ...

a	Ik lees *in* de krant.	De krant **waarin** ik lees is van gisteren. De krant **waar** ik **in** lees is van gisteren.
	De krant ligt *op* tafel.	De tafel **waarop** de krant ligt is rond. De tafel **waar** de krant **op** ligt is rond.
	Ik lees *over* een wedstrijd.	De wedstrijd **waarover** ik lees heb ik gezien. De wedstrijd **waar** ik **over** lees heb ik gezien.
	Ik luister *naar* de cd's.	De cd's **waarnaar** ik luister zijn van mij. De cd's **waar** ik **naar** luister zijn van mij.
	We leren Frans *met* een boek.	Het boek **waar***mee* we Frans leren is goed. Het boek **waar** we Frans **mee** leren is goed.
	maar:	
	We *wonen in* een klein land.	Het land **waar** we wonen is klein.
b	(*personen*)	
	Ik leer Nederlands *van mevrouw Jansen.*	De docent **van wie** ik Nederlands leer .. De docent **waarvan** ik ... De docent **waar** ik Nederlands **van** ...

27 er

a plaats

Ik woon *in Nederland.*	Ik woon **er** pas drie maanden.
Mijn auto staat *op straat.*	Hij staat **er** bijna altijd.

b hoeveelheid

Hoeveel woorden ken je al?	Ik ken **er** nu *duizend.*
Hebt u kinderen?	Ja, ik heb **er** *vier.*
En u?	Nee, ik heb **er** *geen.*

c zijn, zitten, staan, lopen, gebeuren, ... + onbepaald woord (een, geen, hoeveel, ...)

Er *is een* voetbalwedstrijd op de tv.
Is **er** *een* voetbalwedstrijd op de tv?

maar:

Deze voetbalwedstrijd is ook op de tv.

d

Er *zitten veel* cursisten in mijn klas.	**Er** *staan* altijd *auto's* in mijn straat.
Zitten **er** *veel* cursisten in jouw klas?	*Staan* **er** *auto's* in jouw straat?
Hoeveel cursisten *zitten* **er** in jouw klas?	Ja, **er** staan *veel auto's* in mijn straat.

maar:

Deze cursiste zit in mijn klas.	*Mijn auto* staat nooit op straat.

Zie ook: het grammaticablokje bij les 26.

28 niet – geen

a (**geen** + huis, tuin, kind, tijd, geld, auto, ...)

Ik heb **geen** vrouw, **geen** kinderen, **geen** zorgen, **geen** geld.
Ik heb **geen** groot huis, **geen** kleine kinderen, **geen** dure auto.
Ik spreek wel Frans, maar nog **geen** Nederlands.

b (**niet** in alle andere gevallen)

Hij luistert **niet**. Hij wil **niet** luisteren. Hij zit **niet** op school. Het is **niet** koud.

29 worden - zijn

De dokter onderzoekt mijn vader.	Mijn vader **wordt** door de dokter onderzocht.
De dokter onderzoekt mijn ouders.	Mijn ouders **worden** door de dokter onderzocht.
De dokter heeft mijn vader onderzocht. De dokter heeft mijn ouders onderzocht.	Mijn vader **is** door de dokter onderzocht. Mijn ouders **zijn** door de dokter onderzocht.

Zie ook: het grammaticablokje bij de les 29 en 44.

30 Onregelmatige werkwoorden

Let op: '*aan*nemen', '*aan*wijzen' = komt ook los voor: 'nemen', 'wijzen'.
'aanbieden', 'voor**komen**' = voor de uitspraak: klemtoon op 'aan', 'komen'.

aanbieden	ik bood toen bloemen aan		ik heb toen bloemen aangeboden
aanbieden	bood aan		aangeboden
aangaan (ga)	ging aan	is	aangegaan
aangeven	gaf/gaven aan		aangegeven
aankijken	keek aan		aangekeken
aankomen	kwam/kwamen aan	is	aangekomen
aannemen	nam/namen aan		aangenomen
aanraden	raadde aan		aangeraden
aanspreken	sprak/spraken aan		aangesproken
zich ***aan***sluiten	sloot zich aan		zich aangesloten
aantrekken	trok aan		aangetrokken
aan**vaar**den	aanvaardde		aanvaard
aanwijzen	wees aan		aangewezen
achterlaten	liet achter		achtergelaten
afbreken	brak/braken af		afgebroken
aflopen	liep af	is	afgelopen
afnemen	nam/namen af	is	afgenomen
afstaan (sta)	stond af		afgestaan
afsteken	stak/staken af		afgestoken
afwassen	waste af		afgewassen
afwijken	week af	is	afgeweken
afwijzen	wees af		afgewezen
bakken	bakte		gebakken

*be***den**ken	bedacht		bedacht
*be***dra**gen	bedroeg		bedragen
be**gin**nen	begon	is	begonnen
*be***grij**pen	begreep		begrepen
*be***hou**den	behield		behouden
*be***kij**ken	bekeek		bekeken
*be***schrij**ven	beschreef		beschreven
*be***slui**ten	besloot		besloten
*be***spre**ken	besprak/bespraken		besproken
*be***staan**	bestond		bestaan
*be***strij**den	bestreed		bestreden
*be***tref**fen	betrof		betroffen
*be***trek**ken	betrok		betrokken
*be***val**len	beviel	is	bevallen
zich *be***vin**den	bevond zich		zich bevonden
*be***we**gen	bewoog		bewogen
*be***wij**zen	bewees		bewezen
zich ***bezig***houden	hield zich bezig		zich beziggehouden
*be***zit**ten	bezat/bezaten		bezeten
*be***zoe**ken	bezocht		bezocht
bieden	bood		geboden
bidden	bad/baden		gebeden
bijdragen	droeg bij		bijgedragen
binden	bond		gebonden
binnenkomen	kwam/kwamen binnen	is	binnengekomen
blijken	bleek	is	gebleken
blijven	bleef	is	gebleven
breken	brak/braken		gebroken
brengen	bracht		gebracht
buigen	boog		gebogen
denken	dacht		gedacht
doen (ik doe)	deed		gedaan
doorbreken	brak/braken door	is	doorgebroken
doorbrengen	bracht door		doorgebracht
doordringen	drong door	is	doorgedrongen
dragen	droeg		gedragen
drinken	dronk		gedronken
drijven	dreef	is	gedreven
dwingen	dwong		gedwongen
er**va**ren	ervoer		ervaren
eten	at/aten		gegeten
gaan (ik ga)	ging	is	gegaan
zich ge**dra**gen	gedroeg zich	zich	gedragen
gelden	gold		gegolden
ge**nie**ten	genoot		genoten

geven	gaf/gaven		gegeven
graven	groef		gegraven
grijpen	greep		gegrepen
helpen	hielp		geholpen
grijpen	greep		gegrepen
hangen	hing		gehangen
hebben	had		gehad
helpen	hielp		geholpen
hoeven	hoefde		gehoeven
houden	hield		gehouden
inbreken	brak/braken in		ingebroken
ingaan	ging in	is	ingegaan
ingrijpen	greep in		ingegrepen
inhouden	hield in		ingehouden
inslaan	sloeg in		ingeslagen
innemen	nam/namen in		ingenomen
zich ***in***schrijven	schreef zich in		zich ingeschreven
inzien	zag/zagen in		ingezien
kiezen	koos		gekozen
kijken	keek		gekeken
komen	kwam/kwamen	is	gekomen
kopen	kocht		gekocht
krijgen	kreeg		gekregen
kunnen	kon/konden		gekund
lachen	lachte		gelachen
langskomen	kwam/kwamen langs	is	langsgekomen
laten	liet		gelaten
lezen	las/lazen		gelezen
liggen	lag/lagen		gelegen
lijden	leed		geleden
lijken	leek		geleken
lopen	liep		gelopen
meebrengen	bracht mee		meegebracht
meedoen (doe)	deed mee		meegedaan
meenemen	nam/namen mee		meegenomen
meevallen	viel mee	is	meegevallen
meten	mat/maten		gemeten
*mis***luk**ken	mislukte	is	mislukt
moeten	moest		gemoeten
mogen	mocht		gemogen
nadenken	dacht na		nagedacht
nagaan (ga)	ging na	is	nagegaan
nalaten	liet na		nagelaten
nemen	nam/namen		genomen
omgaan (ga)	ging om		omgegaan

*onder***gaan** (ga)	onderging		ondergaan
*onder***vin**den	ondervond		ondervonden
*onder***zoe**ken	onderzocht		onderzocht
*ont***bre**ken	ontbrak/-braken		ontbroken
*ont***hou**den	onthield		onthouden
*ont***ko**men	ontkwam	is	ontkomen
*ont***slaan**	ontsloeg		ontslagen
*ont***staan**	ontstond	is	ontstaan
*ont***ste**ken	ontstak/staken	is	ontstoken
*ont***van**gen	ontving		ontvangen
opblijven	bleef op	is	opgebleven
opdoen	deed op		opgedaan
opgaan	ging op	is	opgegaan
opgeven	gaf/gaven op		opgegeven
ophouden	hield op	is	opgehouden
opkomen	kwam/kwamen op	is	opgekomen
oplopen	liep op	is	opgelopen
opnemen	nam/namen op		opgenomen
oproepen	riep op		opgeroepen
opstaan	stond op	is	opgestaan
opsteken	stak/staken op		opgestoken
optreden	trad/traden op is		opgetreden
opvallen	viel op	is	opgevallen
opvangen	ving op		opgevangen
zich ***op***winden	wond zich op		zich opgewonden
opzien	zag/zagen op		opgezien
opzoeken	zocht op		opgezocht
o*ver*blijven	bleef over	is	overgebleven
o*ver*brengen	bracht over		overgebracht
*over***drij**ven	overdreef		overdreven
o*ver*gaan (ga)	ging over	is	overgegaan
*over***ko**men	overkwam/kwamen	is	overkomen
o*ver*laten	liet over		overgelaten
*over***leg**gen	overlegde		overlegd
*over***lij**den	overleed	is	overleden
o*ver*nemen	nam/namen over		overgenomen
*over***tui**gen	overtuigde		overtuigd
*over***we**gen	overwoog		overwogen
roepen	riep		geroepen
rijden	reed		gereden
rondlopen	liep rond		rondgelopen
ruiken	rook		geroken
scheiden	scheidde		gescheiden
schenken	schonk		geschonken
scheppen	schiep		geschapen

schieten	schoot		geschoten
schijnen	scheen		geschenen
schrijven	schreef		geschreven
schrikken	schrok	is	geschrokken
schuiven	schoof		geschoven
slaan (ik sla)	sloeg		geslagen
slapen	sliep		geslapen
sluiten	sloot		gesloten
snijden	sneed		gesneden
spreken	sprak/spraken		gesproken
springen	sprong	is	gesprongen
staan (ik sta)	stond		gestaan
steken	stak/staken		gestoken
stelen	stal/stalen		gestolen
sterven	stierf	is	gestorven
stijgen	steeg	is	gestegen
tegenkomen	kwam tegen	is	tegengekomen
thuiskomen	kwam thuis	is	thuisgekomen
toegeven	gaf/gaven toe		toegegeven
toelaten	liet toe		toegelaten
toenemen	nam/namen toe	is	toegenomen
toestaan	stond toe		toegestaan
treffen	trof		getroffen
trekken	trok		getrokken
uitbrengen	bracht uit		uitgebracht
*uit****een***lopen	liep uiteen	is	uiteengelopen
uitgaan	ging uit	is	uitgegaan
uitgeven	gaf/gaven uit		uitgegeven
uitkijken	keek uit		uitgekeken
uitkomen	kwam/kwamen uit	is	uitgekomen
uitlopen	liep uit	is	uitgelopen
uitsluiten	sloot uit		uitgesloten
uitspreken	sprak/spraken uit		uitgesproken
uitzenden	zond uit		uitgezonden
vallen	viel	is	gevallen
vangen	ving		gevangen
varen	voer		gevaren
vastliggen	lag/lagen vast		vastgelegen
vechten	vocht		gevochten
ver**ber**gen	verborg		verborgen
*ver***bie**den	verbood		verboden
*ver***bin**den	verbond		verbonden
ver**drin**ken	verdronk	is	verdronken
ver**dwij**nen	verdween	is	verdwenen
verge**lij**ken	vergeleek		vergeleken

ver**ge**ten	vergat/vergaten	is	vergeten
*ver***ko**pen	verkocht		verkocht
*ver***krij**gen	verkreeg		verkregen
*ver***la**ten	verliet		verlaten
ver**lie**zen	verloor	is	verloren
*ver***lo**pen	verliep		verlopen
*ver***ne**men	vernam		vernomen
*ver***schij**nen	verscheen	is	verschenen
*ver***staan**	verstond		verstaan
ver**trek**ken	vertrok	is	vertrokken
*ver***van**gen	verving		vervangen
ver**wer**ven	verwierf		verworven
*ver***zoe**ken	verzocht		verzocht
vinden	vond		gevonden
vliegen	vloog		gevlogen
voldoen	voldeed		voldaan
*voor**af***gaan	ging vooraf	is	voorafgegaan
zich ***voor***doen	deed zich voor		zich voorgedaan
voorgaan (ga)	ging voor	is	voorgegaan
*voor***komen**	voorkwam		voorkomen
voorkomen	kwam voor	is	voorgekomen
voorschrijven	schreef voor		voorgeschreven
*voor***spel**len	voorspelde		voorspeld
voortkomen	kwam/kwamen voort	is	voortgekomen
*voor***zien**	voorzag/-zagen		voorzien
vragen	vroeg		gevraagd
wassen	waste		gewassen
werpen	wierp		geworpen
weten	wist		geweten
wijzen	wees		gewezen
willen	wilde, wou		gewild
winnen	won		gewonnen
worden	werd	is	geworden
zeggen	zei/zeiden		gezegd
zien	zag/zagen		gezien
zitten	zat/zaten		gezeten
zoeken	zocht		gezocht
zullen	zou/zouden		
zwemmen	zwom		gezwommen
zwijgen	zweeg		gezwegen
zijn, wezen	was/waren	is	geweest

31 1, 2, 3, ...

0	nul	10	tien	20	twintig
1	een	11	elf	30	dertig
2	twee	12	twaalf	40	veertig
3	drie	13	dertien	50	vijftig
4	vier	14	veertien	60	zestig
5	vijf	15	vijftien	70	zeventig
6	zes	16	zestien	80	tachtig
7	zeven	17	zeventien	90	negentig
8	acht	18	achttien	100	honderd
9	negen	19	negentien	1000	duizend
21	eenentwintig		101	honderd een	
22	tweeëntwintig		102	honderd twee	

32 de tijd

seizoenen	maanden	dagen van de week	de dag
de winter	januari februari	maandag dinsdag woensdag donderdag vrijdag	de ochtend/de morgen de middag de avond de nacht
de lente/ het voorjaar	maart april mei		
de zomer	juni juli augustus	**het weekend** zaterdag zondag	's ochtends/'s morgens 's middags 's avonds 's nachts
de herfst/ het najaar	september oktober november		
de winter	december		

33 De klok

drie uur

vijf over drie

tien over drie

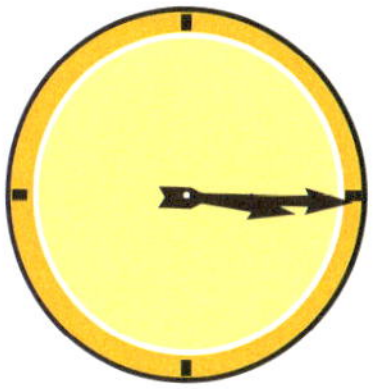
kwart over drie

tien voor half vier

vijf voor half vier

half vier

vijf over half vier

tien over half vier

kwart voor vier

tien voor vier

vijf voor vier

Les 1 Geachte cursist

Geachte cursist,

Gefeliciteerd! U bent *geslaagd* voor de *eindtoets* van een beginnerscursus Nederlands. Of u hebt via *zelfstudie* Nederlands geleerd. U kent nu *circa* (ca.) 2300 woorden. Die kunt u gebruiken in korte gesprekken. Eenvoudige teksten kunt u goed lezen. En Nederlanders die niet *al te* snel spreken kunt u vrij goed *verstaan*.

U heeft *zich opgegeven* voor een *vervolg*cursus. Wij kunnen u *meedelen* dat u *geplaatst* bent in de cursus van 14 januari tot 22 februari. Het boek dat u hiervoor nodig hebt heet de 'Tweede (2de) *ronde*.' Het is deel 2 van de *serie* 'Nederlands voor buitenlanders' volgens de *Delftse methode*.

Het cursusboek *zit* op dezelfde manier *in elkaar* als deel 1 'Het groene boek'. Het begint met een korte *grammatica*. Daarna komen de teksten. Alle nieuwe woorden zijn *cursief gedrukt*. De *betekenis* van deze woorden kunt u *opzoeken* in de woordenlijst *ernaast*. *In totaal* leert u weer ca. 2500 nieuwe woorden. Het boek *bevat* ook een *index*. *Hierin* zijn alle gebruikte woorden *opgenomen*, met hun nummer. *Daaraan* kunt u zien in welke tekst ze voor het eerst *voorkomen*.

De teksten geven veel informatie over Nederland en de Nederlanders. *Wat* zijn het *voor* mensen? Hoe *gaan* ze met elkaar *om*? Hoe wordt het land *geregeerd*? Hoe houden ze het *droog*? Wat is de *basis* van de Nederlandse *economie*? Hoe is het onderwijs georganiseerd? Deze onderwerpen en nog *vele* andere worden in dit boek *besproken*. De teksten bieden *mogelijkheden* tot *discussie* met de andere cursisten.

Voor de eerste les moet u *hoofdstuk* 1 en 2 *grondig voorbereiden*. Wij *wijzen* u erop dat het een *intensieve* cursus is. U moet de teksten vóór de les tot in de *puntjes* kennen. *Rekent* u op *minstens* twee (2) uur *voorbereiding* per tekst.

Veel *succes*! Met vriendelijke *groet*, het *secretariaat*.

2359	geachte	dear	cher	geehrter	saygıdeşer	2359
2360	cursist (de)	student	élève	Kursteilnehmer	kursiyer	2360
2361	geslaagd	passed	reçu	bestanden	geçti	2361
2362	eindtoets (de)	final test	examen	Endtest	bitirme sınavı	2362
2363	zelfstudie (de)	self study	travail individuel	Selbststudium	kendi kendine	2363
2364	circa	approximately	environ	circa	yaklaşık	2364
2365	al te	too	trop	allzu	çok	2365
2366	verstaan	understand	comprendre	verstehen	anlamak	2366
2367	zich opgegeven	signed up	inscrit	sich angemeldet	kaydoldunuz	2367
2368	vervolg (het)	continuation	suite	fortführend	sonra ki	2368
2369	meedelen	inform	faire savoir	mitteilen	bildirmek	2369
2370	geplaatst	placed	placé	eingetragen	yerlectirildiniz	2370
2371	ronde (de)	round	tour	Runde	tur	2371
2372	serie (de)	series	série	Serie	seri	2372
2373	Delftse	Delft	de Delft	Delftsche	Delft	2373
2374	methode (de)	method	méthode	Methode	metodu	2374
2375	zit in elkaar	is arranged	se présente	ist zusammengesetzt	işlev görüyor	2375
2376	grammatica (de)	grammar	grammaire	Grammatik	gramer	2376
2377	cursief	in italics	italique	kursiv	yatık	2377
2378	gedrukt	printed	imprimé	gedruckt	basıldı	2378
2379	betekenis (de)	meaning	signification	Bedeutung	anlamı	2379
2380	opzoeken	look up	chercher	nachschauen	aramak	2380
2381	ernaast	next to it	à côté	daneben	yanındaki	2381
2382	in totaal	in total	au total	in total	toplam	2382
2383	bevat	contains	comprend	beinhaltet	içermektedir	2383
2384	index (de)	index	index	Index	liste	2384
2385	hierin	in this	y	da	burada	2385
2386	opgenomen	recorded	insérés	aufgenommen	alınmıştır	2386
2387	daaraan	thereby	à cela	daran	buna bakarak	2387
2388	voor het eerst = de eerste keer					2388
2389	voorkomen	appear	apparaissent	vorkommen	belirdişini	2389
2390	wat voor	what kind of	quel genre	was für	nasıl	2390
2391	gaan om	relate to	se cotoient	gehen um	ilişkileri	2391
2392	geregeerd	governed	gouverné	regiert	yönetilmekte	2392
2393	droog	dry	sec	trocken	kuru	2393
2394	basis (de)	basis	base	Basis	kaynaşı	2394
2395	economie (de)	economy	économie	Wirtschaft	ekonomi	2395
2396	vele	many	beaucoup	viele	birçok	2396
2397	besproken	discussed	traités	besprochen	bahsedilmektedir	2397
2398	mogelijkheden	possibilities	possibilités	Möglichkeiten	olanaklar	2398
2399	discussie (de)	discussion	discussion	Diskussion	tartışma	2399
2400	hoofdstuk (het)	chapter	chapitre	Kapitel	bölüm	2400
2401	grondig	thoroughly	en detail	gründlich	derinlemesine	2401
2402	voorbereiden	prepare	préparer	vorbereiten	hazırlanmak	2402
2403	wijzen (op)	point out	signalons	darauf hinweisen	belirtmek	2403
2404	intensieve	intensive	intensif	intensiver	pekiştirmeli	2404
2405	puntjes	dots	petits points	Pünktchen	noktacik	2405
2406	tot in de puntjes = precies					2406
2407	rekent	take into account	comptez	rechnen	hesaplayın	2407
2408	minstens	at least	au moins	mindestens	en azından	2408
2409	voorbereiding (de)	preparation	préparation	Vorbereitung	ön hazırlık	2409
2410	succes (het)	luck	bonne chance	Erfolg	başarılar	2410
2411	groet (de)	regards	salutation	Gruß	selam	2411
2412	secretariaat (het)	secretariat	secrétariat	Sekretariat	sekreterlik	2412

Geachte cursist

Geachte cursist,

____ ! U bent geslaagd voor de eindtoets ____ een beginnerscursus Nederlands. Of u hebt ____ zelfstudie Nederlands geleerd. U kent nu ____ 2300 woorden. Die kunt u gebruiken in ____ gesprekken. Eenvoudige teksten kunt u goed ____ . En Nederlanders die niet al te ____ spreken kunt u vrij goed verstaan. ____ heeft zich opgegeven voor een vervolgcursus. ____ kunnen u meedelen dat u geplaatst bent ____ de cursus van 14 januari tot 22 ____ . Het boek dat u hiervoor nodig hebt ____ de 'Tweede (2de) ronde.' Het is deel ____ van de serie 'Nederlands voor buitenlanders' volgens ____ Delftse methode. Het cursusboek zit op dezelfde ____ in elkaar als deel 1 'Het groene ____ '. Het begint met een korte grammatica. Daarna ____ de teksten. Alle nieuwe woorden zijn cursief ____ . De betekenis van deze woorden kunt u ____ in de woordenlijst ernaast. In totaal leert ____ weer ca. 2500 nieuwe woorden. Het boek ____ ook een index. Hierin zijn alle gebruikte ____ opgenomen, met hun nummer. Daaraan kunt u ____ in welke tekst ze voor het eerst ____ . De teksten geven veel informatie over Nederland ____ de Nederlanders. Wat zijn het voor mensen? ____ gaan ze met elkaar om? Hoe wordt ____ land geregeerd? Hoe houden ze het droog? ____ is de basis van de Nederlandse economie? ____ is het onderwijs georganiseerd? Deze onderwerpen en ____ vele andere worden in dit boek besproken. ____ teksten bieden mogelijkheden tot discussie met de ____ cursisten. Voor de eerste les moet u ____ 1 en 2 grondig voorbereiden. Wij wijzen ____ erop dat het een intensieve cursus is. ____ moet de teksten vóór de les tot ____ de puntjes kennen. Rekent u op minstens ____ uur voorbereiding per tekst.

Veel succes! ____ vriendelijke groet, het secretariaat.

Geef antwoord

1. Hebt u Nederlands geleerd via een cursus of via zelfstudie?
2. Wat is uw doel met de cursus? Waarom volgt u een intensieve cursus?
3. Hoe zit het cursusboek in elkaar? Wat is het doel van de index?
4. Is informatie over het land noodzakelijk voor het leren van een taal?
5. Hoeveel uur had u nodig voor de voorbereiding van deze tekst? Hoeveel uur per week denkt u in totaal nodig te hebben?

Grammatica (9, 10, 11)

U bent geslaagd voor de toets.	Die woorden **kunt u** gebruiken.
U kent circa 2300 woorden.	In totaal **kent u** ongeveer 2300 woorden.
U hebt zich opgegeven voor de cursus.	In de lessen **hebt u** gelegenheid om te praten.
U hebt deel 2 nodig.	Om die reden **hebt u** minstens 2 uur nodig.

Vul in

Vorige maand _____ u geslaagd voor de test van de eerste cursus Nederlands. U _____ nu al redelijk Nederlands! U hebt _____ opgegeven voor een vervolgcursus. Wij kunnen u _____ dat u geplaatst bent in de cursus van januari _____ februari. Morgen _____ u beginnen. Omdat het een intensieve cursus _____ , moet u zich goed _____ . Voor de _____ les bereidt _____ hoofdstuk 1 en 2 tot in de puntjes _____ . Tijdens de les praat u met andere cursisten over _____ als: Wat zijn Nederlanders voor _____ ? Hoe _____ ze geregeerd? Hoe _____ hun land eruit? Hoe _____ ze het droog?

Kennismaken

Maak kennis met de cursist naast u. Bespreek hoe, waar en waarom u beiden tot nu toe Nederlands geleerd hebt. Vertel daarna aan de groep wat u gehoord hebt.

Les 2

Nederland, waar ligt dat eigenlijk?

Vroeger *wist* ik niet waar Nederland *lag*. Ik had geen flauw *idee*! "Waar ligt dat land eigenlijk?", vroeg ik mijn vrienden. Maar zij wisten het ook niet. *De één* dacht dat het een provincie van Duitsland was. Nederland ligt in Noord-Europa, *meende iemand anders*, ergens bij Amsterdam. De Nederlanders wonen op de *bodem* van de zee, *zei een derde*. Daarom lopen ze op *klompen*.

Intussen weet ik beter. In *werkelijkheid* ligt Nederland in West-Europa, aan de *Noordzee*. *Evenals* Duitsland is het een *onafhankelijke staat*, en Amsterdam is de *hoofdstad*. Of Den Haag? Dat weet ik eigenlijk niet precies. Een groot deel van het land is inderdaad zee geweest. Maar *daar* hebben ze land *van* gemaakt. Dus je kunt je *gewone schoenen* aan. Klompen heb ik *nergens* kunnen ontdekken. Wel *skates*, in alle soorten en *maten*.

Laatst ben ik in Leiden geweest. Mijn zus kent daar iemand, en we *gingen* bij hem op bezoek. In *zo'n smal* huis aan het water. Ik ben bijna van de *trap* gevallen. Zo'n smalle trap heb ik nog nooit gezien. En hij ging *recht omhoog*!

Delft ken ik al een beetje. *Logisch*, want daar *volg* ik mijn cursus Nederlands. In Den Haag ken ik maar één buurt, de buurt waar ik woon. De rest kan ik wel leren kennen als ik wat meer tijd heb. Ik ben overigens niet de enige buitenlander hier! Er wonen mensen uit alle delen van de wereld. Ik heb nog nooit zoveel verschillende talen *gehoord*: Frans, *Russisch, Chinees, Arabisch, Turks* … Met mijn *huisgenoten* probeer ik Nederlands te spreken. Maar ze antwoorden vaak in het Engels.

M'n zus is hier al echt *ingeburgerd*. Ze zegt *doei* tegen iedereen en *fietst* overal *naartoe*. Ze heeft altijd *regenkleding* aan, heeft elke week een *vergadering*, en ze gaat een computercursus volgen. Volgende week ga ik *zeilen* met mijn huisgenoten. Ze vroegen of ik mee *wou*. Op een *meer* ergens bij Utrecht, *geloof* ik. Ik zei dat ik helemaal niet *kon* zeilen. Dat doet er niet toe, *zeiden* ze. Als je maar kunt *zwemmen*!

2413	wist	knew	savais	wusste	biliyordum	2413
2414	lag	was	se trouvait	liegt	bulunduşunu	2414
2415	idee (het)	idea	idée	Idee	fikir	2415
2416	ik had geen flauw idee = ik wist het helemaal niet					2416
2417	de één	one of them	l'un	der eine	birisi	2417
2418	meende	thought	croyait	meinte	fikrindeydi	2418
2419	iemand anders	someone else	quelqu'un d'autre	jemand anders	bir başkasi	2419
2420	bodem (de)	bottom	fond	Grund	temel	2420
2421	zei	said	disait	sagte	dedi	2421
2422	een derde	a third	un troisième	ein dritter	bir üçüncüsü	2422
2423	klompen	wooden shoes	sabots	Holzschuhen	tahta kunduralar	2423
2424	intussen	now	entre-temps	inzwischen	bu arada	2424
2425	weet ik beter = weet ik meer					2425
2426	werkelijkheid (de)	reality	réalité	Wirklichkeit	gerçekte	2426
2427	Noordzee (de)	North Sea	la mer du Nord	Nordsee	kuzeydenizi	2427
2428	evenals	just like	ainsi que	ebenso wie	gibi	2428
2429	onafhankelijke	independent	indépendant	unabhängiger	başımsız	2429
2430	staat (de)	state	pays	Staat	devlet	2430
2431	hoofdstad (de)	capital	capitale	Hauptstadt	başkent	2431
2432	daar van	of it	de ça	davon	bundan / ondan	2432
2433	gewone	normal	ordinaire	normale	normal	2433
2434	schoenen	shoes	chaussures	Schuhe	ayakkabılar	2434
2435	je kunt je gewone schoenen aan = je kunt je gewone schoenen dragen					2435
2436	nergens	nowhere	nulle part	nirgends	hiçbiryerde	2436
2437	kunnen ontdekken = gezien					2437
2438	skates	skates	patins à roulettes	Inlineskates	patenler	2438
2439	maten	sizes	tailles	Größen	beden	2439
2440	gingen	went	allions	gingen	gittik	2440
2441	zo'n	one of those	une de ces	so einem	böyle	2441
2442	smal	narrow	étroite	schmalen	dar	2442
2443	trap (de)	stairs	escalier	Treppe	merdiven	2443
2444	recht	straight	droit	senkrecht	dümdüz	2444
2445	omhoog	up	en haut	nach oben	yukarı	2445
2446	logisch	fair enough	logique	logisch	mantıksal	2446
2447	volg	attend	suis	besuche	devam ediyorum	2447
2448	gehoord	heard	entendu	gehört	duydum	2448
2449	Russisch (het)	Russian	russe	Russisch	rusça	2449
2450	Chinees (het)	Chinese	chinois	Chinesisch	çince	2450
2451	Arabisch (het)	Arabic	arabe	Arabisch	arapça	2451
2452	Turks (het)	Turkish	turc	Türkisch	türkçe	2452
2453	huisgenoten	housemates	colocataires	Mitbewohnern	ev arkadaşları	2453
2454	m'n	my	ma	meine	benim	2454
2455	ingeburgerd	settled in	intégrée	eingebürgert	yerleşmiş	2455
2456	doei	cheerio	salut	hallo/tschüß	hoşçakal	2456
2457	fietst	rides her bike	va à bicyclette	radelt	bisikletle gidiyor	2457
2458	naartoe	to	à	hin	oraya	2458
2459	regenkleding (de)	rainwear	vêtements de pluie	Regenkleidung	yaşmurluk	2459
2460	vergadering (de)	meeting	réunion	Sitzung	toplantı	2460
2461	zeilen	sailing	faire de la voile	segeln	yelkenle gitmek	2461
2462	wou	wanted	voulais	wolle	isterdi	2462
2463	meer (het)	lake	lac	See	deniz	2463
2464	geloof	think	crois	glaube	sanıyorum	2464
2465	kon	could	savais	könnte	yapabilirdim	2465
2466	Dat doet er niet toe = dat is niet belangrijk					2466
2467	zeiden	said	dirent	sagten	dediler	2467
2468	zwemmen	swim	nager	schwimmen	yüzmek	2468

Nederland, waar ligt dat eigenlijk?

Vroeger wist ik niet waar _____ lag. Ik had geen flauw idee! "_____ ligt dat land eigenlijk?", vroeg ik mijn _____ . Maar zij wisten het ook niet. _____ één dacht dat het een provincie van _____ was. Nederland ligt in Noord-Europa, meende _____ anders, ergens bij Amsterdam. De Nederlanders _____ op de bodem van de zee, zei _____ derde. Daarom lopen ze op klompen.

_____ weet ik beter. In werkelijkheid ligt _____ in West-Europa, aan de Noordzee. Evenals _____ is het een onafhankelijke staat, en Amsterdam _____ de hoofdstad. Of Den Haag? Dat weet _____ eigenlijk niet precies. Een groot deel van _____ land is inderdaad zee geweest. Maar daar _____ ze land van gemaakt. Dus je kunt _____ gewone schoenen aan. Klompen heb ik nergens _____ ontdekken. Wel skates, in alle soorten en _____ .

Laatst ben ik in Leiden geweest. Mijn _____ kent daar iemand, en we gingen bij _____ op bezoek. In zo'n smal huis _____ het water. Ik ben bijna van de _____ gevallen. Zo'n smalle trap heb ik _____ nooit gezien. En hij ging recht omhoog!

_____ ken ik al een beetje. Logisch, want _____ volg ik mijn cursus Nederlands. In Den _____ ken ik maar één buurt, de buurt _____ ik woon. De rest kan ik wel _____ kennen als ik wat meer tijd heb. _____ ben overigens niet de enige buitenlander hier! _____ wonen mensen uit alle delen van de _____ . Ik heb nog nooit zoveel verschillende talen _____ : Frans, Russisch, Chinees, Arabisch, Turks ... Met mijn _____ probeer ik Nederlands te spreken. Maar ze _____ vaak in het Engels.

M'n zus _____ hier al echt ingeburgerd. Ze zegt doei _____ iedereen en fietst overal naartoe. Ze heeft _____ regenkleding aan, heeft elke week een vergadering, _____ ze gaat een computercursus volgen. Volgende week _____ ik zeilen met mijn huisgenoten. Ze vroegen _____ ik mee wou. Op een meer ergens _____ Utrecht, geloof ik. Ik zei dat ik _____ niet kon zeilen. Dat doet er niet _____ , zeiden ze. Als je maar kunt zwemmen!

Geef antwoord

1 Waar ligt Nederland? En Duitsland? Waar ligt Amsterdam? En Den Haag? Wat is de hoofdstad?
2 Waarom wonen de Nederlanders op de bodem van de zee?
3 Waarom zijn die trappen in Leiden zo smal?
4 Welke buurten kent u in de plaats waar u woont?
5 Wat wist u over Nederland voordat u hier kwam? Weet u inmiddels beter?

Grammatica (7)

woon	woont	wonen
Ik **woon** in Leiden.	Waar **woont** hij?	Daar **wonen** vrienden.
Daar **volg** ik lessen.	Zij **volgt** een cursus.	Wij **volgen** lessen.
Morgen **ga** ik weg.	Hij **gaat** mee.	De buren **gaan** uit.
Ik **ben** geen Nederlander.	Dat **is** mijn buurt.	We **zijn** in Delft.
Ik **heb** een fiets.	Ze **heeft** kinderen.	We **hebben** geen tijd.

Vul in

Mijn vrienden weten niet waar Nederland ____ . En ik ____ ook geen flauw idee! Sommigen ____ dat het een provincie van ____ is. Maar volgens anderen ____ het een onafhankelijke ____ . Grote delen van het land ____ vroeger zee geweest. Maar daar ____ ze nu land van gemaakt. Wie ____ Delft al een beetje? Je ____ hier toch een cursus? Dan moet je de stad snel ____ kennen. Of ____ je geen tijd? ____ je nooit vrij? ____ jullie geen vrije tijd?

Twee aan twee

Bent u al net zo ingeburgerd als 'm'n zus'? Bespreek deze vraag met een andere cursist. Wie is het best ingeburgerd van de groep?

Les 3

Een dagje Amsterdam

- Met Erik.

- *Hoi*, met Iwan. Is Els er ook? Mag ik die even?

- *Ogenblikje*, ik roep haar even.

- Hallo, met Els.

- Ja, met Iwan. Ik bel over dat *dagje* Amsterdam met onze *Chinese gasten*. Dat moeten we nog *regelen*. Gaan we *te voet* of met de fiets?

- Fietsen lijkt me *prettiger*, met deze *warmte*. Ik kom op mijn eigen fiets. De andere huren we bij het station. Ons *uitgangspunt* is de Dam. Ik vertel over het *ontstaan* van de stad, *rondom* een dam in de rivier de Amstel. In de zeventiende (17de) eeuw *werd* Amsterdam een belangrijke *handels*stad. De Amsterdammers *lieten* toen op de Dam het grootste *stadhuis* van Nederland *bouwen*.

- Toch is de stad pas in de negentiende (19de) eeuw de hoofdstad *geworden*, wist jij dat? *Dankzij* de Franse koning *Lodewijk* Napoleon. Die is vier jaar koning van Holland geweest. Den Haag vond hij te *vochtig*, hij woonde liever in Amsterdam. Hij ging in het stadhuis wonen, dat *sindsdien* het *Paleis* op de Dam heet.

- Naast het Paleis, is dat niet de Nieuwe Kerk? Misschien is daar een leuke *tentoonstelling*. Daarna gaan we naar de *grachten*. Ik heb het *opgezocht* op het internet. Het is het grootste grachten*stelsel* ter wereld: 160 grachten. Maar liefst 75 kilometer in totaal, met wel 240 *bruggen*! De grachten zijn ook in de 17de eeuw *gegraven*. Vanwege de *groei* van de bevolking, maar ook *ten behoeve van* (t.b.v.) het goederen*vervoer*. Dat ging toen over water. De grachtenhuizen zijn *destijds* gebouwd voor de *kooplui*. Zij woonden beneden en de goederen *lagen* op *zolder*.

- Het lijkt me interessant om *hierna* het Java-*eiland* te gaan bekijken. Het ligt in het IJ, ten oosten van het Centraal Station. We kunnen *ernaartoe* met de fiets*pont*. Hier is een *dichtbebouwde* woon*wijk ontstaan*, weer met grachten, bruggen en grachtenhuizen. Maar nu uit de twintigste (20ste) eeuw! Daarna kunnen we misschien wat gaan eten?

2469	hoi	hi	salut	hallo	selam	2469
2470	ogenblikje	one moment	un instant	Augenblick	bir saniye	2470
2471	dagje (het)	day out	excursion	Tag	gün	2471
2472	Chinese	Chinese	chinois	chinesischen	çin	2472
2473	gasten	guests	invités	Gästen	misafirler	2473
2474	regelen	arrange	régler	regeln	ayarlamak	2474
2475	te voet	on foot	à pied	zu Fuß	yayan	2475
2476	prettiger	more pleasant	plus agréable	schöner	daha güzel	2476
2477	warmte (de)	warm weather	chaleur	Wärme	sıcaklık	2477
2478	uitgangspunt (het)	starting point	point de départ	Ausgangspunkt	çıkış noktası	2478
2479	ontstaan	origin	l'origine	Entstehung	oluşmak	2479
2480	rondom	around	autour de	um...herum	etrafı	2480
2481	werd	became	devint	wurde	olmuştu	2481
2482	handel (de)	trade	commerce	Handel	ticaret	2482
2483	Amsterdammers = inwoners van Amsterdam					2483
2484	lieten	ordered	ont fait	ließen	müsaade ettiler	2484
2485	stadhuis (het)	town hall	hôtel de ville	Rathaus	belediye binası	2485
2486	bouwen	build	construire	bauen	inşa etmek	2486
2487	geworden	became	devenu	geworden	oldu	2487
2488	dankzij	thanks to	grâce à	Dank sei	sayesinde	2488
2489	Lodewijk	Louis	Louis	Ludwig	lodewijk	2489
2490	vochtig	humid	humide	feucht	nemli	2490
2491	sindsdien	since then	depuis	seit dem	itibaren	2491
2492	paleis (het)	palace	palais	Palast	saray	2492
2493	tentoonstelling (de)	exhibition	exposition	Ausstellung	sergi	2493
2494	grachten	canals	canaux	Kanälen	kanallar	2494
2495	opgezocht	looked up	recherché	nachgeschaut	aradım	2495
2496	stelsel (het)	system	réseau	System	sistem	2496
2497	ter wereld = op de wereld					2497
2498	maar liefst = wel = niet minder dan					2498
2499	bruggen	bridges	ponts	Brücken	köprüler	2499
2500	gegraven	dug	creusés	gegraben	kazdılar	2500
2501	groei (de)	growth	croissance	Zunahme	çoşalma	2501
2502	ten behoeve van	for the purpose of	au bénéfice de	zum Zwecke des	yararına	2502
2503	vervoer (het)	transportation	transport	Transport	nakliye	2503
2504	destijds	at that time	à l'époque	damals	zamanında	2504
2505	kooplui	merchants	marchands	Kaufleute	tüccarlar	2505
2506	lagen	were stored	se trouvaient	lagen	bulunuyorlardı	2506
2597	zolder (de)	attic	grenier	Dachboden	tavan arası	2597
2508	hierna	after this	après ça	danach	bundan sonra	2508
2509	eiland (het)	island	île	Insel	ada	2509
2510	ernaartoe	go there	y aller	dahin	oraya doşru	2510
2511	pont (de)	ferry	bac	Fähre	feribot	2511
2512	dichtbebouwde	densely built	très urbanisé	dicht bebaute	sık yapılmış	2512
2513	wijk (de)	district	quartier	Gegend	mahalle	2513
2514	ontstaan	was created	apparu	entstanden	oluştu	2514

- 's Avonds in Amsterdam? Mij te *gevaarlijk*! Je hoort zo veel over *criminaliteit* daar. Al die coffeeshops, waar *softdrugs verkocht* worden! Ik ben 's avonds liever niet in Amsterdam.
- Je *overdrijft*! *Meid*, in het centrum is het altijd druk. Wij lopen daar vaak 's avonds en er is ons nog nooit wat *overkomen*.
- Nou goed dan. O ja! Dat *vergat* ik bijna! *Neem* je de *plattegrond mee* en je *creditcard*? Tot donderdag dan, *hè*? Dag!

Een dagje Amsterdam

Hoi, met Iwan. Is Els er ook? Mag ik die _____ ? Ogenblikje, ik roep haar even. Hallo, met _____ . Ja, met Iwan. Ik bel over dat _____ Amsterdam met onze Chinese gasten. Dat moeten _____ nog regelen. Gaan we te voet of _____ de fiets? Fietsen lijkt me prettiger, met _____ warmte. Ik kom op mijn eigen fiets. _____ andere huren we bij het station. Ons _____ is de Dam. Ik vertel over het _____ van de stad, rondom een dam in _____ rivier de Amstel. In de zeventiende (17de) _____ werd Amsterdam een belangrijke handelsstad. De Amsterdammers _____ toen op de Dam het grootste stadhuis _____ Nederland bouwen. - Toch is de stad pas _____ de negentiende (19de) eeuw de hoofdstad geworden, _____ jij dat? Dankzij de Franse koning Lodewijk _____ . Die is vier jaar koning van Holland _____ . Den Haag vond hij te vochtig, hij _____ liever in Amsterdam. Hij ging in het _____ wonen, dat sindsdien het Paleis op de _____ heet. - Naast het Paleis, is dat niet _____ Nieuwe Kerk? Misschien is daar een leuke _____ . Daarna gaan we naar de grachten. Ik _____ het opgezocht op het internet. Het is _____ grootste grachtenstelsel ter wereld: 160 grachten. Maar _____ 75 kilometer in totaal, met wel 240 _____ ! De grachten zijn ook in de 17de _____ gegraven. Vanwege de groei van de bevolking, _____ ook ten behoeve van (t.b.v.) _____ goederenvervoer. Dat ging toen over water. De _____ zijn destijds gebouwd voor de kooplui. Zij _____ beneden en de goederen lagen op zolder.

2515	gevaarlijk	dangerous	dangereux	gefährlich	tehlikeli	2515
2516	mij te gevaarlijk = ik vind dat te gevaarlijk					2516
2517	criminaliteit (de)	criminality	criminalité	Kriminalität	suç	2517
2518	softdrugs	soft drugs	drogues douces	leichte Drogen	hafif uyuşturucular	2518
2519	verkocht	sold	vendues	verkauft	satıldı	2519
2520	overdrijft	are exaggerating	exagères	übertreibst	abartıyorsun	2520
2521	meid	girl	ma vieille	Mädchen	kız	2521
2522	overkomen	happened	arrivé	passiert	başına gelmek	25222523
2523	nou goed dan =oké					2524
2524	vergat	forgot	oubliais	vergaß	unuttu	2525
2525	neem mee	bring	amènes	nimm mit	getir	2526
2526	plattegrond (de)	map	plan	Stadtplan	harita	2527
2527	creditcard (de)	credit card	carte de crédit	Kreditkarte	kredi kartı	2528
2528	hè?	right	hein?	ja	tamam mı?	

- _____ lijkt me interessant om hierna het Java-_____ te gaan bekijken. Het ligt in het _____ , ten oosten van het Centraal Station. We _____ ernaartoe met de fietspont. Hier is een _____ woonwijk ontstaan, weer met grachten, bruggen en _____ . Maar nu uit de twintigste (20ste) eeuw! _____ kunnen we misschien wat gaan eten? - _____ in Amsterdam? Mij te gevaarlijk! Je hoort _____ veel over criminaliteit daar. Al die coffeeshops, _____ softdrugs verkocht worden! Ik ben 's avonds _____ niet in Amsterdam. - Je overdrijft! Meid, in _____ centrum is het altijd druk. Wij lopen _____ vaak 's avonds en er is ons _____ nooit wat overkomen. Nou goed dan. O _____ ! Dat vergat ik bijna! Neem je de _____ mee en je creditcard? Tot donderdag dan, _____ ? Dag!

Geef antwoord

1. Hoe telefoneert men in uw land? Wat zegt u als u belt?
2. En als u gebeld wordt?
3. Van stadhuis tot Paleis op de Dam: vertel.
4. Waarom zijn de grachten op het Java-eiland gegraven?
5. Vertel iets over het ontstaan van de hoofdstad van uw land.

Grammatica (18)

mij, jou, hem, haar, ons, hun/hen/ze	mijn, jouw, zijn, haar, ons/onze, hun
Iwan belt **mij** over het dagje Amsterdam.	Hij krijgt eerst **mijn** broer Erik.
Heeft hij **jou** ook gebeld?	Is dat **jouw** fiets?
Ik vraag **hem** of we gaan fietsen.	Iwan komt op **zijn** eigen fiets.
Ik roep **haar** even.	Ze is op **haar** kamer.
Er is **ons** nooit iets overkomen.	Daar zijn **onze** gasten. (**de** gasten)
	Dit is **ons** uitgangspunt. (**het** punt)
Ik ga naar **hun/hen/ze** toe.	Hebben ze **hun** creditcard bij zich?

Vul in

We moeten _____ dagje Amsterdam nog regelen. O_____ Chinese gasten willen graag met _____ fiets. Dat lijkt _____ prettiger met deze warmte! Wij komen op _____ eigen fietsen, voor de gasten huren we ze bij het station. De Dam is o_____ uitgangspunt. We vertellen eerst over _____ ontstaan van de _____ , en daarna gaan we de gr_____ bekijken. Het is het _____ grachtenstelsel ter wereld, ik heb het _____ op het internet. Het is maar l_____ 75 kilometer lang, destijds gegraven ten _____ van het goederenvervoer. In de gr_____ woonden de kooplui. Zij woonden b_____ , en op _____ lagen de goederen. Hierna gaan we _____ Java-eiland bekijken. Het is een dichtbebouwde _____ , in de 20ste eeuw _____ . Het eiland ligt ten _____ van het Centraal Station, in _____ IJ. Je kunt _____ met de fietspont naartoe. Misschien kunnen we _____ wat gaan eten? Ik vind Amsterdam te _____ met al_____ coffeeshops. Maar volgens mijn vriend o_____ ik. Hij loopt daar vaak 's avonds, _____ is hem nog nooit iets _____ .

Telefoongesprek

U kiest eerst een plaats uit die u aan vrienden wilt laten zien. Dan bespreekt u 'per telefoon' een plan voor de hele dag.

Amsterdam

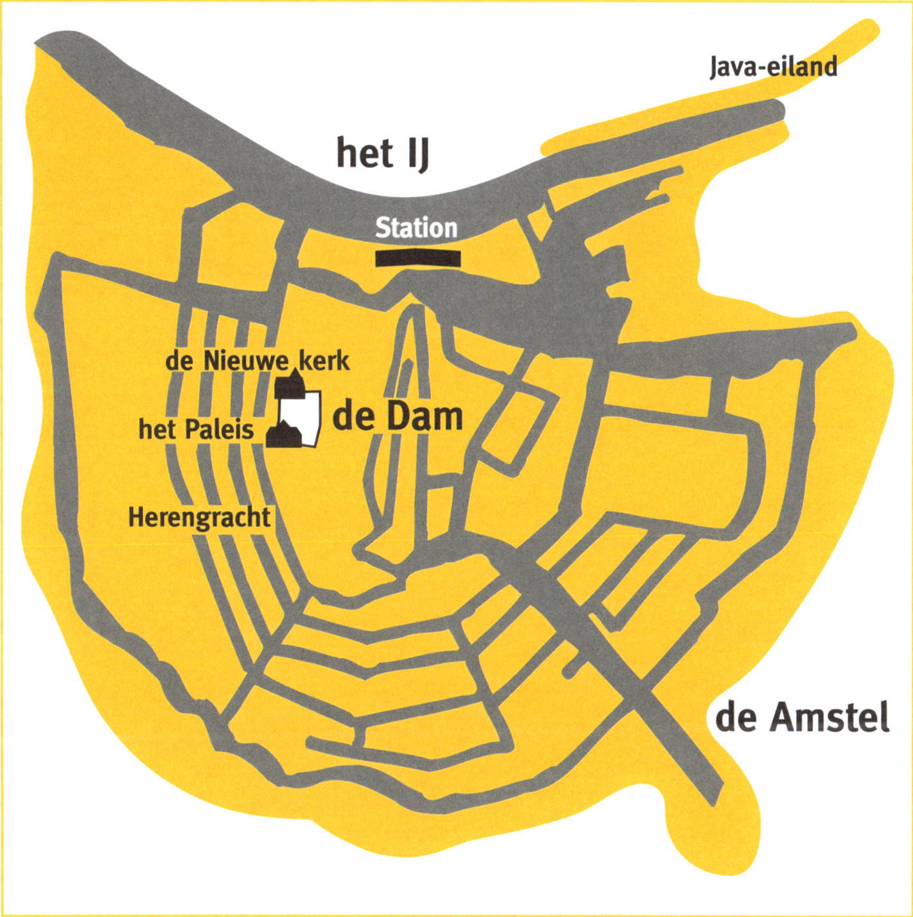

Geef antwoord

1 Wat is het oudste deel van Amsterdam? Waarom heet de stad zo?

2 Waarom zijn de grachten gegraven? Waar komt het water in de grachten vandaan?

3 Leg aan de hand van de plattegrond uit hoe Els en Iwan met hun gasten door de stad fietsen, en wat er te zien is.

Les 4
Het rijtjeshuis

"*Kom* eens *langs*!", zeiden onze vrienden vaak. Maar het *kwam* er steeds niet van. Nu hebben we eindelijk een *afspraak*. We gaan op bezoek in hun nieuwe huis. De hele buurt is nieuw. Allemaal pas *gebouwde* huizen, *keurig* op een *rij* onder één *dak*. Een tuintje *ervoor*, een tuin met een *schuurtje* erachter. Waarom is het rijtjeshuis zo populair? Omdat het zo goedkoop is? Of omdat de mensen het zo gezellig vinden?

We zetten onze fietsen tegen de muur. *Van voren* zien de huizen er hetzelfde uit. De keukens zijn allemaal aan de straat. Er staan *planten* voor het raam, maar we kijken toch tot in de achtertuin. De *gordijnen* zijn open. Omdat ze niets te *verbergen* hebben? Grote ramen trouwens! De deur gaat open, onze vrienden hebben ons al gezien. Een *hond springt* ons *tegemoet*, maar hij krijgt op z'n *kop*: "*Kalm*, Hector!!" We *bieden* onze bloemen *aan*, en hangen onze jassen in de gang. De *paraplu's* moeten in een speciale *bak*. Ze *gaan* ons *voor*, de woonkamer in. "Welkom! Willen jullie thee of een *glaasje fris*?" "Nou, als je tóch thee zet … graag!"

Midden in de kamer staat een tafel met een fruit*schaal*. Tegen de muur staat een *piano*, daarnaast een boeken*kast*. Zelf gemaakt? "Door mijn *schoonvader*", zegt de *gastheer*. Eén hoek is voor de kinderen. De *vloer* ligt vol: auto's, *tekeningen*, kinderboeken. We lopen verder de kamer in. Er staat een *bankstel*, op een van de stoelen ligt een *kat*. Op een lage *glazen* tafel liggen kranten en een foto*album*. '*Spitsbergen*' staat erop. Ze houden van *reizen*! In de hoek staan de tv en de *geluidsinstallatie*. Er hangen *platen* aan de muur, één met *zonnebloemen*. Van die *schilder* met die moeilijke naam: Van Gogh. Boven mogen we ook alles zien: de *slaapkamer*, de *badkamer* en de kinderkamers. Op zolder doen ze de *was*, en er staan ook nog twee *pc's*. Ruimte genoeg!

Het is vier uur, de kinderen komen uit school. "Mmm, lekker, *koekjes*!" Eerst moeten ze *zich netjes voorstellen*. Snel *schenken* ze een glas *appelsap in*. "Mogen we buiten spelen?" "Vooruit dan maar. Maar maak je niet *vuil*, en voor *zessen* thuis!" Ze zijn al weg.

2529	kom langs	come over	passe	komm vorbei	uşra	2529
2530	kwam	came	faisait	kam	geldi	2530
2531	het kwam er niet van = het gebeurde niet					2531
2532	afspraak (de)	set date	rendez-vous	Verabredung	randevu	2532
2533	gebouwde	built	construites	gebaute	yapılmış	2533
2534	keurig	neatly	comme il faut	ordentlich	şirin, hoş	2534
2535	rij (de)	row	rangée	Reihe	sıra	2535
2536	dak (het)	roof	toît	Dach	çatı	2536
2537	ervoor	in front	devant	davor	önünde	2537
2538	schuurtje (het)	shed	remise	kleinen Schuppen	kiler	2538
2539	van voren	from the street	de devant	von vorne	önden	2539
2540	planten	plants	plantes	Pflanzen	çiçekler	2540
2541	gordijnen	curtains	rideaux	Gardinen	perdeler	2541
2542	verbergen	hide	cacher	verbergen	saklamak	2542
2543	niets te verbergen hebben = er is niets wat ze willen verbergen					2543
2544	hond (de)	dog	chien	Hund	köpek	2544
2545	springt	jumps	saute	springt	zıplıyor	2545
2546	tegemoet	towards	au devant de	entgegen	karşı	2546
2547	kop (de)	head	tête	Kopf	kafasına	2547
2548	krijgt op z'n kop = ze spreken hem boos toe					2548
2549	kalm	off, down	calme	ruhig	sakin	2549
2550	bieden aan	give	offrons	überreichen	takdim etmek	2550
2551	paraplu's	umbrellas	parapluies	Regenschirme	şemsiyeler	2551
2552	bak (de)	container	bac	Behälter	kutu	2552
2553	gaan voor	lead	précèdent	gehen voraus	önden gitmek	2553
2554	glaasje (het)	glass	verre	Gläschen	bardak	2554
2555	fris	soft drink	boisson rafraîchissante	Erfrischungsgetränk	serin içecek	2555
2556	schaal (de)	dish	coupe	Schale	tabak	2556
2557	piano (de)	piano	piano	Klavier	piyano	2557
2558	kast (de)	cupboard	placard	Regal	dolap	2558
2559	schoonvader (de)	father-in-law	beau-père	Schwiegervater	kayınbaba	2559
2560	gastheer (de)	host	hôte	Gastgeber	evsahibi	2560
2561	vloer (de)	floor	plancher	Boden	zemin	2561
2562	tekeningen	drawings	dessins	Zeichnungen	çizimler	2562
2563	bankstel (het)	sofa	canapé	Sofagarnitur	oturma takımı	2563
2564	kat (de)	cat	chat	Katze	kedi	2564
2565	glazen	glass	en verre	gläsernen	camdan	2565
2566	album (het)	album	album	Album	albüm	2566
2567	Spitsbergen	Spitsbergen	le Spitsberg	Spitzbergen	sivri tepeler	2567
2568	reizen	travel	voyager	reisen	seyahat etmek	2568
2569	geluidsinstallatie (de)	stereo	chaîne stéréo	Stereoanlage	ses tesisatı	2569
2570	platen	posters	illustrations	Bilder	resimler	2570
2571	zonnebloemen	sunflowers	tournesols	Sonnenblumen	ayçiçekleri	2571
2572	schilder (de)	painter	peintre	Maler	ressam	2572
2573	slaapkamer (de)	bedroom	chambre à coucher	Schlafzimmer	yatak odası	2573
2534	badkamer (de)	bathroom	salle de bains	Badezimmer	banyo	2534
2575	was (de)	laundry	lessive	Wäsche	yıkamak	2575
2576	pc's	PCs	ordinateurs	PCs	bilgisayarlar	2576
2577	koekjes	cookies	gâteaux	Kekse	kurabiyeler	2577
2578	zich voorstellen	introduce themselves	se présenter	sich vorstellen	tanıtmak	2578
2579	netjes	properly	correctement	anständig	düzgün	2579
2580	schenken in	pour	se servent	schenken ein	doldurmak	2580
2581	appelsap	apple juice	jus de pommes	Apfelsaft	elma suyu	2581
2582	vooruit dan maar = oké					2582
2583	vuil	dirty	sale	schmutzig	kötü bir şey	2583
2584	zessen	six o'clock	six heures	sechs Uhr	altı	2584

Het rijtjeshuis

"Kom eens langs!", _____ onze vrienden vaak. Maar het kwam er _____ niet van. Nu hebben we eindelijk een _____ . We gaan op bezoek in hun nieuwe _____ . De hele buurt is nieuw. Allemaal pas _____ huizen, keurig op een rij onder één _____ . Een tuintje ervoor, een tuin met _____ schuurtje erachter. Waarom is het rijtjeshuis _____ populair? Omdat het zo goedkoop is? _____ omdat de mensen het zo gezellig _____ ? We zetten onze fietsen tegen de muur. _____ voren zien de huizen er hetzelfde uit. _____ keukens zijn allemaal aan de straat. Er _____ planten voor het raam, maar we kijken _____ tot in de achtertuin. De gordijnen zijn _____ . Omdat ze niets te verbergen hebben? Grote _____ trouwens! De deur gaat open, onze vrienden _____ ons al gezien. Een hond springt ons _____ , maar hij krijgt op z'n kop: "_____ , Hector!!" We bieden onze bloemen aan, en _____ onze jassen in de gang. De _____ moeten in een speciale bak. Ze gaan _____ voor, de woonkamer in. "Welkom! Willen jullie _____ of een glaasje fris?" "Nou, als je _____ thee zet ... graag!" Midden in de kamer _____ een tafel met een fruitschaal. Tegen de _____ staat een piano, daarnaast een boekenkast. Zelf _____ ? "Door mijn schoonvader", zegt de gastheer. Eén _____ is voor de kinderen. De vloer ligt _____ : auto's, tekeningen, kinderboeken. We lopen verder _____ kamer in. Er staat een bankstel, op _____ van de stoelen ligt een kat. Op _____ lage glazen tafel liggen kranten en een _____ . 'Spitsbergen' staat erop. Ze houden van reizen! _____ de hoek staan de tv en de _____ . Er hangen platen aan de muur, één _____ zonnebloemen. Van die schilder met die moeilijke _____ : Van Gogh. Boven mogen we ook alles _____ : de slaapkamer, de badkamer en de kinderkamers. _____ zolder doen ze de was, en er _____ ook nog twee pc's. Ruimte genoeg! _____ is vier uur, de kinderen komen uit _____ . "Mmm, lekker, koekjes!" Eerst moeten ze zich _____ voorstellen. Snel schenken ze een glas appelsap _____ . "Mogen we buiten spelen?" "Vooruit dan maar. _____ maak je niet vuil, en voor zessen _____ !" Ze zijn al weg.

Geef antwoord

1. 'Kom eens langs'. Is dat geen afspraak?
2. Wat is een rijtjeshuis? Beschrijf de buitenkant en de binnenkant.
3. Waarom is het rijtjeshuis zo populair, denkt u?
4. Beschrijf de woonkamer in een huis in uw land.
5. Eén hoek is voor de kinderen: wat lag er bij u thuis op de vloer?

Grammatica (1, 2)

1 boek, 2 boeken	
net zo: 2 vrienden 2 planten	let op: 2 kinderen 2 eieren
let op: 2 huizen 2 glazen	

1 kamer, 2 kamers	
net zo: 2 keukens 2 tafels	*let op*: 2 auto's 2 pc's 2 paraplu's 2 taxi's 2 programma's 2 baby's
altijd: 2 rijtjes 2 koekjes	

Vul in

We hebben een afspraak met onze _____ . Hun huis is pas _____ . Er staan daar allemaal nieuwe _____ . Als we binnen zijn zetten we onze _____ in de speciale _____ . Ze vragen of we koffie _____ . 'Nou, als je _____ koffie zet, _____ '. De kamer staat vol. We zien een tafel met een _____ , een zelf_____ boekenkast, en overal op _____ vloer liggen kinder_____ en _____ .

Groepsdiscussie

Kies met z'n allen een onderwerp: 1, 2 of 3. Bespreek twee aan twee argumenten voor of tegen. Voer daarna een groepsdiscussie.

1. Het rijtjeshuis: het ideale huis.
2. Huisdieren (honden, katten): je beste vrienden.
3. De pc: beter voor kinderen dan buiten spelen.

Les 5

Hoe leer je een taal?

Hoe leer je een taal? Dat kan op allerlei *manieren*. Het belangrijkste is dat je *een heleboel* woorden leert. Pas als je ongeveer 3000 woorden kent, kun je *je enigszins redden* in die taal. Bij de Delftse methode leer je de woorden via de teksten. Je leert zo de betekenis van de woorden. En je leert ook hoe je ze moet gebruiken.

Wat is de *bedoeling* van de teksten? Moet je die *uit je hoofd* leren? Nee, dat hoeft niet. Dat is *overbodig*. Een hele tekst uit je hoofd leren is *verschrikkelijk* veel werk. En een heel boek helemaal! Nee, je moet met de teksten aan het werk. Eerst moet je *zorgen* dat je de tekst begrijpt. *Onbekende* woorden zoek je op. Daarna ga je de cd *zorgvuldig beluisteren*. Eerst met boek, dan zonder. *Totdat* je de hele tekst, elke *zin*, elk woord direct *verstaat*. Zeg alles na, totdat je *uitspraak* goed is. Ga dan naar de gatentekst.

Waar *dient* die voor? Er staat niets nieuws in. Het is *vervelend* om hem tijdens de les met de *groep in* te *vullen*. Maar daarvoor is hij ook niet *bedoeld*! Met de gatentekst controleer je zelf of je de tekst al goed kent. Gebruik hem dus *uitsluitend* bij de voorbereiding, niet *gedurende* de les.

Wat gebeurt er in de les? Dan praten we. Iedereen heeft de cd beluisterd en de uitspraak *geoefend*. We kunnen dus een gesprek voeren. Deze keer praten we *onder andere* (*o.a.*) over het *leren* van een taal. Welke talen spreek jij? Hoe heb je die geleerd? Via zelfstudie, of heb je lessen *gehad*? Of heb je ze geleerd via *contacten* met andere mensen?

Wat is de rol van de grammatica voor in het boek? Dat is een *hulpmiddel*. Als *zich* een probleem *voordoet* in een tekst, kijk je in dat *overzicht*. Tien tegen één dat je het probleem dan kunt *oplossen*. Op de *pagina* met oefeningen staan *blokjes*; elk blokje hoort bij een *onderdeel* van het overzicht *voorin*.

Een taal leren spreken via zelfstudie, kan dat? Nou en of! Spreken kun je oefenen, ook *in je eentje*. De eerste *regel* van elke *alinea* van deze tekst is een vraag. *Bedenk* zelf antwoorden en *spreek* ze *hardop uit*. Op de *bladzijde* met oefeningen staan nog meer vragen. Ga je gang!

2585	manieren	ways	manières	Weisen	yöntemler	2585
2586	een heleboel	a lot	un grand nombre	eine ganze Menge	birsürü	2586
2587	je redden	get by	se débrouiller	dir helfen	kendini kurtarmak	2587
2588	enigszins	somewhat	un peu	einigermaßen	oldukça	2588
2589	bedoeling (de)	purpose	intention	Bedeutung	amaç	2589
2590	uit je hoofd	by heart	par coeur	auswendig	kafadan, ezbere	2590
2591	overbodig	superfluous	pas nécessaire	überflüssig	fazla	2591
2592	verschrikkelijk	awful	énormément	schrecklich	berbat	2592
2593	zorgen	make sure	faire en sorte	dafür sorgen	halletmek	2593
2594	onbekende	unfamiliar	inconnus	unbekannte	bilinmeyen	2594
2595	zorgvuldig	carefully	avec attention	sorgfältig	özenle	2595
2596	beluisteren	listen to	écouter	anhören	dinlemek	2596
2597	totdat	until	jusqu'à ce que	bis	e kadar	2597
2598	zin (de)	sentence	phrase	Satz	cümle	2598
2599	verstaat	understand	comprennes	verstehst	anlar	2599
2600	uitspraak (de)	pronunciation	prononciation	Aussprache	aksan, söyleniş	2600
2601	dient (voor)	is meant	sert	dient	yarar	2601
2602	vervelend	boring	ennuyeux	langweilend	sıkıcı	2602
2603	groep (de)	group	groupe	Gruppe	grup	2603
2604	in vullen	fill in	remplir	ausfüllen	doldurmak	2604
2605	bedoeld (voor)	intended	destiné	gedacht	kastedildi	2605
2606	uitsluitend	only	uniquement	ausschließlich	yalnızca	2606
2607	gedurende	during	pendant	während	süresince	2607
2608	geoefend	practised	exercé	geübt	etüt etti	2608
2609	onder andere	among other things	entre autres	unter anderem	bu arada	2609
2610	leren	learning	apprendre	Lernen	öşrenmek	2610
2611	gehad	take	eu	gehabt	olmuştu	2611
2612	contacten	contacts	contacts	Kontakte	ilişkiler	2612
2613	hulpmiddel (het)	aid	aide	Hilfsmittel	vasıta, araç	2613
2614	zich voordoet	presents itself	se pose	auftaucht	görünmek	2614
2615	overzicht (het)	summary	relevé	Übersicht	genel bakış	2615
2616	tien tegen één = het is bijna zeker					2616
2617	oplossen	solve	résoudre	lösen	çözmek	2617
2618	pagina (de)	page	page	Seite	sayfa	2618
2619	blokjes	boxes	carrés	Blöcke	bloklar	2619
2620	onderdeel (het)	part	une partie	Einheit	bölüm	2620
2621	voorin	at the front of	au début	vorne	öndeki	2621
2622	nou en of = zeker!					2622
2623	in je eentje	on your own	tout seul	allein	tek başına	2623
2624	regel (de)	line	règle	Zeile	satır	2624
2625	alinea (de)	paragraph	alinéa	Absatz	paragraf	2625
2626	bedenk	think of	invente	überlege	düşün	2626
2627	spreek uit	pronounce	prononce	sprech aus	söylemek	2627
2628	hardop	out loud	à voix haute	laut	yüksek sesle	2628
2629	bladzijde (de)	page	page	Seite	sayfa	2629
2630	ga je gang = je kunt beginnen					2630

Hoe leer je een taal?

Hoe leer je een taal? Dat kan op allerlei _____ . Het belangrijkste is dat je een heleboel _____ leert. Pas als je ongeveer 3000 _____ kent, kun je je enigszins redden _____ die taal. Bij de Delftse methode _____ je de woorden via de teksten. Je _____ zo de betekenis van de woorden. En _____ leert ook hoe je ze moet gebruiken. _____ is de bedoeling van de teksten? _____ je die uit je hoofd leren? Nee, _____ hoeft niet. Dat is overbodig. Een hele _____ uit je hoofd leren is verschrikkelijk veel _____ . En een heel boek helemaal! Nee, je _____ met de teksten aan het werk. Eerst _____ je zorgen dat je de tekst begrijpt. _____ woorden zoek je op. Daarna ga je _____ cd zorgvuldig beluisteren. Eerst met boek, dan _____ . Totdat je de hele tekst, elke zin, _____ woord direct verstaat. Zeg alles na, totdat _____ uitspraak goed is. Ga dan naar de _____ . Waar dient die voor? Er staat niets _____ in. Het is vervelend om hem tijdens _____ les met de groep in te vullen. _____ daarvoor is hij ook niet bedoeld! Met _____ gatentekst controleer je zelf of je de _____ al goed kent. Gebruik hem dus uitsluitend _____ de voorbereiding, niet gedurende de les. Wat _____ er in de les? Dan praten we. _____ heeft de cd beluisterd en de uitspraak _____ . We kunnen dus een gesprek voeren. Deze _____ praten we onder andere over _____ leren van een taal. Welke talen spreek _____ ? Hoe heb je die geleerd? Via zelfstudie, _____ heb je lessen gehad? Of heb je _____ geleerd via contacten met andere mensen? Wat _____ de rol van de grammatica voor in _____ boek? Dat is een hulpmiddel. Als zich _____ probleem voordoet in een tekst, kijk je _____ dat overzicht. Tien tegen één dat je _____ probleem dan kunt oplossen. Op de pagina _____ oefeningen staan blokjes; elk blokje hoort bij _____ onderdeel van het overzicht voorin. Een taal _____ spreken via zelfstudie, kan dat? Nou en _____ ! Spreken kun je oefenen, ook in je _____ . De eerste regel van elke alinea van _____ tekst is een vraag. Bedenk zelf antwoorden _____ spreek ze hardop uit. Op de bladzijde _____ oefeningen staan nog meer vragen. Ga je _____ !

Geef antwoord

1. Welke talen spreekt u? Hoe hebt u die geleerd?
2. Kun je een taal leren zonder leraar?
3. Hoe kun je al die woorden onthouden?
4. Kinderen leren spreken zonder les in grammatica. Kunnen volwassenen dat ook?
5. Wat vindt u het moeilijkste? Spreken? Schrijven? Verstaan?
6. Geef antwoord op de elf vragen in de tekst.

Grammatica (7)

leer je, leer	**je leert, je ... leert**
Hoe **leer je** een taal?	**Je leert** woorden via de tekst.
Zie je al die vragen in de tekst?	**Je gebruikt** de gatentekst.
Nieuwe woorden **zoek je** op.	**Je controleert** of **je** alles **kent.**
	Belangrijk is dat **je** woorden **leert.**
Leer de teksten, en **zeg** alles na.	Totdat **je** elk woord **verstaat.**

Vul in

Op allerlei manieren ____ je een taal leren. Natuurlijk moet je veel ____ woorden ____ . Maar ____ de teksten niet uit het hoofd. Dat is ____ veel werk en het is o____ . B____ de cd zorgvuldig, totdat je alles ____ . Als je alles n____ , krijg je een goede uitspraak!

Twee aan twee

Voer een gesprek over het leren van een taal. Hoe hebt u tot nu toe Nederlands of een andere taal geleerd?

Heeft u:
- naar cd's geluisterd?
- teksten uit het hoofd geleerd?
- aan grammatica gedaan?
- gepraat (met uzelf?)
- geschreven?
- een goed advies?

Les 6

Op het platteland

"Mooi is het hier op het *platteland*! Maar is het niet *eenzaam*?" We zijn een dagje bij oude vrienden, Kees en Nellie. Ze wonen op een *boerderij* bij Elfhuizen, een dorpje met *nog geen* tachtig *inwoners*. "Eenzaam? Wij *zochten vrijheid* en *stilte*," *reageert* Kees. "Vroeger woonden we in een *trieste* stads*wijk* met een *somber winkelcentrum*. Dat *beviel* helemaal niet. *Geleidelijk* groeide het *verlangen* om de stad uit te gaan, vooral toen we kinderen kregen. Zes jaar geleden hebben we de *stap* gezet. Nog geen *seconde spijt* gehad!" Ze *leiden* ons door de boerderij, Kees vertelt *trots* over de *verbouwing*. "Ik heb veel zelf gedaan, hoewel ik twee *linkerhanden* heb. Maar al doende leert men. En Nellie is erg *handig!*"

"Alle groente komt uit eigen tuin", zegt Nellie als ze het eten op tafel zet. Lekkere *sla*! Erg veel werk zeker, die groente? Nellie *knikt*. "In dit seizoen wel, nu alles begint te groeien en te *bloeien*. Maar ik vind het leuk. Het is geen werk, het is mijn *hobby*."

"Kom, ik laat jullie het dorp zien", zegt Kees. Hij wijst alles aan. "Dat huis was vroeger een *bakkerij*. Vrijwel alle winkels zijn nu weg. En daar woonde de *smid*. *Paard* en *wagen* zijn *verdwenen*, dus ook de smid. De basisschool is er gelukkig nog wel. Vorig jaar werd hij met *opheffing bedreigd*: te weinig leerlingen. Het dorp heeft *geprotesteerd*, en met succes!"

Wat voor mensen wonen er in Elfhuizen? "Je hebt de *oorspronkelijke bewoners* en mensen zoals wij, die ergens anders vandaan komen. Toch is het een echte *gemeenschap*. Bij belangrijke *gebeurtenissen* tref je iedereen: op een *begrafenis*, of tijdens die *actie* voor de school. Je kunt hier van alles doen. Er zijn wel achttien *verenigingen*, voor sport, *toneel*, de geschiedenis van het dorp."

En de toekomst? De *jongeren* trekken toch weg? "Ja, de *landbouw biedt* weinig werk, en de mogelijkheden voor het bedrijfsleven zijn beperkt. *Niettemin overwegen* veel jonge *gezinnen zich* op het platteland te *vestigen*. Maar ik hoop dat het hier niet al te *aantrekkelijk* wordt. Anders is het straks gedaan met onze rust!"

2631	platteland (het)	country	campagne	Land	ova	2631
2632	eenzaam	lonely	isolé	einsam	ıssız, yalnız	2632
2633	boerderij (de)	farm	ferme	Bauernhof	çiftlik	2633
2634	nog geen	less than	même pas	noch nicht einmal	henüz yok	2634
2635	inwoners	residents	habitants	Einwohner	nüfus	2635
2636	zochten	were looking for	cherchions	suchten	aradık	2636
2637	vrijheid (de)	freedom	liberté	Freiheit	özgürlük	2637
2638	stilte (de)	quiet	silence	Ruhe	sessizlik	2638
2639	reageert	reacts	réagit	antwortet	tepki gösteriyor	2639
2640	trieste	sad	triste	trist	donuk, üzgün	2640
2641	wijk (de)	district	quartier	Bezirk	semt	2641
2642	somber	gloomy	sombre	düster	karanlık	2642
2643	winkelcentrum (het)	shopping centre	centre commercial	Einkaufszentrum	çarşı merkezi	2643
2644	beviel	pleased	plaisait	gefiel	hoşuna gitti	2644
2645	geleidelijk	gradually	petit à petit	allmählich	azar azar	2645
2646	verlangen (het)	longing	désir	Verlangen	istek	2646
2647	stap (de)	move	pas	Schritt	adım	2647
2648	de stap gezet = de beslissing genomen					2648
2649	seconde (de)	second	seconde	Sekunde	saniye	2649
2650	spijt (de -- van)	regret	regret	bereut	pişmanlık	2650
2651	leiden	lead	conduisent	führen	yönlendirme	2651
2652	trots	proudly	fier	Stolz	gurur	2652
2653	verbouwing (de)	renovation	aménagement	Umbau	yapılanma	2653
2654	linkerhanden	left hands	mains gauches	linke Hände	beceriksiz	2654
2655	al doende leert men = je leert iets door het te doen					2655
2656	handig	skilful	habile	geschickt	becerikli	2656
2657	sla (de)	lettuce	salade	Salat	marul	2657
2658	knikt	nods	hocher la tête	nickt	başını sallıyor	2658
2659	bloeien	bloom	fleurir	blühen	çiçeklenmek	2659
2660	hobby (de)	hobby	loisir	Hobby	hobi	2660
2661	bakkerij (de)	bakery	boulangerie	Bäckerei	fırın	2661
2662	smid (de)	black smith	forgeron	Schmied	demirci	2662
2663	paard (het)	horse	cheval	Pferd	at	2663
2664	wagen (de)	wagon	voiture	Wagen	araba	2664
2665	verdwenen	disappeared	disparu	verschwunden	kayboldu	2665
2666	opheffing (de)	closing down	fermeture	Schließung	kaldırılma	2666
2667	bedreigd (met)	threatened	menacé	drohte	tehdit edildi	2667
2668	geprotesteerd	protested	protesté	protestiert	protesto etti	2668
2669	oorspronkelijke	original	originels	ursprünglichen	aslen	2669
2670	bewoners	inhabitants	habitants	Bewohner	oturanlar	2670
2671	gemeenschap (de)	community	communauté	Gemeinschaft	topluluk	2671
2672	gebeurtenissen	occasions	événements	Ereignissen	olaylar	2672
2673	begrafenis (de)	funeral	enterrement	Begräbnis	mezar	2673
2674	actie (de)	demonstration	action	Demonstration	faaliyet	2674
2675	verenigingen	clubs	associations	Vereine	dernekler	2675
2676	toneel (het)	theatre	théâtre	Theater	tiyatro	2676
2677	jongeren	young people	jeunes	Jugendlichen	gençler	2677
2678	landbouw (de)	farming	agriculture	Landwirtschaft	tarım	2678
2679	biedt	offers	offre	bietet	sunar	2679
2680	bedrijfsleven = commerciële bedrijven					2680
2681	niettemin	nevertheless	néanmoins	trotzdem	yine de	2681
2682	overwegen	consider	envisagent	überlegen sich	düşünüyorlar	2682
2683	gezinnen	families	familles	Familien	aileler	2683
2684	zich vestigen	settle	s'installer	sich niederlassen	yerleşmek	2684
2685	aantrekkelijk	attractive	attrayant	reizvoll	çekici	2685
2686	is het gedaan met onze rust = is onze rust verdwenen					2686

Op het platteland

"Mooi is het hier op het platteland! _____ is het niet eenzaam?" We zijn een _____ bij oude vrienden, Kees en Nellie. Ze _____ op een boerderij bij Elfhuizen, een dorpje _____ nog geen tachtig inwoners. "Eenzaam? Wij zochten _____ en stilte," reageert Kees. "Vroeger woonden we in _____ trieste stadswijk met een somber winkelcentrum. Dat _____ helemaal niet. Geleidelijk groeide het verlangen om _____ stad uit te gaan, vooral toen we _____ kregen. Zes jaar geleden hebben we de _____ gezet. Nog geen seconde spijt gehad!" _____leiden ons door de boerderij, Kees vertelt _____ over de verbouwing. "Ik heb veel zelf _____ , hoewel ik twee linkerhanden heb. Maar al _____ leert men. En Nellie is erg _____ !" "Alle groente komt uit eigen tuin", _____ Nellie als ze het eten op tafel zet. _____ sla! Erg veel werk zeker, die groente? _____ knikt. "In dit seizoen wel, nu alles _____ te groeien en te bloeien. Maar ik _____ het leuk. Het is geen werk, het _____ mijn hobby." "Kom, ik laat jullie het _____ zien", zegt Kees. Hij wijst alles aan. "_____ huis was vroeger een bakkerij. Vrijwel alle _____ zijn nu weg. En daar woonde de _____ . Paard en wagen zijn verdwenen, dus ook _____ smid. De basisschool is er gelukkig nog _____ . Vorig jaar werd hij met opheffing bedreigd: _____ weinig leerlingen. Het dorp heeft geprotesteerd, en _____ succes!" Wat voor mensen wonen _____ in Elfhuizen? "Je hebt de oorspronkelijke bewoners en mensen _____ wij, die ergens anders vandaan komen. Toch _____ het een echte gemeenschap. Bij belangrijke gebeurtenissen _____ je iedereen: op een begrafenis, of tijdens _____ actie voor de school. Je kunt hier _____ alles doen. Er zijn wel achttien verenigingen, _____ sport, toneel, de geschiedenis van het dorp." "_____ de toekomst? De jongeren trekken toch weg?" "_____ , de landbouw biedt weinig werk, en de _____ voor het bedrijfsleven zijn beperkt. Niettemin overwegen _____ jonge gezinnen zich op het platteland te _____ . Maar ik hoop dat het hier niet _____ te aantrekkelijk wordt. Anders is het straks _____ met onze rust!"

Geef antwoord

1 Waarom wilden Kees en Nellie de stad uit?
2 De moderne tijd brengt veel veranderingen in het dorp. Leg uit.
3 Toch blijft het dorp een echte gemeenschap. Leg uit.
4 Van wat voor vereniging zou u lid willen zijn?
5 Is er in de landbouw in uw eigen land veel werk?

Grammatica (5)

mooi **(is** mooi, **zijn mooi)**	**mooie** (de ... stad, het ... dorp, de ... steden)
de stad is mooi het dorp is mooi de steden en dorpen zijn mooi	de mooie stad het mooie dorp de mooie steden en dorpen
(het dorp**)**	**(de** stad**)**
een mooi dorp geen mooi dorp	de mooie stad geen mooie stad
(het weer**)**	**(de** dag**)**
mooi weer!	fijne dag!

Vul in

Zes jaar geleden ____ Kees en Nellie de stad uitgegaan. Voor een ____ gezin is de stad niet aantrekkelijk. Ze wonen nu in een ____ dorp, in een ____ boerderij. Het was een b____ gebeurtenis. De verbouwing was ____ werk, maar gelukkig heeft Kees een h____ vrouw. Kees laat ons het dorp ____ . Dat duurt niet lang, want het is geen gr____ dorp. Kees wijst ons de vr____ bakkerij aan. Er zit nu een sportclub in, bij m ____ weer spelen ze buiten.

Gesprek

Kees wil terug naar de stad. Voer het gesprek tussen Nellie en Kees.

Les 7
Het Koninklijk Huis

- Is Nederland een *democratie*? Het *staatshoofd* is immers niet gekozen?

- Dat is waar, maar de *werkelijke* macht ligt bij regering en parlement. Die zijn op basis van *verkiezingen* tot stand gekomen. Er is ook een *grondwet*, waarin alle *rechten* van de burgers *vastliggen*.

- Maar hoe kan iemand zonder macht het hoofd van de staat zijn?

- Het is een *formele titel*. Het staatshoofd *maakt deel uit* van de regering. Zij voert elke week *overleg* met de *minister-president*, zodat ze van al het beleid op de hoogte is. Dat moet ook, want onder elk *besluit* en elke wet staat haar *handtekening*. Maar zij heeft geen directe invloed.

- Spreekt ze *in het openbaar* wel eens over politieke *kwesties*?

- Nee, en da's maar goed ook! De Grondwet zegt dat de minister-president *verantwoordelijk* is voor wat het staatshoofd zegt of doet. De vrijheid van *handelen* en spreken is dus gering. Dit geldt voor ieder lid van het *Koninklijk* Huis: de *echtgenoot* of *echtgenote*, kinderen, ouders, broers en *zussen*. Zodra hun uitspraken of *daden* een politiek karakter hebben, is er een regerings*crisis*. Zij *vervullen nimmer* politieke functies. Voor hun huwelijk moeten ze *toestemming* krijgen van de regering — als ze koning of koningin willen worden, tenminste.

- Maar dat is niet van deze tijd! Ze moeten toch zelf weten met wie ze trouwen?

- Tja, in dit geval niet. Alle *kandidaten* worden *nauwkeurig onderzocht*. Het valt vaak niet mee om een geschikte *partner* te vinden. Toch komen die er altijd. Later *beseffen* ze hoe weinig *privéleven* ze hebben en hoe moeilijk het is om *zin* aan hun bestaan te geven.

- Er gaat vast en zeker heel wat geld naar al die *leden* van het Koninklijk Huis. *Accepteert* de bevolking dat?

- Ze ontvangen inderdaad *jaarlijks miljoenen* aan 'uitkeringen', zoals dat heet. Erg veel voor mensen die niets mogen zeggen. En in hun *paleizen* wonen ze gratis! Maar het *volk* blijft het *koningshuis trouw* door dik en *dun*. Vanwege de *band* met het *verleden*, en omdat de koningin *geliefd* is. Bij *rampen* gaat ze naar de slachtoffers toe om ze te *troosten*. En al die *plechtigheden*! Net een *sprookje*!

2687	democratie (de)	democracy	démocratie	Demokratie	demokrasi	2687
2688	staatshoofd (het)	head of state	chef d'état	Staatsoberhaupt	devlet başı	2688
2689	werkelijke	actual	réelle	wirkliche	pratikteki	2689
2690	verkiezingen	elections	élections	Wahlen	seçimler	2690
2691	grondwet (de)	constitution	constitution	Grundgesetz	temel yasa	2691
2692	rechten	rights	droits	Rechte	haklar	2692
2693	vastliggen	have been laid down	sont définis	festgelegt sind	sabit olmak	2693
2694	formele	formal	formel	formaler	resmi	2694
2695	titel (de)	title	titre	Titel	başlık	2695
2696	maakt deel uit (van)	is part	fait partie	ist Teil von	parçasıdır	2696
2697	overleg (het)	consultation	consultation	Beratungsgespräch	görüşme	2697
2698	minister-president (de)	prime minister	premier ministre	Ministerpräsident	başbakan	2698
2699	besluit (het)	resolution	décision	Beschluss	karar	2699
2700	handtekening (de)	autograph	signature	Unterschrift	imza	2700
2701	in het openbaar	in public	en public	in der Öffentlichkeit	açıkça, kamusal	2701
2702	kwesties	issues	questions	Fragen	mesele	2702
2703	da's = dat is					2703
2704	nee, en da's maar goed ook = gelukkig niet					2704
2705	verantwoordelijk	responsible	responsable	verantwortlich	sorumlu	2705
2706	handelen	action	agir	handeln	harekete geçmek	2706
2707	koninklijk	royal	royale	königliche	krallık	2707
2708	echtgenoot (de)	husband	époux	Ehemann	evli erkek	2708
2709	echtgenote (de)	wife	épouse	Ehefrau	evli bayan	2709
2710	zussen	sisters	soeurs	Schwestern	kızkardeşler	2710
2711	daden	actions	actes	Taten	eylemler	2711
2712	crisis (de)	crisis	crise	Krise	kriz	2712
2713	vervullen	perform	remplissent	erfüllen	yerine getirmek	2713
2714	nimmer	never	jamais	nie	asla	2714
2715	toestemming (de)	consent	autorisation	Zustimmung	onay	2715
2716	kandidaten	candidates	canditats	Kandidaten	adaylar	2716
2717	nauwkeurig	meticulously	soigneusement	genaustens	hassasiyetle	2717
2718	onderzocht	scrutinized	examinés	untersucht	araştırılır	2718
2719	het valt niet mee = het is niet makkelijk					2719
2720	partner (de)	partner	partenaire	Partner	eş	2720
2721	beseffen	realise	se rendent compte	realisieren	anlamak	2721
2722	privéleven (het)	private life	vie privée	Privatleben	özel hayat	2722
2723	zin (de)	meaning	sens	Sinn	anlam	2723
2724	leden	members	membres	Mitglieder	üyeler	2724
2725	accepteert	accepts	accepte	akzeptiert	kabul eder	2725
2726	jaarlijks	annually	annuellement	jährlich	yıllık	2726
2727	miljoenen	millions	millions	Millionen	milyonlar	2727
2728	paleizen	palaces	palais	Palästen	saraylar	2728
2729	volk (het)	people	peuple	Volk	halk	2729
2730	koningshuis (het)	royal family	famille royale	Königshaus	saray	2730
2731	trouw	loyal	fidèle	treu	başlılık	2731
2732	dun	thin	maigre	dünn	zayıf	2732
2733	door dik en dun = onder alle omstandigheden					2733
2734	band (de)	association	lien	Bund	baş	2734
2735	verleden (het)	past	passé	Vergangenheit	geçmiş	2735
2736	geliefd	beloved	aimée	beliebt	sevilen	2736
2737	rampen	disasters	calamités	Katastrophen	felaketler	2737
2738	troosten	comfort	consoler	trösten	avutmak	2738
2739	plechtigheden	ceremonies	cérémonies	Verpflichtungen	merasimler	2739
2740	sprookje (het)	fairy-tale	conte	Märchen	masal	2740

Het Koninklijk Huis

- Is Nederland een democratie? Het staatshoofd is immers niet _____ ?
- Dat is waar, maar de werkelijke macht _____ bij regering en parlement. Die zijn op _____ van verkiezingen tot stand gekomen. Er is _____ een grondwet, waarin alle rechten van de _____ vastliggen. - Maar hoe kan iemand zonder macht _____ hoofd van de staat zijn? - Het is _____ formele titel. Het staatshoofd maakt deel uit _____ de regering. Zij voert elke week overleg _____ de minister-president, zodat ze van al _____ beleid op de hoogte is. Dat moet _____ , want onder elk besluit en elke wet _____ haar handtekening. Maar zij heeft geen directe _____ . - Spreekt ze in het openbaar wel eens _____ politieke kwesties? - Nee, en da's maar _____ ook! De Grondwet zegt dat de minister-_____ verantwoordelijk is voor wat het staatshoofd zegt _____ doet. De vrijheid van handelen en spreken _____ dus gering. Dit geldt voor ieder lid _____ het Koninklijk Huis: de echtgenoot of echtgenote, _____ , ouders, broers en zussen. Zodra hun uitspraken _____ daden een politiek karakter hebben, is er _____ regeringscrisis. Zij vervullen nimmer politieke functies. Voor _____ huwelijk moeten ze toestemming krijgen van de _____ , als ze koning of koningin willen worden, _____ . - Maar dat is niet van deze tijd! _____ moeten toch zelf weten met wie ze _____ ? - Tja, in dit geval niet. Alle kandidaten _____ nauwkeurig onderzocht. Het valt vaak niet mee _____ een geschikte partner te vinden. Toch komen _____ er altijd. Later beseffen ze hoe weinig _____ ze hebben en hoe moeilijk het _____ om zin aan hun bestaan te geven. - _____ gaat vast en zeker heel wat geld _____ al die leden van het Koninklijk Huis. _____ de bevolking dat? - Ze ontvangen inderdaad jaarlijks _____ aan 'uitkeringen', zoals dat heet. Erg veel _____ mensen die niets mogen zeggen. En in _____ paleizen wonen ze gratis! Maar het volk _____ het koningshuis trouw door dik en dun. _____ de band met het verleden, en omdat _____ koningin geliefd is. Bij rampen gaat ze _____ de slachtoffers toe om ze te troosten. _____ al die plechtigheden! Net een sprookje!

Geef antwoord

1. Beschrijf de positie van het Nederlandse staatshoofd. Zij is niet gekozen. Waarom kan Nederland zich toch een democratie noemen?
2. Waarom is het zo moeilijk voor de leden van het Koninklijk Huis om zin aan hun bestaan te geven?
3. Waarom mogen ze niet trouwen met wie ze willen?
4. Is een land met een gekozen president per definitie democratischer dan een land met een koning(in)?

Grammatica (3)

elk/elke, ieder/iedere, alle/al		
de week - **elke** week **de** wet - **iedere** wet		**het** besluit - **elk** besluit **het** lid - **ieder** lid
alle rechten van de burgers		
al die plechtigheden	**al die** leden	**al het** beleid

Vul in

Iedere ____ voert het staatshoofd overleg met de minister-president. Zij maakt namelijk ____ uit van de regering. Ze moet dus op de ____ zijn van a____ besluiten van de regering. Onder elke ____ staat haar handtekening. ____ jaar, op de derde dinsdag van september, opent ze het parlementaire ____ . En ____ er verkiezingen zijn geweest, dan geeft zij enkele ____ de opdracht om een nieuwe regering te ____ . De minister-president is verantwoordelijk voor a____ uitspraken en daden van de koningin. Dat ____ trouwens voor elk ____ van het Huis.

Discussie

Zou een president goedkoper zijn dan een koning of koningin?

Les 8
Vrijheid van onderwijs

Beste Ana,

Bedankt voor je *mailtje*. Alles goed hier! Sinds *afgelopen* zomer zijn we *aardig gewend*. Je vroeg of de kinderen al op school *zaten*. Ja, maar niet op een privéschool. Die heb je hier bijna niet.

Ari is morgen *jarig*. Hij wordt vier, dus hij mag naar de basisschool. Ik *kwam* de buren *tegen*, die heb ik om *advies* gevraagd. De *buurvrouw raadde* een *katholieke* school in de buurt *aan*, waar hun zoon ook op zit. Ze zijn *weliswaar* niet katholiek, maar dat maakt niet uit, *legde* ze *uit*.

Je hebt openbare scholen en *daarnaast* bijzondere scholen: christelijke, katholieke, *joodse* en *islamitische*. Of scholen die *gebaseerd* zijn op een *filosofie* of onderwijsmethode. Iedere *maatschappelijke groepering* kan een school *oprichten*. Driekwart (3/4) van de basisscholen *behoort* tot dit *type*. Al het onderwijs is praktisch gratis, en er is geen verschil in *kwaliteit*. De *leerstof* en de leraren moeten aan dezelfde hoge eisen *voldoen*.

Ik vroeg of zo'n *scheiding* in het onderwijs geen problemen *gaf*. Natuurlijk heeft het *voordelen* als de *juf*, de *meester* en de *leerlingen hetzelfde geloof* hebben. Maar islamitische scholen, *bevordert* dat de *integratie* wel? Volgens de *buurman* is daar inderdaad discussie over. Maar Nederland heeft nu eenmaal gekozen voor vrijheid van onderwijs, zegt hij. Het bijzonder onderwijs ligt vast in de wet.

Bo zit in een speciale klas om de taal te leren. Volgend jaar gaat ze naar het *voortgezet* onderwijs. Ook daar heb je beide typen scholen. Zelfs in het *beroeps*onderwijs en op de *universiteiten* bestaat dit *onderscheid*!

De buurman *waarschuwde* me voor *zogenaamde* (*zgn.*) *'zwarte'* scholen. Veel leerlingen daar hebben een buitenlandse *achtergrond*. Ze spreken vaak slecht Nederlands, en dat *beïnvloedt* het *niveau* van de school. Vooral in de grote steden bestaat dit probleem. Daarom betaalt de overheid voor extra *begeleiding* van deze leerlingen. De buurman *adviseerde* me om Bo naar een 'witte' school te sturen aan de andere *kant* van de stad. Afijn, we zien wel. Doe de groeten aan iedereen! B.

2741	beste	dear	chère	liebe	sevgili	2741
2742	bedankt	thanks	merci	danke	teşekkürler	2742
2743	mailtje (het)	email message	mail	E-Mail	posta	2743
2744	afgelopen	last	passé	letzten	geçen	2744
2745	aardig	quite nicely	pas mal	gut	iyi	2745
2746	gewend	settled in	habitués	eingewöhnt	alıştık	2746
2747	zaten	were	étaient	seien	okula gittiler	2747
2748	heb je = zijn er					2748
2749	jarig	his birthday	c'est l'anniversaire	hat Geburtstag	doşumgünü	2749
2750	kwam tegen	ran into	ai rencontré	begegnete	karşılaştı	2750
2751	advies (het)	advice	conseil	Rat	danışma	2751
2752	buurvrouw (de)	neighbour (f)	voisine	Nachbarin	bayan komşu	2752
2753	raadde aan	recommended	m'a recommandé	empfahl	tavsiye etti	2753
2754	katholieke	catholic	catholique	katholisch	katolik	2754
2755	weliswaar	it's true	il est vrai	zwar	gerçi	2755
2756	legde uit	explained	expliquait	erklärte	anlattı	2756
2757	openbare scholen = scholen die niet gebaseerd zijn op een godsdienst of filosofie					2757
2758	daarnaast	in addition	en plus	daneben	bunun yanında	2758
2759	joodse	Jewish	juives	jüdische	yahudi	2759
2760	islamitische	Islamic	musulmanes	islamitische	islami	2760
2761	gebaseerd (op)	based	basées	basiert	temelinde	2761
2762	filosofie (de)	philosophy	philosophie	Philosophie	felsefe	2762
2763	maatschappelijke	social	sociaux	gesellschaftliche	toplumsal	2763
2764	groepering (de)	grouping	groupes	Gruppierung	gruplaşma	2764
2765	oprichten	set up	fonder	gründen	meydana getirme	2765
2766	behoort (tot)	belongs	appartient	gehört	dahildir	2766
2767	type (het)	category	genre	Typ	tip	2767
2768	kwaliteit (de)	quality	qualité	Qualität	kalite	2768
2769	leerstof (de)	subject matter	matière	Unterrichtsstoff	ders konusu	2769
2770	voldoen (aan)	meet	répondre	erfüllen	gerçekleştirmek	2770
2771	scheiding (de)	division	séparation	Trennung	ayırım	2771
2772	gaf	gave	donnait	gab	verdi	2772
2773	voordelen	advantages	avantages	Vorteile	avantajlar	2773
2774	juf (de)	teacher (f)	maîtresse	Lehrerin	öşretmen	2774
2775	meester (de)	teacher (m)	maître	Lehrer	öşretmen	2775
2776	leerlingen	pupils	élèves	Schüler	öşrenciler	2776
2777	hetzelfde	the same	la même	gleichen	aynı	2777
2778	geloof (het)	faith	religion	Glauben	inanç	2778
2779	bevordert	stimulates	stimule	fördert	faydası dokunmak	2779
2780	integratie (de)	integration	intégration	Integration	entegrasyon	2780
2781	buurman (de)	neighbour (m)	voisin	Nachbar	bay komşu	2781
2782	voortgezet	secondary	secondaire	weiterführende	ortaöşretim	2782
2783	beroep (het)	profession	profession	Beruf	meslek	2783
2784	universiteiten	universities	universités	Universitäten	üniversiteler	2784
2785	onderscheid (het)	distinction	distinction	Unterschied	ayrım	2785
2786	waarschuwde	cautioned	a prévenue	warnte	uyardı	2786
2787	zogenaamde	so-called	dites	so genannten	bahsi geçen	2787
2788	zwarte	black	noires	schwarze	siyah	2788
2789	achtergrond (de)	background	racines	Hintergrund	arka plan	2789
2790	beïnvloedt	affects	influence	beeinflusst	etkiler	2790
2791	niveau (het)	level	niveau	Niveau	seviye	2791
2792	begeleiding (de)	guidance	encadrement	Betreuung	yönlendirme	2792
2793	adviseerde	advised	a conseillé	riet	bilgilendirdi	2793
2794	kant (de)	side	côté	Seite	taraf	2794
2795	afijn, we zien wel = nou ja, we beslissen later					2795

Vrijheid van onderwijs

Beste Ana,
Bedankt voor _____ mailtje. Alles goed hier! Sinds afgelopen zomer _____ we aardig gewend. Je vroeg of de _____ al op school zaten. Ja, maar niet _____ een privéschool. Die heb je hier bijna _____ . Ari is morgen jarig. Hij wordt vier, _____ hij mag naar de basisschool. Ik kwam _____ buren tegen, die heb ik om advies _____ . De buurvrouw raadde een katholieke school in _____ buurt aan, waar hun zoon ook op _____ . Ze zijn weliswaar niet katholiek, maar dat _____ niet uit, legde ze uit. Je hebt _____ scholen en daarnaast bijzondere scholen: christelijke, katholieke, _____ en islamitische. Of scholen die gebaseerd zijn _____ een filosofie of onderwijsmethode. Iedere maatschappelijke groepering _____ een school oprichten. Driekwart van de _____ behoort tot dit type. Al het onderwijs _____ praktisch gratis, en er is geen verschil _____ kwaliteit. De leerstof en de leraren moeten _____ dezelfde hoge eisen voldoen. Ik vroeg of _____ scheiding in het onderwijs geen problemen _____ . Natuurlijk heeft het voordelen als de juf, _____ meester en de leerlingen hetzelfde geloof hebben. _____ islamitische scholen, bevordert dat de integratie wel? _____ de buurman is daar inderdaad discussie over. _____ Nederland heeft nu eenmaal gekozen voor vrijheid _____ onderwijs, zegt hij. Het bijzonder onderwijs ligt _____ in de wet. Bo zit in een _____ klas om de taal te leren. Volgend _____ gaat ze naar het voortgezet onderwijs. Ook _____ heb je beide typen scholen. Zelfs in _____ beroepsonderwijs en op de universiteiten bestaat dit _____ !
De buurman waarschuwde me voor zogenaamde (zgn.) '_____ ' scholen. Veel leerlingen daar hebben een buitenlandse _____ . Ze spreken vaak slecht Nederlands, en dat _____ het niveau van de school. Vooral in _____ grote steden bestaat dit probleem. Daarom betaalt _____ overheid voor extra begeleiding van deze leerlingen. _____ buurman adviseerde me om Bo naar een '_____ ' school te sturen aan de andere kant _____ de stad. Afijn, we zien wel. Doe _____ groeten aan iedereen! B.

Geef antwoord

1 Vertel wat je weet over het gezin uit bovenstaand mailtje.
2 Waarom hoeft Ari niet naar een speciale school om Nederlands te leren?
3 Vrijheid van onderwijs, wat houdt dat in, in Nederland?
4 Wat is het verschil tussen bijzonder en openbaar onderwijs? En wat zijn de overeenkomsten?
5 Wat zijn zwarte scholen? Heeft een zwarte school ook voordelen?

Grammatica (7)

maakt	wordt
Dat maak**t** niet uit.	Ari wor**dt** 4.
Het staa**t** in de krant.	Hij raa**dt** een katholieke school aan.
Dat lig**t** vast in de wet.	Dat beïnvloe**dt** het niveau.

Vul in

Als Ari 4 jaar oud _____ , gaat hij naar de basisschool. Je h_____ hier bijzondere en _____ scholen. _____ zo'n scheiding in het onderwijs geen problemen? De buurman _____ dat daar discussie over is. Maar Nederland heeft _____ voor vrijheid van onderwijs: het bijzonder onderwijs _____ vast in de wet. Welke school _____ ik nu kiezen? Ik _____ het aan de buurvrouw. Ze r_____ me aan om Ari naar de school in de _____ te sturen. Daar _____ hun zoon ook op. "Zal ik informeren _____ er nog plaats is?", b_____ zij aan. Dat is aardig van haar!

Schrijfopdracht

Schrijf in een mailtje aan een Nederlandse kennis over de scholen in uw land. Zijn er verschillende typen? Is er verschil in kwaliteit? Is het onderwijs gratis? Hoe lang duurt het onderwijs?

Les 9

De kaart nog eens bekeken

Ik heb de kaart nog eens *bekeken*. 'Nederland' staat *erboven*, maar veel mensen zeggen 'Holland'. Wat is de *juiste term*? 'Nederland' is de officiële naam. Het eerste deel daarvan betekent 'laag'. 'Holland' is de *oudste* naam, vroeger gebruikt voor een gebied in het westen. Het *omvatte* de huidige provincies Noord- en Zuid-Holland en een stukje Utrecht, en het was economisch en politiek belangrijk. Voor velen betekenen 'Holland' en 'Nederland' nu hetzelfde. Maar zeg niet tegen een Limburger of Groninger dat hij in Holland woont!

Midden door Nederland *stromen* de *Maas*, de *Waal* en de *Rijn*. De Rijn komt via Duitsland uit *Zwitserland*, en de Maas komt via België uit *Frankrijk*. De *loop* van de rivieren is vaak veranderd, en hun *namen* ook. Vandaar dat het water door Rotterdam 'de Nieuwe Maas' heet. In het *zuidwesten* stroomt de *Schelde* door Zeeland. Hij *verbindt* de Belgische havenstad *Antwerpen* met de Noordzee.

De drie grote rivieren *delen* het land *in tweeën*: je hebt het Nederland van boven de rivieren en het Nederland van beneden de rivieren. De inwoners van deze twee *helften* zijn zeer *verschillend*, zegt men. In het katholieke zuiden zijn de mensen *open* en *hartelijk*. Ze *genieten* van het *leven*, en houden wel van een *biertje*. Vooral gedurende *carnaval*! In het noorden zijn de mensen *serieus* en *nuchter*. "Doe maar gewoon, dan doe je al *gek* genoeg", zou hun *motto* kunnen zijn. 'Echte *calvinisten*' heten zulke mensen ook wel. Allemaal *vooroordelen*? Hier zijn er nog wat: in de Randstad is men *arrogant*, Friezen zijn *koppig* en Zeeuwen zijn *zuinig*.

In het IJsselmeer zien we Flevoland liggen. Flevoland is de 12de provincie, en hij bestaat nog niet zo lang. Kun je *je voorstellen* dat het hier in 1974 nog één grote *zandvlakte* was? Lelystad is de hoofdstad, maar Almere is veel groter. De bewoners komen uit de Randstad, vooral uit Amsterdam. Een *stroom* jonge gezinnen *op zoek* naar ruimte en een goedkoop huis. In zes stadswijken met veel groen wonen inmiddels meer dan 150.000 mensen. Een derde (1/3) van hen is *forens*. Is Almere wel een echte stad? Zo kort geleden ontstaan en met al die inwoners die *elders* werken?

2796	bekeken	looked at	regardée	angeschaut	baktım	2796
2797	erboven	at the top	dessus	oben	üstünde	2797
2798	juiste	correct	juste	richtige	doşru	2798
2799	term (de)	term	terme	Ausdruck	tanım	2799
2800	oudste	oldest	le plus ancien	älteste	en eski	2800
2801	omvatte	encompassed	comprend	umfasste	içerirdi	2801
2802	Limburger = inwoner van de provincie Limburg					2802
2803	Groninger = inwoner van Groningen					2803
2804	stromen	flow	coulent	fließen	akarlar	2804
2805	Maas (de)	river Meuse	la Meuse	Maas	Möz nehri	2805
2806	Waal (de)	river Walloon	le Wallon	Waal	ren nehrinin kolu	2806
2807	Rijn (de)	river Rhine	le Rhin	Rhein	ren nehri	2807
2808	Zwitserland	Switzerland	la Suisse	Schweiz	isviçre	2808
2809	Frankrijk	France	la France	Frankreich	fransa	2809
2810	loop (de)	course	cours	Lauf	gidiş , akış	2810
2811	namen	names	noms	Namen	isimler	2811
2812	vandaar dat = daardoor, om die reden					2812
2813	zuidwesten (het)	southwest	sud-ouest	Südwesten	güneybatı	2813
2814	Schelde (de)	river Scheldt	l'Escaut	Schelde	Esko nehri	2814
2815	verbindt	connects	unit	verbindet	başlar	2815
2816	Antwerpen	Antwerp	Anvers	Antwerpen	Anver	2816
2817	delen	divide	partagent	teilen	ayırmak	2817
2818	in tweeën	in two	en deux	entzwei	ikiye	2818
2819	helften	halves	moitiés	Hälften	yarı	2819
2820	verschillend	different	différentes	unterschiedlich	farklı	2820
2821	open	extroverted	ouvert	offen	açık	2821
2822	hartelijk	genial	chaleureux	herzlich	içten	2822
2823	genieten (van)	enjoy	profitent	genießen	zevk almak	2823
2824	leven (het)	life	vie	Leben	hayat	2824
2825	biertje (het)	beer	bière	Bierchen	bira	2825
2826	carnaval (het)	carnival	carnaval	Karneval	karnaval	2826
2827	serieus	serious	sérieux	ernst	ciddi	2827
2828	nuchter	down-to-earth	sobre	nüchtern	sogukkanlı	2828
2829	gek	weird	fou	verrückt	deli	2829
2830	zou kunnen = misschien, mogelijk					2830
2831	motto (het)	motto	devise	Motto	parola	2831
2832	calvinisten	Calvinists	calvinistes	Kalvinisten	kalvinistler	2832
2833	vooroordelen	prejudices	préjugés	Vorurteile	önyargılar	2833
2834	arrogant	arrogant	arrogant	arrogant	ukala	2834
2835	Friezen = inwoners van Friesland					2835
2836	koppig	stubborn	têtus	stur	inatçı, dikkafalı	2836
2837	Zeeuwen = inwoners van de provincie Zeeland					2837
2838	zuinig	thrifty	radins	sparsam	tutumlu	2838
2839	je voorstellen	imagine	t'imaginer	dir vorstellen	düşünebilmek	2839
2840	zandvlakte (de)	sandy plane	plaine de sable	Sandebene	kumlu yüzey	2840
2841	één grote zandvlakte = overal zand					2841
2842	stroom (de)	large number	flot	Strom	akım	2842
2843	op zoek (naar)	looking for	à la recherche	auf der Suche	arayışta	2843
2844	forens (de)	commuter	banlieusard	Pendler	işinden uzakta oturan	2844
2845	elders	somewhere else	autre part	woanders	başka yerde	2845

De kaart nog eens bekeken

Ik heb de kaart nog eens bekeken. '_____ ' staat erboven, maar veel mensen zeggen 'Holland'. _____ is de juiste term? 'Nederland' is de officiële _____ . Het eerste deel daarvan betekent 'laag'. 'Holland' _____ de oudste naam, vroeger gebruikt voor een _____ in het westen. Het omvatte de huidige _____ Noord- en Zuid-Holland en een stukje Utrecht, en het _____ economisch en politiek belangrijk. Voor velen betekenen '_____ ' en 'Nederland' nu hetzelfde. Maar zeg _____ tegen een Limburger of Groninger dat hij in Holland _____ ! Midden door Nederland stromen de Maas, de _____ en de Rijn. De Rijn komt via _____ uit Zwitserland, en de Maas komt via _____ uit Frankrijk. De loop van de rivieren _____ vaak veranderd, en hun namen ook. Vandaar _____ het water door Rotterdam 'de Nieuwe Maas' _____ . In het zuidwesten stroomt de Schelde door _____ . Hij verbindt de Belgische havenstad Antwerpen met _____ Noordzee.
De drie grote rivieren delen het _____ in tweeën: je hebt het Nederland van _____ de rivieren en het Nederland van beneden _____ rivieren. De inwoners van deze twee helften _____ zeer verschillend, zegt men. In het katholieke _____ zijn de mensen open en hartelijk. Ze _____ van het leven, en houden wel van _____ biertje. Vooral gedurende carnaval! In het noorden _____ de mensen serieus en nuchter. "Doe maar _____ , dan doe je al gek genoeg", zou _____ motto kunnen zijn. 'Echte calvinisten' heten zulke _____ ook wel. Allemaal vooroordelen? Hier zijn er _____ wat: in de Randstad is men arrogant, _____ zijn koppig en Zeeuwen zijn zuinig.
In _____ IJsselmeer zien we Flevoland liggen. Flevoland is _____ 12de provincie, en hij bestaat nog niet _____ lang. Kun je je voorstellen dat het _____ in 1974 nog één grote zandvlakte was? _____ is de hoofdstad, maar Almere is veel _____ . De bewoners komen uit de Randstad, vooral _____ Amsterdam. Een stroom jonge gezinnen op zoek _____ ruimte en een goedkoop huis. In zes _____ met veel groen wonen inmiddels meer dan _____ mensen. Een derde van hen _____ forens. Is Almere wel een echte stad? _____ kort geleden ontstaan en met al die _____ die elders werken?

Geef antwoord

1. Kent uw taal ook twee namen voor Nederland?
2. Welke naam gebruikt u meestal?
3. Waarom moet je niet tegen een Groninger zeggen dat hij in Holland woont?
4. De grote rivieren scheiden, maar ze verbinden ook. Leg uit.
5. Zijn de mensen in het zuiden van uw land ook zo open en hartelijk?
6. Waarom worden steden als Almere wel 'slaapsteden' genoemd?

Grammatica (4)

Voor één enkele **m, k, l, r, n, p, ...** midden in een woord: meestal maar één enkele **a, e, o, u**

namen (naam)	maken (maakt)	weken (week)	scholen (school)	dure (duur)

Let op! Voor **r+d, k + t** ... geldt dit dus niet: **woorden, maakte**

Vul in

Midden door Nederland s_____ de Rijn. Ik heb de kaart nog eens _____ , om te zien _____ hij precies loopt. Toen zag ik _____ deze rivier nogal vaak van naam verandert. De of_____ naam is de Rijn, maar in werkelijkheid heeft deze _____ allerlei verschillende n_____ ! Eerst _____ hij de Rijn, dan de Lek, en tot _____ de Nieuwe Maas! De l_____ van de rivieren is vaak veranderd: ze l_____ nu anders dan vroeger. Vandaar misschien _____ ze telkens anders heten?

Spreekopdracht

Is uw land in stukken verdeeld door rivieren, bergen, of een zee?
Zijn de inwoners ook zo verschillend?

Les 10
We noemen haar Roos

"En, hoe heet ze? Roos? Mooie naam, hoor. Ik kom gauw kijken!" Mijn *collega* heeft *eergisteren* een dochter gekregen. Morgen zal ik het *geboorte*kaartje wel in de *bus* vinden. Dan weet ik wanneer ze *bezoekers* kan ontvangen. Ik moet niet te lang wachten. Meestal komt er een week lang iemand van de *thuiszorg*. Die helpt *overdag* met het *verzorgen* van de *baby* en het huishouden.

Eerlijk gezegd zie ik er een beetje tegen*op*. Alle baby's *lijken* op elkaar! En die *beschuit* met *muisjes*: niet te eten! Maar het cadeau is geen *punt*: ik geef altijd een boek. Kinderen kunnen niet vroeg genoeg beginnen met lezen. *Hoe* eerder *hoe* beter!

Mijn collega en haar man hebben *hevig getwijfeld* over de naam. Ikzelf ben naar mijn *oma genoemd*: Elisabeth Catharina. In het dagelijks leven heet ik Lies: dat is mijn *roepnaam*. Maar dat soort namen is *langzamerhand* erg *ouderwets*, heb ik *begrepen*. Kiki, Chloë, Natasja, zulke *voornamen* hebben de meisjes tegenwoordig. En de *jongetjes* heten Patrick, Kevin en Pascal. Gelukkig *vond* mijn collega een Hollandse naam *uiteindelijk* toch mooier.

Je achternaam kun je niet kiezen. Dat hebben we te danken aan Napoleon. Nederland was *een tijdje* onderdeel van het *rijk* van Napoleon. Aan het begin van de 19de eeuw was dat. Er is hier toen *van alles* veranderd. Er kwam een grondwet en een parlement, de straten kregen namen en de huizen nummers. We gingen rechts rijden. En iedereen moest een achternaam *opgeven*.

Je *mocht* zelf kiezen. Meestal *koos* je de naam van je vader. Of de plaats waar je woonde of je beroep. Weet je nu hoe de families Jansen, De Zeeuw en *Bakker* aan hun achternaam *komen*? Mensen met een *dubbele* achternaam komen vaak uit *voorname* families. Behalve *getrouwde* vrouwen. Die hebben meestal de naam van hun echtgenoot *aangenomen*. *Daarachter* staat, met een *streepje ertussen*, hun eigen naam. Kinderen dragen meestal de achternaam van hun vader.

En de familie *Naakt*geboren? Tja, soms *gaf* men een *grappige* naam *op* aan de Franse *ambtenaren*. Men *vatte* dat allemaal niet zo serieus *op*. Maar het werd wel *genoteerd*!

2846	collega (de)	colleague	collègue	Kollegin	ic arkadaşı	2846
2847	eergisteren	day before yesterday	avant hier	vorgestern	evvelsi gün	2847
2848	geboorte (de)	birth	naissance	Geburt	duşum	2848
2849	bus (de)	mailbox	boîte aux lettres	Briefkasten	posta kutusu	2849
2850	bezoekers	visitors	visiteurs	Besucher	ziyaretçiler	2850
2851	thuiszorg (de)	domiciliary care	soins à domicile	ambulante Pflegedienst	eve gelen yardımcı	2851
2852	overdag	during the day	dans la journée	tagsüber	gündüzleri	2852
2853	verzorgen	care	soigner	versorgen	bakmak	2853
2854	baby (de)	baby	bébé	Baby	bebek	2854
2855	eerlijk gezegd	to be honest	à vrai dire	ehrlich gesagt	doşrusu	2855
2856	zie op (tegen)	dread	appréhende	seh ab von	endişe etmek	2856
2857	lijken (op)	look the same	se ressemblent	ähneln	benzerler	2857
2858	beschuit (de)	Dutch Rusk	biscuit	Zwieback	bisküvi	2858
2859	muisjes	mice	petites souris	Mäuschen	farecik	2859
2860	beschuit met muisjes = bij een geboorte eet men beschuit met een soort suiker					2860
2861	niet te eten = niet lekker					2861
2862	geen punt = geen probleem					2862
2863	punt (het)	point	problème	Problem	konu, nokta	2863
2864	hoe ... hoe	the...the..	le ... le	je...desto	ne kadar ... o kadar...	2864
2865	hevig	enormously	fort	schwer	şiddetli	2865
2866	getwijfeld (over)	doubted	douté	gezögert	tereddüt ettiler	2866
2867	oma (de)	grandma	grand-mère	Oma	nine	2867
2868	genoemd (naar)	named	appelée	genannt	anıldı	2868
2869	roepnaam (de)	everyday name	petit nom	Rufname	öz ad	2869
2870	langzamerhand	by now	peu à peu	allmählich	yavaşça	2870
2871	ouderwets	old-fashioned	démodé	altmodisch	eski moda	2871
2872	begrepen	gathered	compris	begriffen	anladı	2872
2873	voornamen	first names	prénoms	Vornamen	isimler	2873
2874	jongetjes	boys	garçons	Jungen	erkek çocuklar	2874
2875	vond	thought	trouvait	fand	buldu	2875
2876	uiteindelijk	in the end	finalement	schließlich	sonunda	2876
2877	dat hebben we te danken aan = dat is dankzij					2877
2878	een tijdje	for a while	pendant un moment	kurze Zeit	bir zamanlar	2878
2879	rijk (het)	empire	royaume	Reich	devlet	2879
2880	van alles	many things	de tout	alles	herşey	2880
2881	opgeven	report	donner	angeben	bildirmek	2881
2882	mocht	were allowed	pouvait	durfte	yapabilirdi	2882
2883	koos	chose	choisissait	wählte	seçti	2883
2884	bakker (de)	baker	boulanger	Bäcker	fırıncı	2884
2885	komen (aan)	came by	venaient	kommen	gelmek	2885
2886	dubbele	double	double	doppeltem	çift	2886
2887	voorname	distinguished	distinguées	vornehmen	asil	2887
2888	getrouwde	married	mariées	verheiratete	evli	2888
2889	aangenomen	taken on	pris	angenommen	kabul ettiler	2889
2880	daarachter	after it	derrière	dahinter	arkasında	2880
2891	streepje (het)	hyphen	tiret	Bindestrich	çizgi	2891
2892	ertussen	in between,	entre	dazwischen	arasında	2892
2893	naakt	naked	nu	nackt	çıplak	2893
2894	gaf op	reported	déclarait	gab	bildirdi	2894
2895	grappige	funny	amusant	lustige	komik	2895
2896	ambtenaren	officials	fonctionnaires	Beamten	memurlar	2896
2897	vatte op	take	prenait	nahm	algıladı	2897
2898	genoteerd	registered	noté	aufgeschrieben	kaydedildi	2898

We noemen haar Roos.

"En, ____ heet ze? Roos? Mooie naam, hoor. Ik ____ gauw kijken!" Mijn collega heeft eergisteren een ____ gekregen. Morgen zal ik het geboortekaartje ____ in de bus vinden. Dan weet ik ____ ze bezoekers kan ontvangen. Ik moet niet ____ lang wachten. Meestal komt er een week ____ iemand van de thuiszorg. Die helpt overdag ____ het verzorgen van de baby en het ____ . Eerlijk gezegd zie ik er een beetje ____ . Alle baby's lijken op elkaar! En ____ beschuit met muisjes: niet te eten! Maar ____ cadeau is geen punt: ik geef altijd ____ boek. Kinderen kunnen niet vroeg genoeg beginnen ____ lezen. Hoe eerder hoe beter! Mijn collega ____ haar man hebben hevig getwijfeld over de ____ . Ikzelf ben naar mijn oma genoemd: Elisabeth ____ . In het dagelijks leven heet ik Lies: ____ is mijn roepnaam. Maar dat soort namen ____ langzamerhand erg ouderwets, heb ik begrepen. Kiki, ____ , Natasja, zulke voornamen hebben de meisjes tegenwoordig. ____ de jongetjes heten Patrick, Kevin en Pascal. ____ vond mijn collega een Hollandse naam uiteindelijk ____ mooier. Je achternaam kun je niet kiezen. ____ hebben we te danken aan Napoleon. Nederland ____ een tijdje onderdeel van het rijk van ____ . Aan het begin van de 19de eeuw ____ dat. Er is hier toen van alles ____ . Er kwam een grondwet en een parlement, ____ straten kregen namen en de huizen nummers. ____ gingen rechts rijden. En iedereen moest een ____ opgeven. Je mocht zelf kiezen. Meestal koos ____ de naam van je vader. Of de ____ waar je woonde of je beroep. Weet ____ nu hoe de families Jansen, De Zeeuw ____ Bakker aan hun achternaam komen? Mensen met ____ dubbele achternaam komen vaak uit voorname families. ____ getrouwde vrouwen. Die hebben meestal de naam ____ hun echtgenoot aangenomen. Daarachter staat, met een ____ ertussen, hun eigen naam. Kinderen dragen meestal ____ achternaam van hun vader. En de familie ____ ? Tja, soms gaf men een grappige naam ____ aan de Franse ambtenaren. Men vatte dat ____ niet zo serieus op. Maar het werd ____ genoteerd!

Geef antwoord

1. Waarom moet je snel op bezoek als er een baby is geboren?
2. Wat is er in Nederland allemaal veranderd in de tijd van Napoleon? Wat vindt u daarvan het belangrijkste?
3. Waarom is het nodig om een achternaam te hebben?
4. Verklaar de naam Bakker, Jansen en De Zeeuw.
5. Kan men in uw land een dubbele achternaam hebben? Leg uit.

Grammatica (4)

Let op de uitspraak:			*Net zo:*		
-ak = -akk-	vak	vakken	-at = -att-	vat	opvatting
-es = -ess	les	lessen	-ak = -akk	bak	bakker
-us = -uss-	bus	bussen	-ap = -app-	grap	grappig
-op = -opp-	stop	stoppen	-uk = -ukk-	geluk	gelukkig

Vul in

Mijn _____ heeft gisteren een baby _____ . Morgen z_____ wij het kaartje wel allemaal in onze _____ vinden. Mijn collega en haar man _____ een echte _____ naam gekozen: Roos. Gelukkig vonden _____ die naam mooier dan al die _____ namen die de kinderen tegenwoordig _____ . 'Roos' is dan ook haar roepnaam: wel zo gemak_____ ! S_____ mensen, die uit een _____ familie komen, hebben een d _____ achternaam. G _____ vrouwen ook, maar die _____ dan de naam van hun echtgenoot _____ . Hoe gaat dat in uw land?

Interview

In de pauze vragen vier cursisten aan de anderen wat hun naam betekent. Van wie hebben ze die naam gekregen? Wanneer en waarom? Vraag ook naar hun achternaam (-namen). In de les vertellen zij aan de hele groep wat ze gehoord hebben.

Les 11 Woonruimte gezocht

Woonruimte gezocht Ik ben een net *afgestudeerde verpleegkundige* van 22 jaar. Ik zoek *per direct* woonruimte in Arnhem of directe omgeving. Wie helpt mij?

- Ik zag laatst op tv een programma over mensen die in *containers* wonen. Zijn ze te arm voor een echte woning?

- Dat is het probleem *niet zozeer*. In Nederland *heerst* woning*nood*, zeker in de grote steden. Het waren waarschijnlijk *studenten*, die daar voorlopig *gehuisvest* waren.

- Er trekken toch ook mensen weg uit de stad? Die studenten kunnen dan in de woningen die zij *achterlaten*.

- Daar mogen ze niet *zomaar* in. Ze moeten *zich* eerst *inschrijven* bij een woning*corporatie*, een *organisatie* die huizen bouwt en *verhuurt*. Ze komen dan op een lijst. Op een gegeven moment krijgen ze, met nog enige *anderen*, een woning *aangeboden*. Wie *bovenaan* op de lijst staat en *positief* reageert, krijgt de woning. Je kunt ook *weigeren*, en wachten tot het volgende *aanbod*. Maar je begrijpt, dit *proces* kan wel jaren duren.

- Waarom zoeken ze niet in een kleinere gemeente in de omgeving?

- Daar heerst vaak ook woningnood. Voor goedkopere woningen heb je een speciale *vergunning* nodig. Je moet economisch of maatschappelijk gebonden zijn aan die gemeente. Doordat je er werkt, studeert, of er al woont maar wilt *verhuizen*. Ook mag je *salaris* niet te hoog zijn, en meestal mag je niet in je eentje een driekamerwoning *bezetten*. Men *streeft* er dan naar om huizen voor mensen met weinig geld en gezinnen *beschikbaar* te houden.

- En *particuliere* huis*eigenaren*? Voor hen *gelden* al die *regels* zeker niet?

- *Jawel*, die moeten *zich* er ook aan *houden*. Alleen voor dure woningen gelden geen regels. Die worden gewoon in de krant of op internet aangeboden, of via een *makelaar*. En als je in het noorden en oosten van het land zoekt, *slaag* je eerder dan in de Randstad.

- Er zijn natuurlijk ook mensen die hun woning of flat *gedeeltelijk* willen *verhuren*. Of is dat soms ook niet *toegestaan*?

- *Onderhuur* bedoel je. Ja, kamers verhuren mag. Kamer*bureaus* zijn er in alle steden. Maar er is een groot gebrek aan kamers. Vaak is de beste manier om iets te vinden '*via* via'. Je vraagt familie, vrienden en *kennissen* of ze mee willen zoeken. De *aanhouder wint*!

2899	woonruimte (de)	accommodation	logement	Wohnung	barınak	2899
2900	gezocht	looking for	recherché	gesucht	arandı	2900
2901	afgestudeerde	graduated	diplômée	ausgelernte	mezun	2901
2902	verpleegkundige (de)	nurse	infirmière	Krankenschwester	hemşire	2902
2903	per direct	as of now	immédiatement	ab sofort	doşrudan	2903
2904	containers	containers	containers	Containern	konteynır	2904
2905	niet zozeer	not exactly	pas vraiment	nicht wirklich	fazla degil	2905
2906	heerst	is	règne	herrscht	bulunmaktadır	2906
2907	nood (de)	need	manque	Not	gereksinim	2907
2908	studenten	students	étudiants	Studenten	öşrenciler	2908
2909	gehuisvest	housed	logés	untergebracht	ikamet	2909
2910	achterlaten	leave behind	laissent	zurücklassen	bırakmak	2910
2911	zomaar	just like that	comme ça	ohne Weiteres	öylece	2911
2912	zich inschrijven	sign up	s'inscrire	sich einschreiben	kaydolmak	2912
2913	corporatie (de)	corporation	corporation	Gesellschaft	kooperatif	2913
2914	organisatie (de)	organisation	organisation	Organisation	organizasyon	2914
2915	verhuurt	rents out	loue	vermietet	kiralayan	2915
2916	op een gegeven moment = op een zeker moment, op een dag					2916
2917	anderen	other people	autres	anderen	ba şkaları	2917
2918	aangeboden	offered	offert	angeboten	teklif edilir	2918
2919	bovenaan	on top	en haut	oben	en başı	2919
2920	positief	positively	positivement	positiv	pozitif	2920
2921	weigeren	refuse	refuser	absagen	itiraz etmek	2921
2922	aanbod (het)	offer	offre	Angebot	teklif	2922
2923	proces (het)	process	processus	Prozess	süreç	2923
2924	vergunning (de)	permit	autorisation	Erlaubnis	izin	2924
2925	verhuizen	move	déménager	umziehen	taşınmak	2925
2926	salaris (het)	salary	salaire	Einkommen	maaş	2926
2927	bezetten	occupy	occuper	besetzen	işgal etmek	2927
2928	streeft (naar)	strives	aspire	strebt an	hedefler	2928
2929	beschikbaar	available	disponible	bereit	hazır bulunan	2929
2930	particuliere	private	particuliers	private	şahsi, özel	2930
2931	eigenaren	owners	propriétaires	Eigentümer	sahipler	2931
2932	gelden (voor)	apply	s'appliquent	gelten	geçerli	2932
2933	regels	regulations	règles	Regeln	kurallar	2933
2934	jawel	yes, certainly	bien sûr	ja schon	aslında	2934
2935	zich houden (aan)	comply	se conformer	sich halten	birşeye uymak	2935
2936	makelaar (de)	estate agent	agent immobilier	Makler	emlakçı	2936
2937	slaag	succeed	réussis	schaffst	başarmak	2937
2938	gedeeltelijk	partially	partiellement	teilweise	kısmen	2938
2939	verhuren	rent out	louer	vermieten	kiralamak	2939
2940	toegestaan	allowed	autorisé	erlaubt	izin verilen	2940
2941	onderhuur (de)	subletting	sous-location	Untermiete	kiracının kiralaması	2941
2942	bureaus	agencies	bureaux	Büros	bürolar	2942
2943	via	through	par intermédiaire	durch	aracılışı ile	2943
2944	kennissen	acquaintances	connaissances	Bekannte	tanıdıklar	2944
2945	aanhouder (de)	go-getter	personne persévérante	Beharrliche	sabreden	2945
2946	wint	wins	gagne	gewinnt	kazanır	2946
2947	de aanhouder wint = wie volhoudt bereikt zijn doel					2947

Woonruimte gezocht

Woonruimte gezocht. Ik ben een net afgestudeerde verpleegkundige _____ 22 jaar. Ik zoek per direct woonruimte in _____ of omgeving. Wie helpt mij? - Ik zag laatst _____ tv een programma over mensen die in containers _____ . Zijn ze te arm voor een echte woning? - _____ is het probleem niet zozeer. In Nederland heerst _____ , zeker in de grote steden. Het waren waarschijnlijk _____ , die daar voorlopig gehuisvest waren. - Er trekken toch _____ mensen weg uit de stad? Die studenten kunnen _____ in de woningen die zij achterlaten. - Daar mogen _____ niet zomaar in. Ze moeten zich eerst inschrijven _____ een woningcorporatie, een organisatie die huizen bouwt en _____ . Ze komen dan op een lijst. Op een _____ moment krijgen ze, met nog enige anderen, een _____ aangeboden. Wie bovenaan op de lijst staat en _____ reageert, krijgt de woning. Je kunt ook weigeren, _____ wachten tot het volgende aanbod. Maar je begrijpt, _____ proces kan wel jaren duren. - Waarom zoeken ze _____ in een kleinere gemeente in de omgeving? - Daar _____ vaak ook woningnood. Voor goedkopere woningen heb je _____ speciale vergunning nodig. Je moet economisch of maatschappelijk _____ zijn aan die gemeente. Doordat je er werkt, _____ , of er al woont maar wilt verhuizen. Ook _____ je salaris niet te hoog zijn, en meestal _____ je niet in je eentje een driekamerwoning bezetten. _____ streeft er dan naar om huizen voor mensen _____ weinig geld en gezinnen beschikbaar te houden. - En _____ huiseigenaren? Voor hen gelden al die regels zeker _____ ? - Jawel, die moeten zich er ook aan houden. _____ voor dure woningen gelden geen regels. Die worden _____ in de krant of op internet aangeboden, of _____ een makelaar. En als je in het noorden _____ oosten van het land zoekt, slaag je eerder _____ in de Randstad. - Er zijn natuurlijk ook mensen _____ hun woning of flat gedeeltelijk willen verhuren. Of _____ dat soms ook niet toegestaan? - Onderhuur bedoel je. _____ , kamers verhuren mag. Kamerbureaus zijn er in alle _____ . Maar er is een groot gebrek aan kamers. _____ is de beste manier om iets te vinden ' _____ _____ '. Je vraagt familie, vrienden en kennissen of _____ mee willen zoeken. De aanhouder wint!

Geef antwoord

1 Waarom wonen die mensen in containers?
2 Waarom zijn het waarschijnlijk studenten?
3 Wanneer kom je in aanmerking voor een goedkope woning?
4 Waarom is het in het noorden van het land makkelijker?
5 Waarom bouwen de Nederlanders niet meer huizen?
6 Wat is de beste manier om woonruimte te vinden?

Grammatica (14)

	2	
Dat	**is**	het probleem niet.
In Nederland	**heerst**	woningnood.
Voor goedkopere woningen	**heb**	je een speciale vergunning nodig.
Omdat er woningnood heerst,	**is**	het moeilijk om een woning te vinden.

Vul in

Natuurlijk _____ er mensen weg uit de stad, maar studenten _____ dan niet in de woningen die zij _____ . Eerst _____ ze zich _____ bij een woningcorporatie. Dan _____ ze op een lijst. Op een _____ moment krijgen ze een woning _____ . Als je bovenaan op de lijst _____ en positief reageert, _____ je de woning. Je kunt ook w_____ . Maar dan _____ het langer voordat je een woning _____ . Ook in de gemeentes in de buurt _____ vaak woningnood. Vaak _____ je een speciale vergunning n_____ . In sommige gevallen _____ je salaris niet te hoog zijn, en je gezin niet te _____ .

Drie onderzoekers

Drie cursisten onderzoeken hoe de anderen aan hun woonruimte zijn gekomen: **a** gekocht? **b** gehuurd, en van wie? of **c** bij familie? De drie onderzoekers geven een overzicht, met percentages.

Les 12

De Nederlanders maakten Nederland

God schiep de wereld maar de Nederlanders maakten Nederland. Dat zegt men in het buitenland. En zo zien Nederlanders het ook graag. *Terecht* toch zeker? Wie over het noorden en westen van Nederland *vliegt*, ziet het meteen. Groene *stukken* land met zwarte *lijnen eromheen*. Dat zijn *polders*, met dijken en *kanalen* om de *waterstand* te regelen. Vroeger was de *grond* hier te *nat* om op te wonen. Maar *in de loop* van de tijd hebben de Nederlanders het land droog gekregen. *Met behulp* van *molens*.

Bent u op Schiphol aangekomen? U *bevond zich* daar vier meter onder de *zeespiegel*! Heeft u *zich* dat *gerealiseerd*? U *stond* op de bodem van wat *eens* een meer was. Er was land nodig, dus is het meer *drooggemaakt*. Met machines *ditmaal*.

Zelfs op de bodem van de zee kun je wonen. Midden in Nederland lag eens een zee. Zag u vanuit het vliegtuig die lijn tussen Friesland en Noord-Holland? Dat is de Afsluitdijk. *Hiermee* werd die zee in 1932 *afgesloten*, omdat hij te gevaarlijk was. Zo *ontstond* het IJsselmeer. Daarvan is weinig *overgebleven*. Grote delen vormen nu de provincie Flevoland: nog geen 50 jaar oud.

Nederland is *mensenwerk*. Geldt dat ook voor de hoger *gelegen* delen? Voor Drenthe wel. Deze provincie was vroeger erg nat, maar ook daar is het land drooggemaakt. Maar Zuid-Limburg *ziet er* heel anders *uit*. Een echt natuur*landschap*, met *heuvels* en rivieren. En wat is dat, bij de stad Maastricht? Een *heuse berg*, van 322 meter hoog! Op *volkomen natuurlijke* wijze ontstaan. En ook de heuvels in Utrecht en Gelderland zijn *puur* natuur. Wel waren hier vroeger meer *bossen*. Die zijn niet *vanzelf* verdwenen. Met handel in *hout* is nu eenmaal veel *winst* te *behalen*.

Langs de *kust* en op de eilanden vinden we brede *stranden* met *duinen*. De duinen zijn niet door de mens gemaakt, maar door een *spel* van zand, wind en water. Ze *trekken* vogels en *wandelaars aan*. De eilanden in het noorden '*wandelen*' zelf trouwens ook, wist u dat? Aan de ene kant gaat *er* land *af*, aan de andere kant komt het *erbij*. *Conclusie*: de Nederlanders hebben Nederland gemaakt, maar de eilanden gaan hun eigen gang.

2948	God	God	Dieu	Gott	Tanrı	2948
2949	schiep	created	créa	schuf	yarattı	2949
2950	terecht	rightly	à juste titre	zurecht	hakkı ile	2950
2951	vliegt	flies	vole	fliegt	uçar	2951
2952	stukken	pieces	morceaux	Stücke	parçalar	2952
2953	lijnen	contours	lignes	Linien	hatlar	2953
2954	eromheen	around it	autour	drumherum	etrafında	2954
2955	polders	polders	polders	Polder	kurutulmuş arazi	2955
2956	kanalen	channels	canaux	Kanälen	kanallar	2956
2957	waterstand (de)	water level	niveau d'eau	Wasserstand	su seviyesi	2957
2958	grond (de)	soil	sol	Boden	zemin	2958
2959	nat	wet	mouillé	nass	ıslak	2959
2960	te nat om op te wonen = zo nat dat je er niet op kunt wonen					2960
2961	in de loop	in the course	au cours	im Lauf	süresince	2961
2962	met behulp (van)	with the help	à l'aide	mit Hilfe	yardımıyla	2962
2963	molens	windmills	moulins	Mühlen	deşirmenler	2963
2964	bevond zich	were	se trouvait	befanden sich	bulundunuz	2964
2965	zeespiegel (de)	sea level	niveau de la mer	Meeresspiegel	deniz seviyesi	2965
2966	zich gerealiseerd	did realise	se rendu compte	sich bewusst gemacht	realize edebilmek	2966
2967	stond	were standing	se trouvait	standen	dururdu	2967
2968	eens	once	une fois	einmal	birzamanlar	2968
2969	drooggemaakt	reclaimed	séché	trocken gelegt	kuruttular	2969
2970	ditmaal	this time	cette fois-ci	diesmal	bu sefer	2970
2971	hiermee	with this	avec ça	hiermit	bununla	2971
2972	afgesloten	closed off	fermé	abgeschlossen	kapattılar	2972
2973	ontstond	originated	apparut	entstand	oluştu	2973
2974	overgebleven	remained	resté	übrig geblieben	kaldılar	2974
2975	mensenwerk	a work of man	travail humain	Menschenwerk	insangücü	2975
2976	gelegen	situated	situés	gelegenen	bulunan	2976
2977	ziet eruit	looks	a l'air	zieht aus	gürünür	2977
2978	landschap (het)	landscape	paysage	Landschaft	manzara	2978
2979	heuvels	hills	collines	Hügeln	tepeler	2979
2980	heuse	real	vraie	echter	gerçek	2980
2981	berg (de)	mountain	montagne	Berg	daş	2981
2982	volkomen	entirely	totalement	vollkommen	tamamen	2982
2983	natuurlijke	natural	naturelle	natürliche	doşal	2983
2984	puur	pure	pure	reine	saf	2984
2985	puur natuur = niet door de mens gemaakt					2985
2986	bossen	forests	forêts	Wälder	ormanlar	2986
2987	vanzelf	by themselves	tout seul	von selbst	kendilişinden	2987
2988	hout (het)	wood	bois	Holz	tahta	2988
2989	winst (de)	profit	bénéfice	Gewinn	kazanç	2989
2990	behalen	gain	réaliser	machen	ulaşmak	2990
2991	kust (de)	coast	littoral	Küste	sahil	2991
2992	stranden	beaches	plages	Strände	kumsallar	2992
2993	duinen	dunes	dunes	Dünen	kumullar	2993
2994	spel (het)	play	jeu	Spiel	oyun	2994
2995	trekken aan	attract	attirent	ziehen an	ilgilendirmek	2995
2996	wandelaars	walkers	promeneurs	Spaziergänger	yürüyüş yapanlar	2996
2997	wandelen	walk	se promènent	gehen spazieren	yürümek	2997
2998	er af	taken off	en moins	weg	azalıyor	2998
2999	erbij	added	en plus	dazu	ilave	2999
3000	conclusie (de)	conclusion	conclusion	Schlussfolgerung	sonuç	3000
3001	gaan hun eigen gang = doen wat ze zelf willen					3001

De Nederlanders maakten Nederland

God schiep _____ wereld maar de Nederlanders maakten Nederland. Dat zegt _____ in het buitenland. En zo zien Nederlanders het _____ graag. Terecht toch zeker? Wie over het noorden _____ westen van Nederland vliegt, ziet het meteen. Groene _____ land met zwarte lijnen eromheen. Dat zijn polders, _____ dijken en kanalen om de waterstand te regelen. _____ was de grond hier te nat om op _____ wonen. Maar in de loop van de tijd _____ de Nederlanders het land droog gekregen. Met behulp _____ molens. Bent u op Schiphol aangekomen? U bevond _____ daar vier meter onder de zeespiegel! Heeft u _____ dat gerealiseerd? U stond op de bodem van _____ eens een meer was. Er was land nodig, _____ is het meer drooggemaakt. Met machines ditmaal. Zelfs _____ de bodem van de zee kun je wonen. _____ in Nederland lag eens een zee. Zag u _____ het vliegtuig die lijn tussen Friesland en _____ ? Dat is de Afsluitdijk. Hiermee werd die zee _____ 1932 afgesloten, omdat hij te gevaarlijk was. Zo _____ het IJsselmeer. Daarvan is weinig overgebleven. Grote delen _____ nu de provincie Flevoland: nog geen 50 jaar _____ . Nederland is mensenwerk. Geldt dat ook voor de _____ gelegen delen? Voor Drenthe wel. Deze provincie was _____ erg nat, maar ook daar is het land _____ . Maar Zuid-Limburg ziet er heel anders uit. _____ echt natuurlandschap, met heuvels en rivieren. En wat _____ dat, bij de stad Maastricht? Een heuse berg, _____ 322 meter hoog! Op volkomen natuurlijke wijze ontstaan. _____ ook de heuvels in Utrecht en Gelderland zijn _____ natuur. Wel waren hier vroeger meer bossen. Die _____ niet vanzelf verdwenen. Met handel in hout is _____ eenmaal veel winst te behalen. Langs de kust _____ op de eilanden vinden we brede stranden met _____ . De duinen zijn niet door de mens gemaakt, _____ door een spel van zand, wind en water... _____ trekken vogels en wandelaars aan. De eilanden in _____ noorden 'wandelen' zelf trouwens ook, wist u dat? _____ de ene kant gaat er land af, aan _____ andere kant komt het erbij. Conclusie: de Nederlanders _____ Nederland gemaakt, maar de eilanden gaan hun eigen _____ .

Geef antwoord

1. Nederland is mensenwerk. Leg uit.
2. Maar de eilanden gaan hun eigen gang. Leg uit.
3. Wat is u het meest opgevallen aan het Nederlandse landschap?
4. Wat is de functie van de Afsluitdijk?
5. Wat is het verschil tussen dijken en duinen?
6. Beschrijf wat u ziet vanuit een vliegtuig dat over uw land vliegt.

Grammatica

Dat is, dat zijn	
Dat is de Afsluitdijk.	**Dat zijn** polders.
Dat is een heuse berg.	**Ben** jij **dat? Dat ben** ik!
Dit is mijn broer.	**Dit zijn** mijn ouders.

Vul in

Zie je die groene _____ land met die zwarte lijnen _____ ? Zijn _____ misschien polders? Die zwarte _____ zijn dan de kanalen, denk ik. En dat dunne lijntje tussen _____ en Noord-Holland? _____ is de Afsluitdijk. _____ is een binnenzee afgesloten, _____ hij te gevaarlijk was. Dan is het dus geen _____ meer! Nee inderdaad, _____ is nu een meer: het IJsselmeer. Maar daarvan _____ weinig overgebleven. Grote _____ vormen nu de 12de provincie: Flevoland. En wat is _____ , bij Maastricht? _____ is een _____ berg! Ik _____ laatst door de duinen gewandeld. _____ zijn heuvels, op natuurlijke _____ ontstaan. Door een spel van _____ , _____ en water. Ze trekken vogels en wandelaars _____ . Kijk, ik heb _____ een foto van: _____ ben ik, en dat _____ mijn broers en mijn zus.

Schrijfopdracht

Schrijf een korte tekst (150 woorden) over het Nederlandse landschap, voor zover u dat kent.

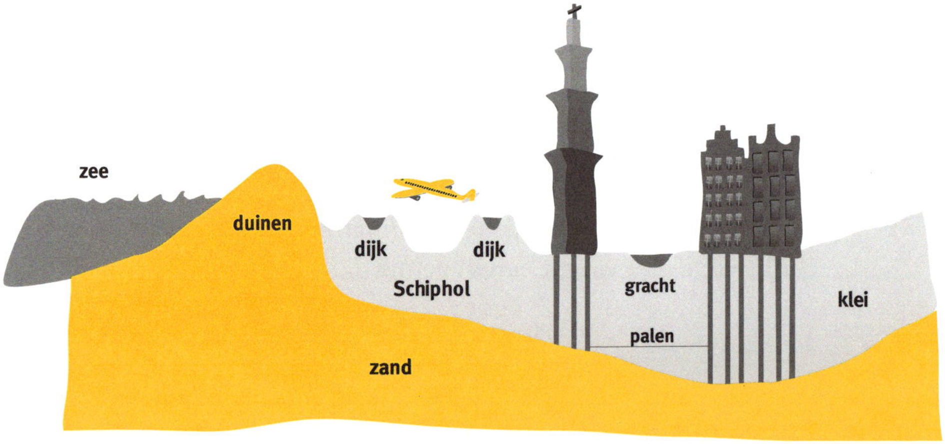

Geef antwoord

1 Nederland ligt voor een deel onder zeeniveau. Vertel wat je ziet.
2 Hoe komt het dat Schiphol zo laag ligt?
3 Amsterdam die grote stad, is gebouwd op palen (lange stukken hout). Leg uit.
4 Klei is zachte grond. Is het zachter of harder dan zand, denkt u?

geslaagd voor	U bent **geslaagd voor** de toets.
zich opgeven voor	U hebt zich **opgegeven voor** de cursus.
wijzen op	Wij **wijzen** u **erop** dat het veel werk is.
rekenen op	U moet **rekenen op** een halfuur per tekst.
ten behoeve van	Die is aangelegd **ten behoeve van** het goederenvervoer.
met behulp van	Eerst ging dat **met behulp van** molens.
in de loop van	Ze kregen het **in de loop van** de tijd droog.

Vul in

geslaagd voor, wijzen op, met behulp van

Als je ____ bent voor de eindtoets, ____ je je opgeven ____ de vervolgcursus. Wij wijzen ____ dat je de lessen goed moet ____ . Je moet rekenen ____ een halfuur per tekst. Je krijgt dan veel ____ over Nederland. Bijvoorbeeld over het landschap. Hoe ____ het ontstaan? Hoe hebben de Nederlanders het ____ gekregen? Eerst ging dat met ____ van molens, maar in de loop ____ de tijd is men machines gaan gebruiken.

1 De Zuiderzee: ± 1500

2 Het IJsselmeer: 2000

Vragen

1. Wat is het verschil tussen een zee en een meer?
2. Van binnenzee tot Flevoland: vertel.
3. Waarom werd de Afsluitdijk aangelegd?
4. Welke andere functie vervult de Afsluitdijk?
5. Welke functie(s) vervult de nieuwe provincie Flevoland?

Les 13
Politieke partijen: voor elk wat wils

Van welke politieke *kleur* is de Nederlandse regering de laatste jaren? Zijn de *socialisten* aan de macht, de *christendemocraten*, of de *liberalen*? Zoals bekend heeft geen enkele partij de meerderheid. Een regering kan alleen tot stand komen als *meerdere* partijen bereid zijn om *samen* te *werken*. Meestal worden de verkiezingen *gevolgd* door maandenlange *onderhandelingen*. Totdat drie of vier partijen het eens worden over een politiek programma. Het *komt* er vaak op *neer* dat de christendemocraten tot *overeenstemming* komen met één of twee andere partijen. De rest komt in de *oppositie*.

En de Tweede Kamer, hoe komt die tot stand? Het *schema geeft aan* dat de leden *rechtstreeks* gekozen worden. 'Rechtstreeks' tussen *aanhalingstekens*. De mensen *stemmen* vooral op een partij, niet op een *individu*. Kamerleden zijn vaak geen bekende *persoonlijkheden*.

En dan is er ook nog de Eerste Kamer. *Telt* Nederland dus twéé parlementen? Nee, er is één parlement, *bestaande* uit twee Kamers, *allebei* met hun eigen functie. De *feitelijke* macht ligt bij de Tweede Kamer. Het *kabinet* kan alleen besluiten nemen als de Tweede Kamer het ermee eens is. Als een minister iets doet tegen de *wil* van de Kamer, kan die hem naar huis sturen. De macht van de Eerste Kamer *daarentegen* is veel geringer. Zij *oefent controle uit* op wetten en *maatregelen* die in de Tweede Kamer zijn *aangenomen*. In de Eerste Kamer *hebben* meestal *ervaren politici zitting*.

Er zijn in Nederland tientallen politieke partijen *actief*. *Linkse, rechtse*, groene, *streng*christelijke en islamitische: voor elk wat wils. Minstens tien hebben *vertegenwoordigers* in de Kamer. Is dat niet wat veel? Met minder partijen worden de *tegenstellingen* duidelijker *zichtbaar*. Zo krijgen de *kiezers wellicht* meer *belangstelling* voor de politiek. Die is in Nederland niet al te groot.

3002	kleur (de)	colour	couleur	Farbe	renk	3002
3003	socialisten	socialists	socialistes	Sozialisten	sosyalistler	3003
3004	christen	christian	chrétiens	Christen	hristiyanlar	3004
3005	democraten	democrats	démocrates	Demokraten	demokratlar	3005
3006	liberalen	liberals	libéraux	Liberalen	liberaller	3006
3007	meerdere	several	plusieurs	mehrere	bir çok	3007
3008	samen werken	work together	travailler ensemble	zusammen arbeiten	birlikte çalışmak	3008
3009	gevolgd	followed	suivies	gefolgt	takiben	3009
3010	onderhandelingen	negotiations	négociations	Verhandlungen	görüşmeler	3010
3011	komt neer (op)	comes down to	revient	laüft hinaus	belli olur	3011
3012	het komt erop neer = het resultaat is					3012
3013	overeenstemming (de)	agreement	accord	Übereinstimmung	anlaşma	3013
3014	oppositie (de)	opposition	opposition	Opposition	muhalefet	3014
3015	schema (het)	diagram	schéma	Schema	şema	3015
3016	geeft aan	indicates	indique	gibt vor	açıklar	3016
3017	rechtstreeks	directly	directement	direkt	direkt	3017
3018	aanhalingstekens	quotation marks	guillemets	Anführungsstrichen	tırnak işareti	3018
3019	rechtstreeks tussen aanhalingstekens = niet echt rechtstreeks					3019
3020	stemmen	vote	votent	stimmen	oylamak	3020
3021	individu (het)	individual	individu	Individuum	birey	3021
3022	persoonlijkheden	public figure	personnalités	Persönlichkeiten	kişilikler	3022
3023	telt	has	compte	zählt	sayılır	3023
3024	bestaande	consisting	composé	bestehend	mevcut	3024
3025	allebei	both	toutes deux	beide	her ikisi de	3025
3026	feitelijke	real	réelle	tatsächliche	gerçek	3026
3027	kabinet (het)	cabinet	le gouvernement	Kabinett	kabine	3027
3028	wil (de)	will	volonté	Willen	istek	3028
3029	naar huis sturen = wegsturen, ontslaan					3029
3030	daarentegen	on the other hand	par contre	dagegen	dişer taraftan	3030
3031	oefent uit	exercises	exerce	übt aus	eder	3031
3032	controle (de)	control	contrôle	Kontrolle	kontrol	3032
3033	maatregelen	measures	mesures	Maßregeln	tedbir	3033
3034	aangenomen	passed	prises	angenommen	kabullenilmiş	3034
3035	hebben zitting	have a seat on	ont siège	sitzen	sandalyesi olanlar	3035
3036	ervaren	experienced	expérimentés	erfahrene	tecrübeli	3036
3037	politici	politicians	politiciens	Politiker	politikacılar	3037
3038	actief	active	actifs	aktiv	aktif	3038
3039	linkse	left-wing	de gauche	linke	sol taraftarı	3039
3040	rechtse	right-wing	de droite	rechte	saş taraftarı	3040
3041	groene partij = milieupartij					3041
3042	streng	strict	rigoureux	streng	koyu	3042
3043	voor elk wat wils = er is een ruime keus					3043
3044	vertegenwoordigers	representatives	représentants	Abgeordnete	temsilciler	3044
3045	tegenstellingen	contrasts	oppositions	Gegensätze	uyuşmazlıklar	3045
3046	zichtbaar	visible	visibles	sichtbar	görünür	3046
3047	kiezers	voters	électeurs	Wähler	seçmenler	3047
3048	wellicht	perhaps	peut-être	vielleicht	belki	3048
3049	belangstelling (de)	interest	intérêt	Interesse	ilgi	3049

Behalve in 2002! Een *politicus schudde* Nederland *wakker* met *opmerkelijke uitspraken inzake veiligheid*. Zijn *ongebruikelijke* standpunten *ten aanzien* van (t.a.v.) buitenlanders *riepen felle reacties op*. Met zijn *kleurige dassen* deed hij het goed op de tv, en hij *richtte* een eigen partij *op*. Maar vlak voor de verkiezingen werd hij *vermoord*. Toen *praatte* iedereen *ineens* over politiek!

Politieke partijen: voor elk wat wils

Van welke politieke kleur is de Nederlandse regering _____ laatste jaren? Zijn de socialisten aan de macht, _____ christendemocraten, of de liberalen? Zoals bekend heeft _____ enkele partij de meerderheid. Een regering kan alleen _____ stand komen als meerdere partijen bereid zijn om _____ te werken. Meestal worden de verkiezingen gevolgd door _____ onderhandelingen. Totdat drie of vier partijen het eens _____ over een politiek programma. Het komt er vaak _____ neer dat de christen-democraten tot overeenstemming komen _____ één of twee andere partijen. De rest komt _____ de oppositie. En de Tweede Kamer, hoe komt _____ tot stand? Het schema geeft aan dat de _____ rechtstreeks gekozen worden. 'Rechtstreeks' tussen aanhalingstekens. De mensen _____ vooral op een partij, niet op een individu. _____ zijn vaak geen bekende persoonlijkheden. En dan is _____ ook nog de Eerste Kamer. Telt Nederland dus _____ parlementen? Nee, er is één parlement, bestaande uit _____ Kamers, allebei met hun eigen functie. De feitelijke _____ ligt bij de Tweede Kamer. Het kabinet kan _____ besluiten nemen als de Tweede Kamer het ermee _____ is. Als een minister iets doet tegen de _____ van de Kamer, kan die hem naar huis _____ . De macht van de Eerste Kamer daarentegen is _____ geringer. Zij oefent controle uit op wetten en _____ die in de Tweede Kamer zijn aangenomen. In _____ Eerste Kamer hebben meestal ervaren politici zitting. Er _____ in Nederland tientallen politieke partijen actief. Linkse, rechtse, _____ , strengchristelijke en islamitische: voor elk wat wils. _____ tien hebben vertegenwoordigers in de Kamer. Is dat _____ wat veel?

3050	politicus (de)	politician	homme politique	Politiker	politikacı	3050
3051	schudde	shook	a secoué	schüttelte	sarsarak	3051
3052	wakker	awake	réveillé	wach	uyandırdı	3052
3053	opmerkelijke	remarkable	remarquable	erstaunlichen	dikkat çekici	3053
3054	uitspraken	statements	propos	Äußerungen	açıklamalar	3054
3055	inzake	concerning	au sujet	bezüglich	konuyla ilgili	3055
3056	veiligheid (de)	safety	sécurité	Sicherheit	güvenlik	3056
3057	ongebruikelijke	unusual	insolites	unüblichen	kullanışsız	3057
3058	ten aanzien (van)	regarding	à propos de	in Bezug auf	hakkında, ilgili	3058
3059	riepen op	evoked	provoquèrent	riefen hervor	çaşırdılar	3059
3060	felle	fierce	vives	heftige	keskin	3060
3061	reacties	response	réactions	Reaktionen	reaksiyonlar	3061
3062	kleurige	colourful	colorées	farbigen	rengarenk	3062
3063	dassen	ties	cravates	Krawatten	kravatlar	3063
3064	hij deed het goed = hij maakte een goede indruk					3064
3065	richtte op	started	fonda	gründete	kurdu	3065
3066	vermoord	murdered	assassiné	ermordet	öldürüldü	3066
3067	praatte (over)	talked	parla	sprach	konuştu	3067
3068	ineens	suddenly	tout d'un coup	auf einmal	birdenbire	3068

Met minder partijen worden de tegenstellingen ____ zichtbaar. Zo krijgen de kiezers wellicht meer belangstelling ____ de politiek. Die is in Nederland niet al ____ groot. Behalve in 2002! Een politicus schudde Nederland ____ met opmerkelijke uitspraken inzake veiligheid. Zijn ongebruikelijke standpunten ____ aanzien van buitenlanders riepen felle ____ op. Met zijn kleurige dassen deed hij het ____ op de tv, en hij richtte een eigen ____ op. Maar vlak voor de verkiezingen werd hij ____ . Toen praatte iedereen ineens over politiek!

Geef antwoord

1 Welke partij is op dit moment aan de macht in Nederland?
2 Wat gebeurt er na de verkiezingen in Nederland?
3 Een ander kiessysteem, waarbij de kandidaten veel bekender zijn bij het publiek, is dat beter? Waarom (niet)?
4 Welke macht heeft de Tweede Kamer? En de Eerste Kamer?
5 Kent uw land ook zo'n onderscheid tussen een Eerste en een Tweede Kamer? Is dat noodzakelijk in een democratie?

Grammatica (15)

		2	
En	dan	**is**	er nog de Eerste Kamer.
Dus	Nederland	**heeft**	twee parlementen? Nee,
want	beide Kamers	**hebben**	hun eigen functie.
Maar	de feitelijke macht	**ligt**	bij de Tweede Kamer:
óf	de Tweede Kamer	**is**	het eens met het beleid,
óf	zij	**stuurt**	de minister naar huis.

Vul in

De belangstelling ____ de politiek is niet ____ te groot. Maar in 2002 ____ een politicus Nederland wakker. Hij deed opmerkelijke ____ inzake veiligheid en ten ____ van buitenlanders. Zijn uitspraken riepen felle ____ op. ____ deed het goed op de tv. Kwam dat door zijn ____ dassen? Voor de verkiezingen ____ hij een eigen partij op. En ____ zei erbij dat hij minister-president van Nederland zou worden! Maar dat ____ niet gebeurd. Want kort daarna ____ hij vermoord. ____ praatte iedereen over politiek!

Discussie

Een groot aantal politieke partijen: een voordeel of een nadeel?

Voordelen van veel kleine partijen:

- Veel maatschappelijke groeperingen kunnen zich laten horen.
- De debatten in de Tweede Kamer worden interessanter.
- Kleine partijen kunnen een belangrijke rol spelen, door enkele grotere partijen aan een meerderheid te helpen.
- Binnen kleine partijen is de kans groter dat de leden het met elkaar eens zijn.

Nadelen van veel kleine partijen:

- De ideeën van kleine partijen zijn vaak extreem, en daardoor niet uitvoerbaar.
- De debatten in de Tweede Kamer duren eindeloos.
- Kleine partijen hebben vaak een beperkt programma.
- Kleine partijen hebben vaak te weinig deskundigen.

Hoe komen regering en parlement tot stand?

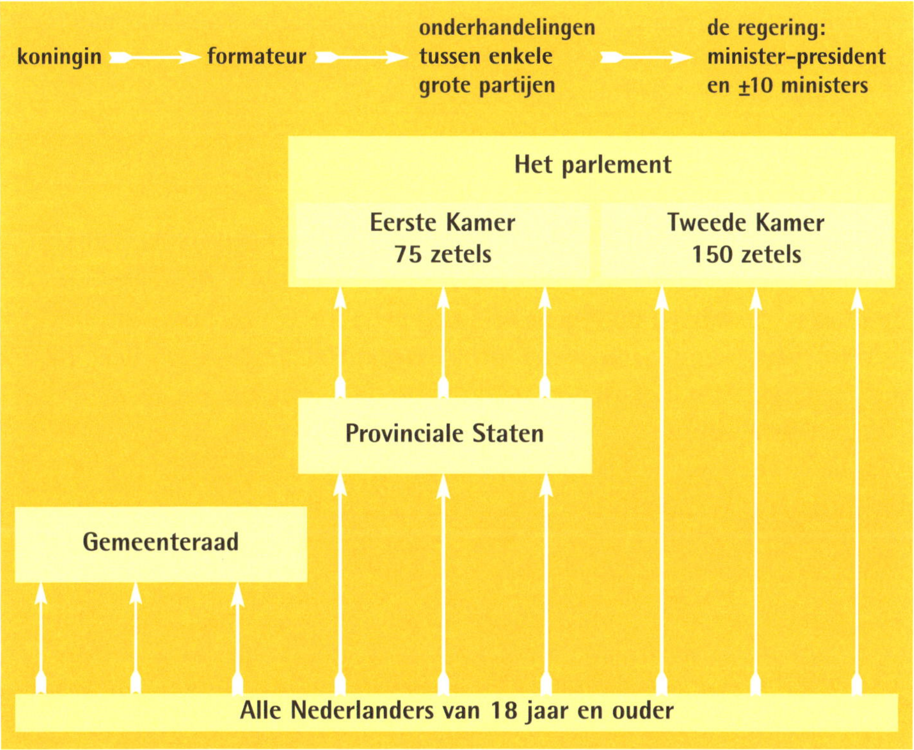

Kijk naar het schema en geef antwoord

1 Er zijn drie soorten verkiezingen. Vertel.

2 Wordt de minister-president direct gekozen? Leg uit.

3 En de Eerste Kamer? En de Tweede Kamer?

Les 14
Zeg maar Piet

- Waar ben ik mee bezig? Dat denk ik wel eens als ik mijn Nederlandse les aan het voorbereiden ben! Nederlands: vijftig kilometer *verderop* heb je er niets meer aan.

- Dat moet je niet zeggen. Vijf miljoen (5.000.000) *Belgen* spreken het. In het *noordwesten* van Frankrijk spreken zo'n zestigduizend (60.000) mensen een Nederlands *dialect*. Op de *Antillen* kun je met Nederlands terecht, die behoren namelijk tot het *Koninkrijk*. En hoewel *Suriname allang* geen *kolonie* meer is, is de officiële taal Nederlands. Ook *Indonesië* was vanaf de 17de eeuw tot na de Tweede *Wereldoorlog* een Nederlandse kolonie. Maar daar is het Nederlands *vervangen* door een andere taal.

- En in *Zuid-Afrika*? Daar spreken ze toch ook een *variant* van het Nederlands?

- Inderdaad. Het *Afrikaans* is uit het 17de-eeuwse Nederlands *voortgekomen*. De uitspraak is echter heel anders, evenals de grammatica. Niettemin hebben de talen veel *gemeen*. Het onderscheid tussen 'u' en 'jij' bijvoorbeeld.

- *Jammer*! Waarom maken ze het toch zo *ingewikkeld*? Het Engels heeft toch ook maar één woord? Ik heb er de *noodzaak* nooit van *ingezien*. En als ik iemand vraag wanneer je 'u' of 'jij' moet gebruiken, weet ie 't niet.

- Ja, het is *lastig*, dat kan ik niet *ontkennen*. Weet je wat? We kijken even op het internet. Tegen kinderen en leeftijdgenoten tot ca. 25 jaar kan men altijd 'je' en 'jij' gebruiken. 'U' zegt men tegen onbekenden, ouderen, *docenten*, de *directeur* van de school, *personeel* in winkels en ambtenaren.

- Maar dat *klopt* niet! Onze docent zei laatst: "Zeg maar Piet!" Moet je docenten nou met 'u' aanspreken of met 'jij'?

- Dat *hangt af* van hun *gedrag*. Is dat formeel, dan kun je het beste 'u' zeggen. Daarmee *druk* je *respect uit*, zeg maar. In de *kerk* bijvoorbeeld, wordt God bij het *bidden* met 'u' *aangesproken*. 'Jij' kan echt niet. Dan *toon* je niet genoeg respect. *Begrijp* je?

- Nog niet helemaal. Laatst hoorde ik iemand 'u' zeggen tegen een *verkoopster* die veel jonger was. Hoe *verklaar* je dat? Ook als *teken* van respect?

- Tja, dat is een vraag die ik niet een-twee-drie kan *beantwoorden*. Het is om afstand te *scheppen*, *neem* ik *aan*. Maar ik moet *er nodig vandoor*. Hoi!

3069	waar ben ik mee bezig? = wat ben ik aan het doen = waarom doe ik al die moeite?					3069
3070	aan het voorbereiden ben = bezig ben met de voorbereiding					3070
3071	heb je er niets aan = kun je het niet gebruiken					3071
3072	verderop	further down	plus loin	weiter oben	bundan sonra	3072
3073	Belgen	Belgians	Belges	Belgier	Belçikalı	3073
3074	noordwesten (het)	northwest	nord-ouest	Nordwesten	kuzeybatı	3074
3075	dialect (het)	dialect	dialecte	Dialekt	diyalekt	3075
3076	Antillen	Antilles	les Antilles	Antillen	Antiller	3076
3077	Koninkrijk (het)	Kingdom	Royaume	Königreich	Krallık	3077
3078	Suriname	Surinam	le Surinam	Surinam	Sürinam	3078
3079	allang	since a long time	depuis longtemps	schon lange	çoktan	3079
3080	kolonie (de)	colony	colonie	Kolonie	koloni	3080
3081	Indonesië	Indonesia	Indonésie	Indonesien	Endonezya	3081
3082	Wereldoorlog (de)	World War	guerre mondiale	Weltkrieg	dünya savaşı	3082
3083	vervangen	replaced	remplacé	ersetzt	yerine geçmek	3083
3084	Zuid-Afrika	South Africa	Afrique du sud	Südafrika	güney-afrika	3084
3085	variant (de)	variation	variante	Form	çeşit	3085
3086	Afrikaans (het)	African	africain	Afrikanisch	Afrika dili	3086
3087	voortgekomen	derives	issu	entstanden	kaynaklanmak	3087
3088	gemeen	in common	commun	gemeinsam	ortak yanları	3088
3089	jammer	it's a pity	dommage	Schade	yazık	3089
3090	ingewikkeld	complicated	compliqué	kompliziert	karmaşık	3090
3091	noodzaak (de)	necessity	necessité	Notwendigkeit	acil durum	3091
3092	ingezien	seen	conçu	eingesehen	anlamıştı	3092
3093	weet-ie = weet hij					3093
3094	lastig	difficult	difficile	schwer	problemli	3094
3095	ontkennen	deny	nier	abstreiten	inkar etmek	3095
3096	weet je wat? = ik heb een idee					3096
3097	docenten	teachers	professeurs	Lehrern	öşretmenler	3097
3098	directeur (de)	headmaster	directeur	Direktor	direktör	3098
3099	personeel (het)	personnel	personnel	Angestellten	personel	3099
3100	klopt	is right	c'est juste	stimmt	doşru	3100
3101	aanspreken (met)	address	adresser	ansprechen	hitap etmek	3101
3102	hangt af (van)	depends	dépend	hängt ab	başlı	3102
3103	gedrag (het)	conduct	comportement	Verhalten	davranış	3103
3104	druk uit	express	exprime	drückt aus	ifade eder	3104
3105	respect (het)	respect	respect	Respekt	saygı	3105
3106	kerk (de)	church	église	Kirche	kilise	3106
3107	bidden	praying	prier	Beten	ibadet	3107
3108	aangesproken (met)	addressed	adressé	angesprochen	hitap edilir	3108
3109	toon	show	montre	zeigst	gösterir	3109
3110	begrijp	understand	comprends	verstehst	anlıyor	3110
3111	verkoopster (de)	saleswoman	vendeuse	Verkäuferin	satıcı	3111
3112	verklaar	explain	expliques	erklärst	açıklama	3112
3113	teken (het)	sign	signe	Zeichen	işaret	3113
3114	niet een-twee-drie = niet direct					3114
3115	beantwoorden	answer	répondre	beantworten	cevaplamak	3115
3116	scheppen	create	créer	schaffen	mesafe koymak	3116
3117	neem aan	assume	suppose	nehm...an	sanmak	3117
3118	ervandoor	off	filer d'ici	weg	devam etmek	3118
3119	nodig	really	faut	dringend	gerek	3119

Zeg maar Piet

- Waar ben _____ mee bezig? Dat denk ik wel eens als _____ mijn Nederlandse les aan het voorbereiden ben! Nederlands: _____ kilometer verderop heb je er niets meer aan. - _____ moet je niet zeggen. Vijf miljoen _____ spreken het. In het noordwesten van Frankrijk _____ zo'n zestigduizend mensen een Nederlands _____ . Op de Antillen kun je met Nederlands terecht, _____ behoren namelijk tot het Koninkrijk. En hoewel Suriname _____ geen kolonie meer is, is de officiële taal _____ . Ook Indonesië was vanaf de 17de eeuw tot _____ de Tweede Wereldoorlog een Nederlandse kolonie. Maar daar _____ het Nederlands vervangen door een andere taal. - En _____ Zuid-Afrika? Daar spreken ze toch ook een _____ van het Nederlands? - Inderdaad. Het Afrikaans is uit _____ 17de-eeuwse Nederlands voortgekomen. De uitspraak is echter _____ anders, evenals de grammatica. Niettemin hebben de talen _____ gemeen. Het onderscheid tussen 'u' en 'jij' bijvoorbeeld. - _____ ! Waarom maken ze het toch zo ingewikkeld? Het _____ heeft toch ook maar één woord? Ik heb _____ de noodzaak nooit van ingezien. En als ik _____ vraag wanneer je 'u' of 'jij' moet gebruiken, _____ ie 't niet. - Ja, het is lastig, dat _____ ik niet ontkennen. Weet je wat? We kijken _____ op het internet. Tegen kinderen en leeftijdgenoten tot _____ 25 jaar kan men altijd 'je' en 'jij' _____ . 'U' zegt men tegen onbekenden, ouderen, docenten, de _____ van de school, personeel in winkels en ambtenaren. - _____ dat klopt niet! Onze docent zei laatst: "Zeg _____ Piet!" Moet je docenten nou met 'u' aanspreken _____ met 'jij'? - Dat hangt af van hun gedrag. _____ dat formeel, dan kun je het beste 'u' _____ . Daarmee druk je respect uit, zeg maar. In _____ kerk bijvoorbeeld, wordt God bij het bidden met ' _____ ' aangesproken. 'Jij' kan echt niet. Dan toon je _____ genoeg respect. Begrijp je? - Nog niet helemaal. Laatst _____ ik iemand 'u' zeggen tegen een verkoopster die _____ jonger was. Hoe verklaar je dat? Ook als _____ van respect? - Tja, dat is een vraag die _____ niet een-twee-drie kan beantwoorden. Het is _____ afstand te scheppen, neem ik aan. Maar ik _____ er nodig vandoor. Hoi!

Geef antwoord

1 Wat heb je eraan om Nederlands te leren?
2 Waar spreekt men Nederlands?
3 Hoe komt het dat men Nederlands spreekt in Suriname?
4 Er zijn ook andere manieren om respect uit te drukken in taal, bijvoorbeeld met 'Alstublieft', of 'Geachte ...'. Welke middelen heeft uw taal om respect uit te drukken?
5 Welke talen spreekt u zelf? Welke vindt u de belangrijkste?

Grammatica (11)

ik-jij-u-hij-zij	**kan**	staan	jij-u	**kunt**	zitten	**kun jij**	betalen?
ik-jij-u-hij-zij	**zal**	zien	jij-u	**zult**	slagen	**zul je**	bellen?
ik-jij-u-hij-zij	**wil**	eten	jij-u	**wilt**	eten		
ik-jij-u-hij-zij	**mag**	gaan					

Vul in

Laatst _____ ik iemand 'u' zeggen tegen _____ verkoopster. M_____ dat? Tja, die vraag _____ ik niet beantwoorden. Ik _____ aan dat men dan afstand _____ scheppen. Maar ik weet het _____ precies. Tja, een mens _____ ook niet alles weten! Ik denk wel dat je alle jonge _____ met 'jij' _____ aanspreken. Z_____ we even op het internet _____ ? Daar _____ we het wel vinden, denk ik. _____ je me even helpen? Jij _____ dat beter dan ik. Ik heb nooit de _____ ingezien van surfen op het internet. Waar ben ik mee _____ , dacht ik dan. Mij te in_____ ! Nu vind ik dat j_____ . Je _____ er van alles op vinden. Dat _____ ik niet ontkennen!

Vraaggesprek twee aan twee

Zijn er verschillende talen in uw land? En zijn er verschillende dialecten? Welke taal spreekt men op school? En thuis?

Les 15

Gelijke kansen

8.00 uur. *Jeugdige fietsers*, druk *pratend* op weg naar school. Een bekend *verschijnsel* op de Nederlandse wegen. Gaan ze *linksaf*, rechtsaf of *rechtdoor*? *Automobilisten opgelet*!

- Wat een *massa*! Dat moet wel een grote school zijn!

- Ja, kijk, daar heb je hem: Christelijke Scholengemeenschap Rijnland, voor voortgezet onderwijs. Drie schooltypen onder één dak. Het kortste duurt vier jaar, het langste zes. Op zo'n school zitten vaak wel 2000 leerlingen.

- Ik zie daar hele jonge *scholieren* tussen. Hebben die direct na de basisschool gekozen wat ze later willen worden? Dat lijkt me te vroeg. In mijn land *kiest* een kind pas op *z'n* 14de.

- *Hierover* verandert men in Nederland om de tien jaar van *inzicht*. *Tot voor kort* kregen alle leerlingen in de eerste jaren van het voortgezet onderwijs dezelfde *vakken*. Maar dat *blijkt* niet te werken. Voor de één is alles te makkelijk, voor de ander te moeilijk. Nu *lopen* de lesprogramma's al vanaf het begin *uiteen*. In theorie kun je na het eerste jaar nog alle *kanten* op. Maar meestal blijf je bij je eerste *keus*. Ruim 60% van de leerlingen volgt voorbereidend beroepsonderwijs.

- Om later een beroeps*opleiding* te gaan volgen, neem ik aan.

- Was dat maar *waar*! Een kwart verlaat de school zonder *diploma*. Het onderwijs schijnt te weinig *praktijkgericht* te zijn. Het *sluit* niet *aan* bij hun *aanleg* en *interesse*.

- Wat gaan ze dan doen? Werken?

- Zonder schooldiploma komen ze niet ver. Zelfs de supermarkt heeft *het liefst* iemand met een schooldiploma.

- Kunnen ze niet langs een andere weg naar het beroepsonderwijs? Via een *examen* of zoiets?

- Nee, ook daar willen ze schooldiploma's zien. Het beroepsonderwijs werkt niet met *toelatings*examens. Iedereen met een schooldiploma *laten* ze *toe*. Gelijke kansen voor iedereen, is de *gedachte*. Behalve voor wie helemaal geen schooldiploma heeft!

- Is dat ook de reden dat universiteiten hier geen toelatings*eisen* stellen? Dat heb ik tot mijn *verbazing ondervonden*. Het maakt ze *volstrekt* niet uit of je op

3120	jeugdige	young	jeunes	jugendliche	genç	3120
3121	fietsers	cyclists	cyclistes	Fahrradfahrer	bisikletliler	3121
3122	pratend	talking	parlant	tratschend	konuşarak	3122
3123	verschijnsel (het)	phenomenon	phénomène	Erscheinung	belirti	3123
3124	linksaf	left	à gauche	nach links	sola	3124
3125	rechtdoor	straight	tout droit	geradeaus	düz	3125
3126	automobilisten	drivers	automobilistes	Autofahrer	şoförler	3126
3127	opgelet	pay attention	attention	aufgepasst	dikkatli	3127
3128	massa (de)	lot	masse	Masse	kütle	3128
3129	scholengemeenschap = grote school met 3 schooltypen onder één dak					3129
3130	scholieren	students	écoliers	Schüler	okullular	3130
3131	kiest	decides	choisit	wählt	seçer	3131
3132	z'n	his	ses	sein	onun	3132
3133	hierover	about this	à ce sujet	hierüber	bununla ilgili	3133
3134	om de tien jaar = een keer in de tien jaar					3134
3135	inzicht (het)	ideas	opinion	Ansicht	anlayış,algı	3135
3136	tot voor kort	until recently	jusqu'à récemment	bis vor Kurzem	düne kadar	3136
3137	vakken	subjects	matières	Fächer	ders konuları	3137
3138	blijkt	turns out	s 'avère	scheint	gözüküyor	3138
3139	dat blijkt niet te werken = het is duidelijk dat dat niet lukt					3139
3140	lopen uiteen	vary	varient	gehen auseinander	ayrılıyor	3140
3141	kanten	directions	directions	Richtungen	taraflar	3141
3142	keus (de)	choice	choix	Wahl	seçim	3142
3143	opleiding (de)	education	formation	Ausbildung	eşitim	3143
3144	waar	true	vrai	wahr	gerçek	3144
3145	was dat maar waar = ik wou dat het waar was					3145
3146	diploma (het)	diploma	diplôme	Zeugnis	diploma	3146
3147	praktijkgericht	practically oriented	orienté vers l'emploi	praxisgerecht	pratişe yönelik	3147
3148	sluit aan (bij)	is in keeping with	correspond	schließt an	uyar	3148
3149	aanleg (de)	capacity	disposition	Begabung	kabiliyet	3149
3150	interesse (de)	interests	intérêt	Interesse	ilgi	3150
3151	het liefst	rather	de préférence	am liebsten	en iyisi	3151
3152	examen (het)	exam	examen	Test	sınavlar	3152
3153	toelating (de)	admittance	admission	Zulassung	giriş	3153
3154	laten toe	accept	laisse entrer	lassen zu	kabul etmek	3154
3155	gedachte (de)	idea	idée	Gedanke	düşünce	3155
3156	eisen	demands	exigences	Voraussetzungen	koşullar	3156
3157	verbazing (de)	surprise	surprise	Erstaunen	şaşkınlık	3157
3158	tot mijn verbazing = ik was verbaasd					3158
3159	ondervonden	experienced	découvert	herausgefunden	karşılaşma	3159
3160	volstrekt	absolutely	absolument	absolut	tamamen	3160

school negens en tienen hebt behaald of alleen maar *magere* zesjes. In mijn land is dat heel anders!
- Inderdaad, het staat in de wet: iedereen met het juiste diploma mag studeren. *Alweer vanuit* het gelijkheids*ideaal*. Maar je hoort steeds meer *klachten* van de universiteiten: het beginniveau van de studenten is om te *huilen*. Misschien dat ze *op termijn* toch toestemming krijgen om *selectie toe* te *passen*. *Voorzichtig! Kijk uit* voor die fietser! Die heeft *haast*!

Gelijke kansen

8.00 uur. Jeugdige ____, druk pratend op weg naar school. Een bekend ____ op de Nederlandse wegen. Gaan ze linksaf, rechtsaf ____ rechtdoor?? Automobilisten opgelet! - Wat een massa! Dat moet ____ een grote school zijn! - Ja, kijk, daar heb ____ hem: Christelijke Scholengemeenschap Rijnland, voor voortgezet onderwijs. Drie ____ onder één dak. Het kortste duurt vier jaar, ____ langste zes. Op zo'n school zitten vaak ____ 2000 leerlingen. - Ik zie daar hele jonge scholieren ____. Hebben die direct na de basisschool gekozen wat ____ later willen worden? Dat lijkt me te vroeg. ____ mijn land kiest een kind pas op ____ 14de. - Hierover verandert men in Nederland om de ____ jaar van inzicht. Tot voor kort kregen alle ____ in de eerste jaren van het voortgezet onderwijs ____ vakken. Maar dat blijkt niet te werken. Voor ____ één is alles te makkelijk, voor de ander ____ moeilijk. Nu lopen de lesprogramma's al vanaf ____ begin uiteen. In theorie kun je na het ____ jaar nog alle kanten op. Maar meestal blijf ____ bij je eerste keus. Ruim 60% van de ____ volgt voorbereidend beroepsonderwijs. - Om later een beroepsopleiding te ____ volgen, neem ik aan. - Was dat maar waar! ____ kwart verlaat de school zonder diploma. Het onderwijs ____ te weinig praktijkgericht te zijn. Het sluit niet ____ bij hun aanleg en interesse. - Wat gaan ze ____ doen? Werken?
- Zonder schooldiploma komen ze niet ver. ____ de supermarkt heeft het liefst iemand met een ____ . - Kunnen ze niet langs een andere weg naar

3161	negens en tienen = zeer goede resultaten					3161
3162	magere zesjes = niet zulke goede resultaten					3162
3163	magere	thin, poor	maigres	magere	zayıf	3163
3164	alweer	again	de nouveau	wieder	yine	3164
3165	vanuit	coming from	d'après	aufgrund	dolayı	3165
3166	ideaal (het)	ideal	idéal	Ideal	ideal	3166
3167	klachten (over)	complaints	plaintes	Klagen	şikayet etmek	3167
3168	huilen	cry	pleurer	heulen	aşlamak	3168
3169	om te huilen = erg slecht					3169
3170	op termijn	in time	à terme	letztendlich	zamanla	3170
3171	selectie (de)	selection	sélection	Auswahl	seçim	3171
3172	toe passen	use	appliquer	anwenden	uygulamak	3172
3173	voorzichtig	careful	attention	vorsichtig	dikkatli	3173
3174	kijk uit	watch out	fais attention	pass auf	dikkat et	3174
3175	haast (de)	in a hurry	pressé	Eile	acele	3175

____ beroepsonderwijs? Via een examen of zoiets? - Nee, ook ____ willen ze schooldiploma's zien. Het beroepsonderwijs werkt ____ met toelatingsexamens. Iedereen met een schooldiploma laten ze ____ . Gelijke kansen voor iedereen, is de gedachte. Behalve ____ wie helemaal geen schooldiploma heeft! - Is dat ook ____ reden dat universiteiten hier geen toelatingseisen stellen? Dat ____ ik tot mijn verbazing ondervonden. Het maakt ze ____ niet uit of je op school negens en ____ hebt behaald of alleen maar magere zesjes. In ____ land is dat heel anders! - Inderdaad, het staat ____ de wet: iedereen met het juiste diploma mag ____ . Alweer vanuit het gelijkheidsideaal. Maar je hoort steeds ____ klachten van de universiteiten: het beginniveau van de ____ is om te huilen. Misschien dat ze op ____ toch toestemming krijgen om selectie toe te passen. ____ ! Kijk uit voor die fietser! Die heeft haast!

Geef antwoord

1. Waarom kregen alle kinderen in de eerste jaren van het voortgezet onderwijs dezelfde vakken? Waarom is dat veranderd?
2. Op welke leeftijd kiezen Nederlandse kinderen wat ze willen worden?
3. Vindt u dat kinderen beter na hun 14de kunnen kiezen?
4. Waarom maken de kinderen de school niet af?
5. Zonder diploma komen kinderen in de problemen. Leg uit.

Grammatica (16)

	↓		↓
De kinderen	hebben	op hun 12de al	gekozen.
Dat	moet	wel een grote school	zijn!
In theorie	kun	je na 1 jaar nog	kiezen.
Ook daar	willen	ze schooldiploma's	zien.
Dat	blijkt	helaas niet te	werken.
Het onderwijs	schijnt	niet praktijkgericht	te zijn.
De nieuwe wet	is	nog niet	aangenomen.
Deze wet	wordt	morgen	besproken.

Vul in

Hebben die jonge kinderen al ____ wat ze later willen ____ ? Dat ____ me te vroeg. Kinderen ____ dan nog niet kiezen welke kant ze op willen. Meestal m____ hun ouders dat dan voor hun bepalen. En dan k____ later blijken dat die keus niet ____ bij hun aanleg en ____ . Misschien ____ ze de school wel zonder ____ . Dan z ____ ze niet ver komen. Z ____ supermarkten schijnen je diploma's ____ willen zien!

Discussie

Bedenk argumenten voor en tegen: Kinderen moeten **vroeg** kiezen wat ze later willen worden.

Spreekopdracht

Vroeger wilde ik dokter worden, het beroep van mijn vader. Maar later ben ik van mening veranderd: nu ben ik architect. Wat wilde u worden, toen u nog een kind was? Op welke leeftijd koos u uw huidige studie of beroep? Bent u tevreden?

Het Nederlandse schoolsysteem

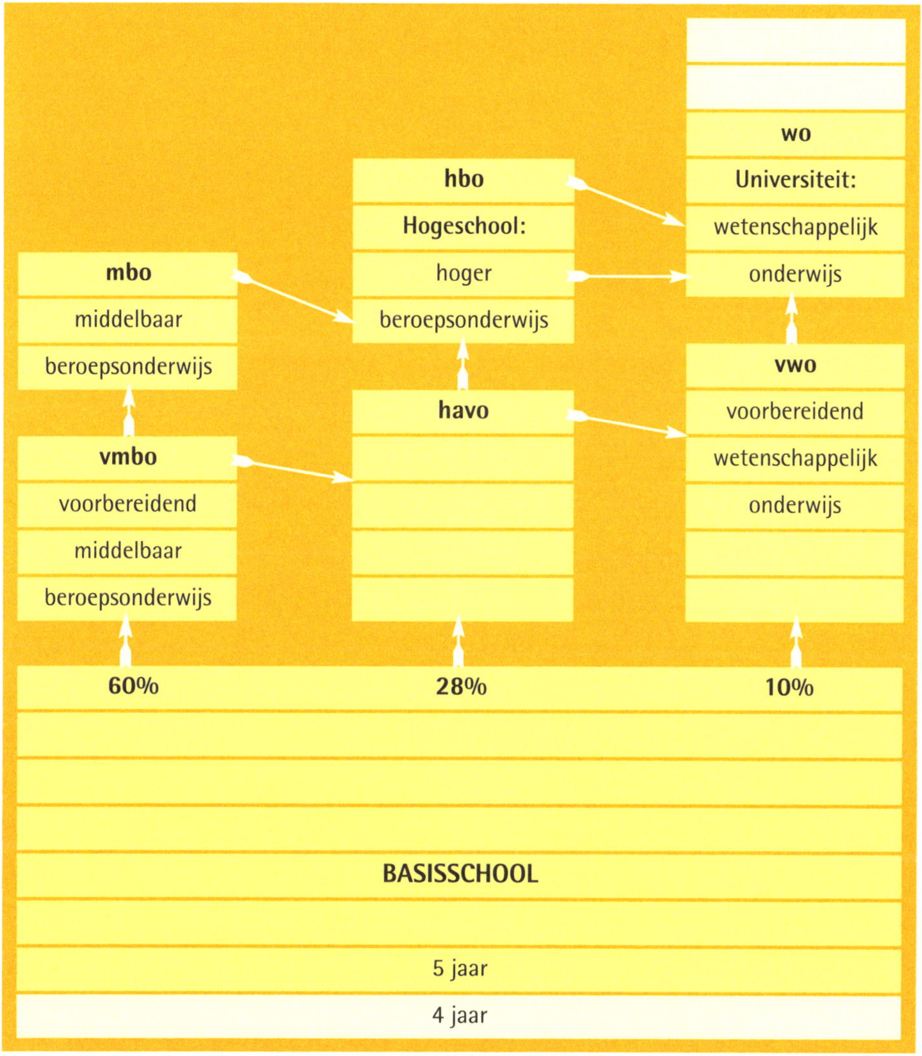

1 Er zijn drie 'stromen' in dit schoolsysteem. Leg uit.
2 Op welke leeftijd kiezen de meeste kinderen tussen beroeps- en wetenschappelijk onderwijs?
3 Kunnen ze later nog een andere keuze maken? Hoe gaat dat?
4 Wat is de kortste weg naar het hbo? En de langste?
5 Wat is de kortste weg naar het wo? En de langste?

Les 16
Willem van Oranje

"*Dames* en *heren*, gaat u even *opzij*? Kan iedereen het zien?" We zijn in *museum* Het Prinsenhof te Delft. "Niet *duwen alstublieft*!" Het valt niet mee, met z'n allen op de *nauwe* trap. Maar uiteindelijk zien we de *gaten* in de muur. Hier werd *Willem* van *Oranje* dood*geschoten*. De 'Vader des *Vaderlands'* noemden ze hem. Wie was hij, en waarom werd hij vermoord? Een stukje geschiedenis.

Omstreeks 1500 liggen in West-Europa de 'Lage Landen', een *verzameling* onafhankelijke provincies. De koning van Spanje krijgt ze *een voor een in handen*, tot heel West-Europa tot zijn rijk behoort. Omdat zo'n groot rijk moeilijk te *regeren* is, *laat* hij het *plaatselijke* bestuur *over* aan anderen. Leden van belangrijke families regeren *in zijn plaats*. Zo verschijnt Willem van Oranje op het toneel.

Geboren in Nassau, Duitsland, *erft* hij van een Franse *neef* de titel '*Prins* van Oranje'. Hij wordt in *Brussel opgevoed* om de *Spaanse* koning te *vertegenwoordigen* in de Lage Landen. Of beter gezegd: de 'Lastige Landen'! Ze zijn altijd in *verzet* tegen het Spaanse *gezag*. Dat *legt* allerlei belastingen *op*. En ook de katholieke *godsdienst*, terwijl in het noorden het *protestantisme* juist belangrijk wordt. Ook Willem wordt *protestant*. Onder zijn *leiding* komen de Lage Landen in *opstand* tegen Spanje.

Tachtig jaar duurt de opstand. Deze 'Tachtigjarige Oorlog' is een *periode* waarin men het vaak 'Spaans *benauwd*' heeft: erg bang is. Een voor een *sluiten* de provincies *zich aan*, en in 1581 vormen zij de *Republiek der* Verenigde Nederlanden. De koning kan dit natuurlijk niet accepteren. Wie Oranje *doodt* krijgt een *beloning*! En zo *geschiedt* het: hij wordt vermoord. Maar de *onafhankelijkheid* is dan *reeds* een *feit*, en in 1648 wordt Nederland ook officieel door de *Europese* landen als republiek *erkend*.

Meer dan honderdvijftig (150) jaar blijft Nederland een republiek. Al die tijd *behouden* de *Oranjes* invloed. Als het land een koninkrijk wordt, in 1815, wordt een Oranje koning. En zo is het nog. We bevinden ons in het Koninkrijk der Nederlanden, met sinds 1980 aan het hoofd: Beatrix van Oranje-Nassau.

3176	dames	ladies	dames	Damen	bayanlar	3176
3177	heren	gentlemen	messieurs	Herren	baylar	3177
3178	opzij	step aside	sur le côté	zur Seite	kenara	3178
3179	museum (het)	museum	musée	Museum	müze	3179
3180	duwen	push	poussez	drücken	ittirmek	3180
3181	alstublieft	please	s'il vous plaît	bitte	lütfen	3181
3182	met z'n allen = allemaal					3182
3183	nauwe	narrow	étroit	engen	dar	3183
3184	gaten	holes	trous	Löcher	delikler	3184
3185	Willem	William	Guillaume	Wilhelm	Willem	3185
3186	Oranje	Orange	orange	Oranien	turuncu	3186
3187	geschoten	shot	tiré	geschossen	vuruldu	3187
3188	vaderland (het)	native country	patrie	Vaterland	memleket	3188
3189	des vaderlands = van het vaderland					3189
3190	omstreeks	around	vers	um	aşaşı yukarı	3190
3191	verzameling (de)	number of	ensemble	Ansammlung	toplantı	3191
3192	één voor één	one at a time	un par un	eine nach der anderen	birer birer	3192
3193	in handen	in possession	en main	in die Hände	ele geçiriyor	3193
3194	regeren	govern	règner	regieren	yönetmek	3194
3195	laat over (aan)	leaves to	laisse à	überlies	bırakmak	3195
3196	plaatselijke	local	locale	örtliche	yerleşik	3196
3197	in zijn plaats	in his place	à sa place	an seiner Stelle	onun yerine	3197
3198	erft	inherits	hérite	erbt	miras alıyor	3198
3199	neef (de)	cousin	neveu	Vetter	yeşen	3199
3200	prins (de)	prince	prince	Prinz	prens	3200
3201	Brussel	Brussels	Bruxelles	Brüssel	brüksel	3201
3202	opgevoed	raised	élevé	aufgezogen	yetiştirilmiş	3202
3203	Spaanse	Spanish	espagnol	spanischen	ispanyol	3203
3204	vertegenwoordigen	represent	représenter	vertreten	birini temsil etmek	3204
3205	of beter gezegd = je kunt beter zeggen					3205
3206	verzet (het)	resistance	résistance	Widerstand	direniş	3206
3207	gezag (het)	authorities	autorité	Obrigkeit	yetki, güç	3207
3208	legt op	imposes	impose	führt zu	yüklüyor	3208
3209	godsdienst (de)	religion	religion	Glaube	dini ayin	3209
3210	protestantisme (het)	protestantism	protestantisme	Protestantismus	protestanlık	3210
3211	protestant	protestant	protestant	protestantisch	protestan	3211
3212	leiding (de)	leadership	direction	Führung	yönetim	3212
3213	opstand (de)	revolt	révolte	Aufstand	ayaklanma	3213
3214	de Tachtigjarige Oorlog = de oorlog die 80 jaar duurde					3214
3215	periode (de)	period	période	Periode	periyod	3215
3216	benauwd	anxious	angoissé	beengt	bunalımı	3216
3217	sluiten zich aan	unite	se rallient	schließen sich an	katılmak	3217
3218	republiek (de)	republic	république	Republik	cumhuriyet	3218
3219	der	of	des	der	(ın) eki	3219
3220	doodt	kills	tue	tötet	öldürür	3220
3221	beloning (de)	reward	récompense	Belohnung	ödül	3221
3222	geschiedt	happens	se passe	passiert	oldu	3222
3223	onafhankelijkheid (de)	independence	indépendence	Unabhängigkeit	başımsızlık	3223
3224	reeds	already	déjà	schon	halen	3224
3225	feit (het)	fact	fait	Tatsache	hakikat	3225
3226	Europese	European	européens	europäischen	avrupai	3226
3227	erkend	recognised	reconnue	anerkannt	tanınmıştır	3227
3228	behouden	retain	gardent	behalten	korudular	3228
3229	Oranjes	Oranges	les Oranges	Oranien	Orange'ler	3229

Willem van Oranje

"_____ en heren, gaat u even opzij? Kan iedereen _____ zien?" We zijn in museum Het Prinsenhof te _____ . "Niet duwen alstublieft!" Het valt niet mee, met _____ allen op de nauwe trap. Maar uiteindelijk _____ we de gaten in de muur. Hier werd _____ van Oranje doodgeschoten. De 'Vader des Vaderlands' noemden _____ hem. Wie was hij, en waarom werd hij _____ ? Een stukje geschiedenis. Omstreeks 1500 liggen in West-_____ de 'Lage Landen', een verzameling onafhankelijke provincies. De _____ van Spanje krijgt ze een voor een in _____ , tot heel West-Europa tot zijn rijk behoort. _____ zo'n groot rijk moeilijk te regeren is, _____ hij het plaatselijke bestuur over aan anderen. Leden _____ belangrijke families regeren in zijn plaats. Zo verschijnt _____ van Oranje op het toneel. Geboren in Nassau, _____ , erft hij van een Franse neef de titel ' _____ van Oranje'. Hij wordt in Brussel opgevoed om _____ Spaanse koning te vertegenwoordigen in de Lage Landen. _____ beter gezegd: de 'Lastige Landen'! Ze zijn altijd _____ verzet tegen het Spaanse gezag. Dat legt allerlei _____ op. En ook de katholieke godsdienst, terwijl in _____ noorden het protestantisme juist belangrijk wordt. Ook Willem _____ protestant. Onder zijn leiding komen de Lage Landen _____ opstand tegen Spanje. Tachtig jaar duurt de opstand. Deze '_____ Oorlog' is een periode waarin men _____ vaak 'Spaans benauwd' heeft: erg bang is. Een _____ een sluiten de provincies zich aan, en in _____ vormen zij de Republiek der Verenigde Nederlanden. De _____ kan dit natuurlijk niet accepteren. Wie Oranje doodt _____ een beloning! En zo geschiedt het: hij wordt _____ . Maar de onafhankelijkheid is dan reeds een feit, _____ in 1648 wordt Nederland ook officieel door de _____ landen als republiek erkend. Meer dan honderdvijftig _____ blijft Nederland een republiek. Al die tijd behouden _____ Oranjes invloed. Als het land een koninkrijk wordt, _____ 1815, wordt een Oranje koning. En zo is _____ nog. We bevinden ons in het Koninkrijk der _____ , met sinds 1980 aan het hoofd: Beatrix van _____.

Geef antwoord

1 Wat doen al die mensen in Het Prinsenhof? Verklaar deze naam.
2 Waarom werd Willem 'de Vader des Vaderlands' genoemd?
3 Je kunt Van Oranje een echte Europeaan noemen. Leg uit.
4 Waarom waren de Lage Landen zo lastig?
5 Is uw land op dezelfde manier tot stand gekomen als Nederland?

Grammatica (8)

noemde, behoorde	heerste, maakten
Hij noemde zich 'Prins van Oranje'.	Spanje heerste over West-Europa.
West-Europa behoorde tot zijn rijk.	De provincies maakten zich los.
Spanje legde belastingen op.	De koning besefte wat er gebeurde.
Hij erfde (erven) de titel 'Prins'.	Die titel verschafte hem invloed.
Wie doodde Willem van Oranje?	Praatte iedereen erover?
Europa erkende de republiek.	Men hoopte op betere tijden.

Vul in

Gisteren was ik _____ Het Prinsenhof. Ik w_____ dat museum graag zien. Er waren _____ mensen, en het _____ niet mee, met z'n allen op die _____ trap. Wilt u niet zo duwen! _____ ik. Uiteindelijk zagen we de _____ in de muur. Hier _____ iemand doodgeschoten. Hoe _____ hij ook al weer? O ja, Willem van _____ . Ze _____ hem ook wel De _____ des Vaderlands. Gisteren _____ ik niet waarom _____ vermoord is. Nu _____ ik het wel! De Spaanse koning _____ niet, dat de Lage Landen on_____ werden. Wie Oranje _____ kreeg een grote beloning. En zo _____ het!

Opdracht

'Omstreeks 1500 **lagen** in West-Europa de Lage Landen. De Spaanse koning **kreeg** ...' Ga zo verder. Kijk ook in Grammatica 30.

Les 17
Dijken en dammen

Meer dan de helft van Nederland ligt onder de zeespiegel. Dijken en *dammen beschermen* het lage land tegen de zee. Wat is het verschil tussen een dijk en een dam?

Dijken worden op het land gebouwd. Langs de kust, zodat de zee niet het land op kan stromen. Maar ook in het *binnenland* liggen overal dijken. In totaal ligt er bijna vijfduizend (5000) kilometer dijken en dijkjes in Nederland. Ze dienen om natte stukken land droog te houden. Hoe gaat dat in z'n werk? Rondom een nat stuk land wordt een dijk gebouwd. Binnen die dijk worden *sloten* gegraven. Het water stroomt in die sloten, en het land wordt droog. We noemen het dan een polder.

Maar hoe krijg je het water uit die sloten over de dijk? Vroeger ging dat met molens. De wind *leverde* de *energie*. Tegenwoordig gebeurt het *machinaal*. Meer dan tweeduizend (2000) *gemalen pompen* dag en nacht het water uit de vele *honderden* polders.

Dammen bouwt men in het water, met het *doel* een rivier af te sluiten. Bijvoorbeeld om het niveau van het water te regelen. Bij zo'n dam ontstond vaak een stad. Dat kun je zien aan de naam van die stad. Je weet zelf wel wat voorbeelden!

De grootste dammen vind je *ongetwijfeld* in Zeeland en Zuid-Holland. Ze lopen *dwars* door de *zeearmen* daar. Ze zijn gebouwd na de *stormramp* van 1953. Dat *verhaal* ken je toch wel? In de nacht van 1 februari van dat jaar *braken* overal dijken *door*. De zee stroomde over de Zeeuwse en Zuid-Hollandse eilanden. Mensen *klommen* op de *daken* en *wachtten* op *redding*. Andere *ongelukkigen dreven urenlang* rond op een stuk hout. Er *vielen* meer dan achttienhonderd (1800) slachtoffers. Een *onbekende hoeveelheid dieren verdronk*, wegen gingen *kapot*, huizen *stortten in*, landbouwgrond werd *onbruikbaar*.

Dat mag ons nooit meer *overkomen*, vond iedereen. De regering stond voor een moeilijke keus. De dijken *verhogen* en de *zwakke plekken versterken*, of de zeearmen helemaal afsluiten, met dammen. Dit laatste was duurder, en *technisch* moeilijker. En veel zeehavens zouden afgesloten *raken* van de zee. Toch is voor deze oplossing gekozen. Dammen zijn *veiliger*, omdat ze de *kustlijn* korter maken. Ze geven *tevens* goede verbindingen. En de nieuwe meren zijn goed voor de *recreatie*. Het laatste onderdeel, de Oosterscheldedam, is een halfopen dam. De deuren gaan alleen dicht bij hoog water. *Volledige* afsluiting zou *op den duur* te *schadelijk* zijn voor het *milieu*. De *Delta*werken zijn *voltooid*. Maar of de zee, die oude *vijand*, nu echt *verslagen* is ...?

3230	dammen	dams	barrages	Dämme	barajlar	3230
3231	beschermen	protect	protègent	beschützen	korumak	3231
3232	binnenland (het)	inland	arrière-pays	Inland	ülkeiçi	3232
3233	hoe gaat dat in z'n werk = hoe doen ze dat					3233
3234	sloten	ditches	fossés	Gräben	kilitler	3234
3235	leverde	supplied	fournissait	lieferte	temin etti	3235
3236	energie (de)	energy	énergie	Energie	enerji	3236
3237	machinaal	mechanically	mécaniquement	maschinell	makine ile	3237
3238	gemalen	pumping-engines	moulins	Poldermühlen	su deşirmeni	3238
3239	pompen	pump	pompent	pumpen	pompalar	3239
3240	honderden	hundreds of	centaines	hundert	yüzlerce	3240
3241	doel (het)	purpose	but	Aufgabe	hedef	3241
3242	ongetwijfeld	without a doubt	assurément	ohne Zweifel	kesinlikle	3242
3243	dwars	straight	à travers	quer	enine	3243
3244	zeearmen	sea inlets	bras de mer	Seearme	deniz kolları	3244
3245	stormramp (de)	storm disaster	catastrophe	Flutkatastrophe	fırtına felaketi	3245
3246	verhaal (het)	story	histoire	Geschichte	hikaye	3246
3247	braken door	collapsed	se sont rompus	brachen durch	kırdılar	3247
3248	klommen	climbed	ont grimpé	kletterten	tırmanmak	3248
3249	daken	roofs	toîts	Dächer	çatılar	3249
3250	wachtten (op)	waited	ont attendu	warteten	beklediler	3250
3251	redding (de)	rescue	sauvetage	Rettung	kurtarma	3251
3252	ongelukkigen	unfortunates	malheureux	Unglückliche	şanssızlar	3252
3253	dreven	floated	ont flotté	trieben	sürüklendi	3253
3254	urenlang	for hours	pendant des heures	stundenlang	saatlerce	3254
3255	vielen	died	tombèrent	gab	şehit düştüler	3255
3256	onbekende	unknown	inconnue	unbekannte	bilinmeyen	3256
3257	hoeveelheid (de)	number of	quantité	Anzahl	miktar	3257
3258	dieren	animals	animaux	Tiere	hayvanlar	3258
3259	verdronk	drowned	se noya	ertrank	boşuldu	3259
3260	kapot	broken	brisé	kaputt	bozuk	3260
3261	stortten in	collapsed	s'écroulèrent	stürzten ein	çöktü	3261
3262	onbruikbaar	useless	inutilisable	unbrauchbar	kullanılamaz	3262
3263	overkomen	happen	arriver	passieren	başına gelmek	3263
3264	verhogen	raise	rehausser	erhöhen	yükseltmek	3264
3265	zwakke	weak	faibles	schwache	zayıf	3265
3266	plekken	parts	endroits	Stellen	yerler	3266
3267	versterken	fortify	renforcer	verstärken	güçlendirmek	3267
3268	technisch	technically	techniquement	technisch	tekniksel	3268
3269	raken	become	deviennent	werden	olmak	3269
3270	veiliger	safer	plus sûr	sicherer	daha güvenli	3270
3271	kustlijn (de)	coastline	littoral	Küstenlinie	sahil şeridi	3271
3272	tevens	also	en outre	ebenfalls	aynı zamanda	3272
3273	recreatie (de)	recreation	loisirs	Erholung	dinlenme	3273
3274	volledige	total	totale	totale	tamamen	3274
3275	op den duur	in the long run	à la longue	auf lange Sicht	uzun vadede	3275
3276	schadelijk	harmful	nuisible	schädlich	zararlı	3276
3277	milieu (het)	environment	environnement	Umwelt	çevre	3277
3278	delta (de)	delta	delta	Delta	delta	3278
3279	Deltawerken = het werk aan dijken en dammen in Zuidwest-Nederland					3279
3280	voltooid	completed	terminés	fertig gestellt	tamamlandı	3280
3281	vijand (de)	enemy	ennemi	Feind	düşman	3281
3282	verslagen	defeated	vaincu	besiegt	yenmek	3282

Dijken en dammen

Meer dan de helft van Nederland ligt _____ de zeespiegel. Dijken en dammen beschermen het lage _____ tegen de zee. Wat is het verschil tussen _____ dijk en een dam? Dijken worden op het _____ gebouwd. Langs de kust, zodat de zee niet _____ land op kan stromen. Maar ook in het _____ liggen overal dijken. In totaal ligt er bijna _____ kilometer dijken en dijkjes in Nederland. Ze _____ om natte stukken land droog te houden. Hoe _____ dat in z'n werk? Rondom een nat _____ land wordt een dijk gebouwd. Binnen die dijk _____ sloten gegraven. Het water stroomt in die sloten, _____ het land wordt droog. We noemen het dan _____ polder. Maar hoe krijg je het water uit _____ sloten over de dijk? Vroeger ging dat met _____ . De wind leverde de energie. Tegenwoordig gebeurt het _____ . Meer dan tweeduizend gemalen pompen dag en _____ het water uit de vele honderden polders. Dammen _____ men in het water, met het doel een _____ af te sluiten. Bijvoorbeeld om het niveau van _____ water te regelen. Bij zo'n dam ontstond _____ een stad. Dat kun je zien aan de _____ van die stad. Je weet zelf wel wat _____ ! De grootste dammen vind je ongetwijfeld in Zeeland en _____ . Ze lopen dwars door de zeearmen _____ . Ze zijn gebouwd na de stormramp van 1953. _____ verhaal ken je toch wel? In de nacht _____ zaterdag 1 februari van dat jaar braken overal _____ door. De zee stroomde over de _____ en Zuid-Hollandse eilanden. Mensen klommen op de daken en _____ op redding. Andere ongelukkigen dreven urenlang rond op _____ stuk hout. Er vielen meer dan achttienhonderd _____ . Een onbekende hoeveelheid dieren verdronk, wegen gingen kapot, _____ stortten in, landbouwgrond werd onbruikbaar. Dat mag ons _____ meer overkomen, vond iedereen. De regering stond voor _____ moeilijke keus. De dijken verhogen en de zwakke _____ versterken, of de zeearmen helemaal afsluiten, met dammen. _____ laatste was duurder, en technisch moeilijker. En veel _____ zouden afgesloten raken van de zee. Toch is _____ deze oplossing gekozen. Dammen zijn veiliger, omdat ze _____ kustlijn korter maken. Ze geven tevens goede verbindingen. _____ de nieuwe meren zijn goed voor de recreatie. _____ laatste onderdeel, de Oosterscheldedam, is een halfopen dam. _____ deuren gaan alleen dicht bij hoog water. Volledige _____ zou op den duur te schadelijk zijn voor _____ milieu. De Deltawerken zijn voltooid. Maar of de _____ , die oude vijand, nu echt verslagen is ...?

Geef antwoord

1. Bevindt u zich op dit moment onder de zeespiegel, denkt u?
2. Welke twee functies hebben dijken?
3. Kunt u enkele Nederlandse steden noemen die zijn ontstaan rondom een dam in een rivier? Welke functies had zo'n dam?
4. Vertel het verhaal van de stormramp.
5. Na 1953 is besloten om de Zeeuwse zeearmen af te sluiten met dammen. Kunt u enkele argumenten geven voor dit besluit?
6. Er waren ook tegenstanders. Wat waren hun argumenten?

Grammatica

onbekend, onbruikbaar	
onbekend = niet bekend	**on**gelukkig = niet gelukkig
onbruikbaar = niet bruikbaar	**on**afhankelijk = zelfstandig

Vul in

In Nederland d____ de dijken niet alleen om het ____ land te beschermen ____ de zee. Niet alleen langs de kust, maar ook in het b____ ligt een on____ hoeveelheid dijken en dijkjes. Zij dienen ____ het land droog te houden. Zonder dijken is het land on____ . Het is onm____ om op dat natte land te wonen. Dat droogmaken, hoe ____ dat in z'n ____ ? Dat ging vroeger met ____ , de wind ____ de energie. Tegenwoordig gebeurt dat natuurlijk ____ . En al die dammen in Zeeland? On____ heb je gehoord van de ____ in 1953. In 1958 zijn de Delta-____ van start gegaan, in 1986 zijn ze ____ . Maar is de oude ____ , de zee, nu echt ____ ?

Polders, sloten, dijken, molens, de rivier

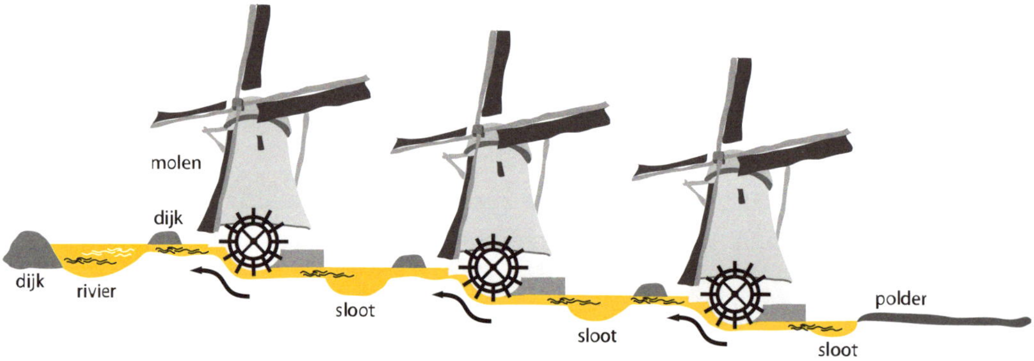

1 Hoe krijgen de Nederlanders het water uit de sloot over de dijk?

2 Waarom al die molens achter elkaar?

3 Nederland is wel plat (geen bergen), maar niet vlak (geen niveauverschillen). Leg uit.

Schrijfopdracht

Dijken en dammen zijn het Nederlandse antwoord op waterproblemen. Schrijf een tekst van 200 woorden over waterproblemen in uw land.

a Inleiding

b Welke waterproblemen kent uw land? Denk aan:
- de bescherming van de kust
- te hoge of juist te lage waterstand van de rivieren
- dammen in de rivieren
- de kwaliteit van het (drink)water
- conflicten met buurlanden over water
- ________________________________

c Welke oplossingen heeft uw land bedacht?

Eilanden, zeearmen, dammen

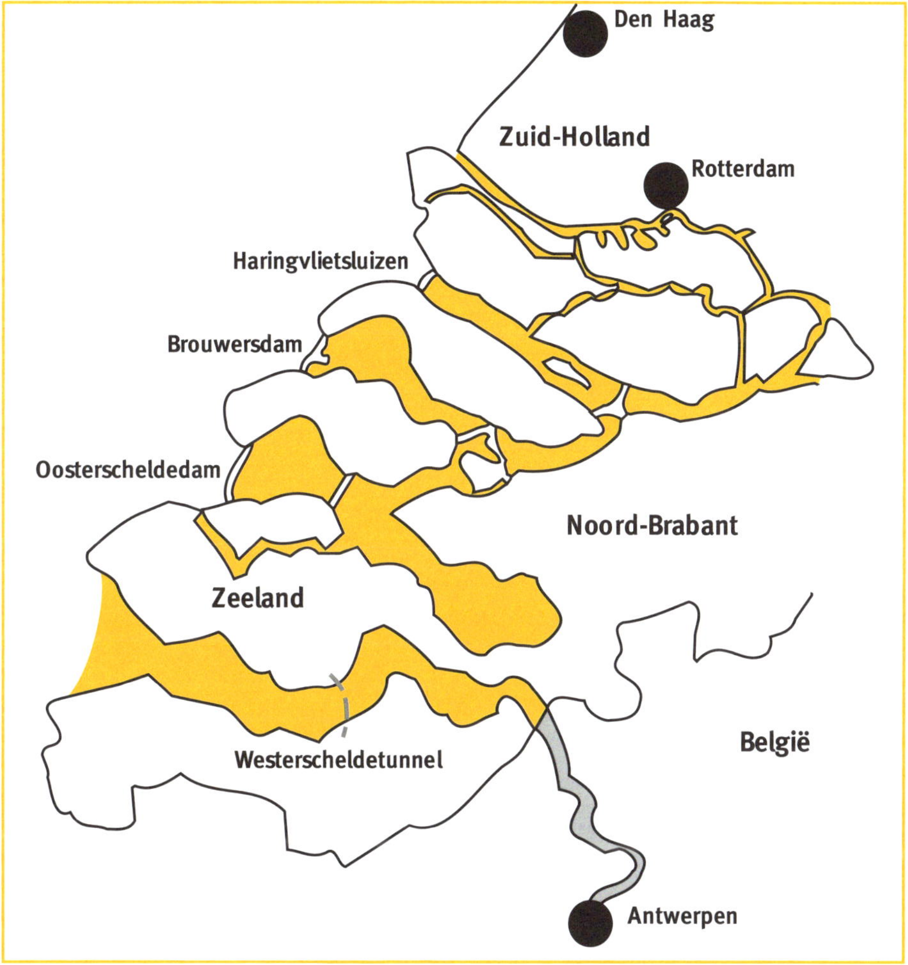

Geef antwoord

1 Met al die dammen is de Zeeuwse kustlijn 'korter' gemaakt. Kunt u dat aan de hand van dit plaatje uitleggen?

2 Waarom is de bovenste zeearm, bij Rotterdam, niet afgesloten met een dam?

3 Wordt de Westerschelde ook nog afgesloten met een dam, denkt u?

Les 18 Wereldberoemd in Nederland

Nederland 1, 2 en 3, RTL 4 en 5, SBS6: *wat een* zenders! Waarom zijn er zo veel *soorten*? De eerste drie zijn *'publieke'* zenders, met nieuws (op 1), *amusement* en sport (op 2), en cultuur (op 3). De *overige* zijn *commercieel*, met populaire programma's en veel meer *reclame* natuurlijk.

Wat betekenen die *afkortingen* bij de publieke zenders? KRO, NCRV, VARA, VPRO? Dat zijn organisaties die programma's maken. Ze vertegenwoordigen groeperingen in de samenleving. De *letter* k *staat* voor 'katholiek', de c voor 'christelijk', de a voor *'arbeiders'*, de p voor 'protestant'. Ze zijn in de 20ste eeuw *begonnen* met *radio* – dat zie je aan die r in hun namen. Nederland was verdeeld in *'zuilen'*: *religieuze* of maatschappelijke groeperingen met eigen scholen, politieke partijen, kranten en sport*clubs*. En dus ook eigen *omroepen*.

Bestaat die *verzuiling* nog? Nee, die is *hard* aan het *verdwijnen*. De omroepen *evenwel* bestaan nog wel. In hun programma's *komen* de ideeën die binnen de eigen *kring* leven, *tot uitdrukking*. *Afhankelijk* van het aantal leden krijgen ze een hoeveelheid *zendtijd* van de overheid. Ze worden betaald van belastingen, *contributies* en reclame-*inkomsten*. *Sponsoring* is *verboden*, en er mag per uur maar 12 minuten reclame *uitgezonden* worden.

Geldt dit ook voor commerciële zenders? *Integendeel*. Die mogen *zo veel* reclame maken *als* ze willen, *zolang* ze een *minimum* aan cultuur en informatie bieden. Wel is er een *stichting* die de *inhoud* van alle reclame *beoordeelt*. De commerciële zenders trekken veel *kijkers*, en zijn daardoor flinke *concurrenten* geworden voor de publieke omroep. Een bekend product van Nederlandse bodem is Big Brother, waarmee je *geweldig beroemd* kon worden: wereldberoemd in Nederland!

Lang niet overal staan *antennes* op de daken. Hoe ontvangt men de programma's? Via *kabels* onder de grond. Die geven *toegang* tot *talloze* zenders in binnen- en buitenland. Commerciële maatschappijen bepalen het aanbod, dat van plaats tot plaats *sterk* kan verschillen. Wie niet tevreden is, plaatst een *schotel* op het dak. Dan kun je de hele wereld op je *scherm* krijgen. *Zappen* maar!

3283	wat een	what a lot of	que	so viele	hem de nasıl	3283
3284	soorten	varieties	sortes	Sorten	türler	3284
3285	publieke	public	publics	öffentliche	umumi	3285
3286	op 1 = op Nederland 1					3286
3287	amusement (het)	entertainment	divertissement	Unterhaltung	eşlence	3287
3288	overige	rest	autre	übrigen	dişer	3288
3289	commercieel	commercial	commerciaux	kommerziell	ticari	3289
3290	reclame (de)	advertising	publicité	Werbung	reklam	3290
3291	afkortingen	abbreviations	abréviations	Abkürzungen	kısaltmalar	3291
3292	letter (de)	letter	lettre	Buchstabe	harf	3292
3293	staat (voor)	stands for	signifie	steht für	simgeliyor	3293
3294	arbeiders	workers	ouvriers	Arbeiter	işçiler	3294
3295	begonnen	began	commencé	angefangen	başladılar	3295
3296	radio (de)	radio	radio	Radio	radyo	3296
3297	dat zie je aan die r = die r maakt dat duidelijk					3297
3298	zuilen	pillars	groupements	Säulen	gruplar	3298
3299	religieuze	religious	religieux	religiöse	dini	3299
3300	clubs	clubs	clubs	Vereinen	kulüpler	3300
3301	omroepen	broadcasting companies	chaînes	Rundfunk	yayınla	3301
3302	verzuiling (het)	pillarization	compartimentage	Säulenstruktur	gruplaşma	3302
3303	hard	rapidly	rapidement	stark	çabuk, sert	3303
3304	verdwijnen	disappearing	disparaître	verschwinden	kaybolmak	3304
3305	evenwel	however	cependant	jedoch	fakat	3305
3306	komen tot uitdrukking	are expressed	expriment	kommen zum Ausdruck	ifade ettiler	3306
3307	kring (de)	circle	milieu	Kreis	dernek	3307
3308	afhankelijk (van)	depending	dépendant	abhängig	başımlı	3308
3309	zendtijd (de)	broadcasting time	créneau	Sendezeit	yayın süresi	3309
3310	contributies	membership dues	cotisations	Beiträgen	başış	3310
3311	inkomsten	earnings	revenus	Einnahmen	gelirler	3311
3312	sponsoring (de)	sponsoring	sponsoring	Sponsoring	sponsorluk	3312
3313	verboden	prohibited	interdit	verboten	yasak	3313
3314	uitgezonden	broadcasted	diffusé	gesendet	yayınlandı	3314
3315	integendeel	on the contrary	au contraire	im Gegenteil	buna karşı	3315
3316	zo veel als	as much as	autant de	soviel wie	ne kadar çok	3316
3317	zolang	as long as	tant que	solange	olduşu müddetçe	3317
3318	minimum (het)	minimum	minimum	Minimum	en az	3318
3319	stichting (de)	institution	fondation	Stiftung	vakıf	3319
3320	inhoud (de)	content	contenu	Inhalt	içerik	3320
3321	beoordeelt	assesses	juge	beurteilt	eleştiren	3321
3322	kijkers	viewers	spectateurs	Zuschauer	izleyiciler	3322
3323	concurrenten	competitors	concurrents	Konkurrenten	rekabetçiler	3323
3324	van Nederlandse bodem = in Nederland gemaakt					3324
3325	geweldig	enormously	extrêmement	gewaltig	muazzam	3325
3326	beroemd	famous	célèbre	berühmt	ünlü	3326
3327	lang niet overal op de daken = op een heleboel daken niet					3327
3328	antennes	antennas	antennes	Antennen	antenler	3328
3329	kabels	cables	cables	Kabeln	kablolar	3329
3330	toegang (de)	access	accés	Zugang	giriş	3330
3331	talloze	countless	innombrables	zahllosen	bir sürü	3331
3332	sterk	greatly	fortement	stark	oldukça	3332
3333	schotel (de)	dish	antenne parabolique	Schüssel	çanak anten	3333
3334	scherm (het)	screen	écran	Schirm	ekran	3334
3335	zappen	zap	zapper	zappen	zaplamak	3335

Wereldberoemd in Nederland

Nederland ____ , 2 en 3, RTL 4 en 5, SBS6: ____ een zenders! Waarom zijn er zo veel soorten? ____ eerste drie zijn 'publieke' zenders, met ____ (op 1), amusement en sport (op 2), en ____ (op 3). De overige zijn commercieel, met populaire programma's ____ veel meer reclame natuurlijk. Wat betekenen die afkortingen ____ de publieke zenders? KRO, NCRV, VARA, VPRO? Dat ____ organisaties die programma's maken. Ze vertegenwoordigen groeperingen ____ de samenleving. De letter k staat voor 'katholiek', de c voor '____', de a voor 'arbeiders', de p voor '____'. Ze zijn in de 20ste eeuw ____ met radio. Dat zie je aan die r____ hun namen. Nederland was verdeeld in 'zuilen': religieuze ____ maatschappelijke groeperingen met eigen scholen, politieke partijen, kranten ____ sportclubs. En dus ook eigen omroepen.
Bestaat die ____ nog? Nee, die is hard aan het verdwijnen. ____ omroepen evenwel bestaan nog wel. In hun ____ komen de ideeën die binnen de eigen kring ____ , tot uitdrukking. Afhankelijk van het aantal leden krijgen ____ een hoeveelheid zendtijd van de overheid. Ze worden ____ van belastingen, contributies en reclame-inkomsten. Sponsoring is ____ , en er mag per uur maar 12 minuten ____ uitgezonden worden.
Geldt dit ook voor commerciële zenders? ____ . Die mogen zo veel reclame maken als ze willen, ____ ze een minimum aan cultuur en informatie bieden. ____ is er een stichting die de inhoud van ____ reclame beoordeelt. De commerciële zenders trekken veel kijkers, ____ zijn daardoor flinke concurrenten geworden voor de publieke ____ . Een bekend product van Nederlandse bodem is Big ____ , waarmee je geweldig beroemd kon worden: wereldberoemd in ____ ! Lang niet overal staan antennes op de daken. ____ ontvangt men de programma's? Via kabels onder ____ grond. Die geven toegang tot talloze zenders in ____- en buitenland. Commerciële maatschappijen bepalen het aanbod, dat ____ plaats tot plaats sterk kan verschillen. Wie niet ____ is, plaatst een schotel op het dak. Dan ____ je de hele wereld op je scherm krijgen. ____ maar!

Geef antwoord

1 Wat is het verschil tussen publieke en commerciële zenders?
2 Hoe zijn de KRO, NCRV, VARA begonnen? Wat doen ze nu?
3 Kent u nog andere voorbeelden van het verschijnsel verzuiling?
4 Er is weinig reclame op Nederland 1, 2 en 3. Hoe komt dat?

Grammatica (13, 30)

zijn begonnen	hebben gemaakt
Ze zijn begonnen in de 20ste eeuw.	Ze hebben eerst radioprogramma's gemaakt.
Later zijn de commerciëlen gekomen.	Die hebben ook zendtijd gekregen.
Ze zijn concurrenten geworden.	Ze hebben veel kijkers getrokken.
U bent geslaagd voor de toets.	U hebt zich opgegeven voor de cursus.
De school was bijna verdwenen.	Het hele dorp heeft geprotesteerd.
Begin 1800 is er veel veranderd.	Iedereen heeft toen een achternaam gekozen.

Vul in

Wat ____ zenders heeft Nederland! De publieke zenders ____ al in de 20ste eeuw begonnen. Ze ____ eerst radioprogramma's gemaakt, later ____ ze tv-programma's gaan maken. Het land was ____ in zuilen, en elke maatschappelijke of religieuze ____ had zijn eigen o____ . Later kwamen de c____ zenders erbij, met ____ programma's en met veel ____ . Ze ____ het programma Big Brother ontwikkeld, waarmee velen beroemd geworden ____ .

Debat

Eén groep bespreekt in tweetallen de voordelen van de publieke omroep, en een andere groep die van de commerciële zenders. Twee coördinatoren zorgen ervoor dat elk tweetal een ander voordeel bespreekt. Na tien minuten begint het debat, onder leiding van de coördinatoren. Laatste vraag: Wat is het sterkste argument van de andere groep?

Les 19 Beter laat dan nooit

- Wat leuk! Jullie gaan trouwen! Beter laat dan nooit dacht je zeker, na vier jaar samenwonen?

- Je kunt toch van gedachten veranderen?! Nu ik *in verwachting* ben *sta* ik anders *tegenover* het huwelijk. Als je een kind krijgt zonder getrouwd te zijn, moet je van alles en nog wat regelen. *Zo* zou Bram een *verklaring* moeten *tekenen* dat hij het kind *erkent*. Als je getrouwd bent gaat dat *automatisch*.

- Dus binnenkort heet je anders? Dat wordt *wennen*.

- *Wees* maar niet bang, ik *hou* mijn eigen achternaam. Veel te *verwarrend*, zo'n naams*verandering opeens*. Ook de achternaam van ons kind kunnen we zelf bepalen, *voor zover* ik weet.

- Als ik jou was zou ik die van Bram maar nemen, *de jouwe* is zo lang! Heb je de *aankondigingen* al *verstuurd*?

- Die zijn net *de deur uit*. Wel honderd! Het wordt een echte *bruiloft*, met alles erop en eraan. Bram z'n idee! Eerst naar het stadhuis, dan met het hele *gezelschap* naar de kerk, waar de vader de *bruid* 'weggeeft', zoals dat heet. Dan *receptie*, *diner*, en tot slot: een *vrolijk* feest! De gasten *verrassen* ons met zelfgemaakte *liedjes* en grappige *gedichten*. Er is muziek, dus wie wil kan *dansen*. En op een gegeven moment vertrekken wij met onbekende *bestemming* op huwelijksreis!

- Gaat Bram nog het *afscheid* van zijn bestaan als *vrijgezel* vieren? Dat is toch de *gewoonte*? *Brams* moeder zal wel in de *wolken* zijn. Ze *informeerde* immers steeds naar jullie plannen?

- Ze *sprong* een *gat* in de lucht. Ze belt elke dag, of we hier wel aan *gedacht* hebben, of we dat niet vergeten ...

- En wie *past* er straks op de baby? Hebben jullie al een plaatsje *veroverd* in de *crèche*?

- Dat zou Bram regelen. Hij gaat een dag minder werken. Met zijn werk kan dat makkelijker dan met het mijne. En ik verdien meer.

- Dus jullie *draaien* de *rollen om?* Bram krijgt de moederrol? *Modern* hoor!

- Nou ... modern. Ik hoorde Bram laatst aan z'n moeder vragen of zij niet een dag minder kon gaan werken. Daar moest ik wel even om *glimlachen*. "Je wilt je zoon toch wel *een handje helpen* met de verzorging van je *kleinkind*?" zei hij. "Vaders zijn daar niet zo handig in!"

3336	beter laat dan nooit = laat is beter dan helemaal niet					3336
3337	in verwachting	pregnant	enceinte	schwanger	hamile olmak	3337
3338	sta tegenover	feel about	pense	denk über	fikir yürütmek	3338
3339	van alles en nog wat = een heleboel					3339
3340	zo	for example	par exemple	zum Beispiel	böyle	3340
3341	verklaring (de)	statement	attestation	Erklärung	açıklama	3341
3342	tekenen	sign	signer	unterschreiben	imzalamak	3342
3343	erkent	acknowledges	reconnaît	anerkennt	tanır	3343
3344	automatisch	automatically	automatiquement	automatisch	otomatik	3344
3345	wennen	getting used	habituer	gewöhnungsbedürftig	alışmak	3345
3346	wees	be	aies	sei	olmak	3346
3347	hou	am keeping	garde	behalte	seviyorum	3347
3348	verwarrend	confusing	troublant	verwirrend	şaşırtıcı	3348
3349	verandering (de)	change	changement	Änderung	deşişiklik	3349
3350	opeens	suddenly	d'un coup	plötzlich	birdenbire	3350
3351	voor zover	as far as	pour autant	soweit	kadarıyla	3351
3352	als ik jou was = in jouw plaats = mijn voorkeur zou zijn					3352
3353	die van Bram = de naam van Bram					3353
3354	de jouwe	yours	le tien	der deine	seninki	3354
3355	aankondigingen	announcements	faire-parts	Einladungen	bildiriler	3355
3356	verstuurd	sent	envoyés	verschickt	gönderdi	3356
3357	de deur uit	in the mail	parties	weg	kapıdan dışarı	3357
3358	bruiloft (de)	wedding	mariage	Hochzeit	düşün	3358
3359	met alles erop en eraan = met alles wat erbij hoort					3359
3360	Bram z'n idee = het idee van Bram					3360
3361	gezelschap (het)	party	les invités	Gesellschaft	millet	3361
3362	bruid (de)	bride	mariée	Braut	gelin	3362
3363	receptie (de)	reception	réception	Empfang	resmi, karşılama	3363
3364	diner (het)	dinner	dîner	Abendessen	akşam yemeşi	3364
3365	vrolijk	happy	joyeuse	fröhliches	neşeli	3365
3366	verrassen	surprise	surprennent	überraschen	şaşırtmak	3366
3367	liedjes	songs	chansons	Liedchen	şarkılar	3367
3368	gedichten	poems	poèmes	Gedichten	şiirler	3368
3369	dansen	dance	danser	tanzen	dans etmek	3369
3370	bestemming (de)	destination	destination	Ziel	hedef	3370
3371	afscheid (het)	farewell	la fin	Abschied	veda	3371
3372	vrijgezel (de)	bachelor	célibataire	Junggeselle	bekar	3372
3373	gewoonte (de)	custom	habitude	Brauch	alışkanlık	3373
3374	Brams	Bram's	à Bram	Brams	Bram'ın	3374
3375	wolken	clouds	nuages	Wolken	bulutlar	3375
3376	In de wolken = erg blij					3376
3377	informeerde	informed	informait	erkundigte	bilgi alırdı	3377
3378	sprong	jump	sauta	sprang	zıpladı	3378
3379	gat (het)	hole	trou	Loch	delik	3379
3380	sprong een gat in de lucht = was erg blij					3380
3381	gedacht (aan)	thought	pensé	gedacht	düşündü	3381
3382	past (op)	watches	garde	passt auf	bakmak, düşünmek	3382
3383	veroverd	secured	conquis	ergattert	ele geçirdi	3383
3384	crèche (de)	day-care centre	garderie	Kinderkrippe	kreş	3384
3385	draaien om	switch	retournez	vertauschen	deşiştirmek	3385
3386	rollen	roles	rôles	Rollen	roller	3386
3387	modern	modern	moderne	modern	modern	3387
3388	glimlachen	smile	sourire	lächeln	gülümsemek	3388
3389	een handje helpen	help out	donner un coup de main	zur Hand gehen	yardım etmek	3389
3390	kleinkind (het)	grandchild	petit-enfant	Enkelkind	torun	3390

Beter laat dan nooit

- Wat leuk! Jullie gaan trouwen! Beter laat _____ nooit dacht je zeker, na vier jaar samenwonen? - _____ kunt toch van gedachten veranderen?! Nu ik in _____ ben sta ik anders tegenover het huwelijk. Als _____ een kind krijgt zonder getrouwd te zijn, moet _____ van alles en nog wat regelen. Zo zou _____ een verklaring moeten tekenen dat hij het kind _____ . Als je getrouwd bent gaat dat automatisch. - Dus _____ heet je anders? Dat wordt wennen. - Wees maar _____ bang, ik hou mijn eigen achternaam. Veel te _____, zo'n naamsverandering opeens. Ook de achternaam van _____ kind kunnen we zelf bepalen, voor zover ik weet. - _____ ik jou was zou ik die van Bram _____ nemen, de jouwe is zo lang! Heb je _____ aankondigingen al verstuurd? - Die zijn net de deur _____ . Wel honderd! Het wordt een echte bruiloft, met _____ erop en eraan. Bram z'n idee! Eerst _____ het stadhuis, dan met het hele gezelschap naar _____ kerk, waar de vader de bruid 'weggeeft', zoals _____ heet. Dan receptie, diner, en tot slot: een _____ feest! De gasten verrassen ons met zelfgemaakte liedjes _____ grappige gedichten. Er is muziek, dus wie wil _____ dansen. En op een gegeven moment vertrekken wij _____ onbekende bestemming op huwelijksreis!
- Gaat Bram nog het _____ van zijn bestaan als vrijgezel vieren? Dat is _____ de gewoonte? Brams moeder zal wel in de _____ zijn. Ze informeerde immers steeds naar jullie plannen? - _____ sprong een gat in de lucht. Ze belt _____ dag, of we hier wel aan gedacht hebben, _____ we dat niet vergeten ... - En wie past er _____ op de baby? Hebben jullie al een plaatsje _____ in de crèche? - Dat zou Bram regelen. Hij _____ een dag minder werken. Met zijn werk kan _____ makkelijker dan met het mijne. En ik verdien _____ . - Dus jullie draaien de rollen om? Bram krijgt _____ moederrol? Modern hoor! - Nou ... modern. Ik hoorde Bram _____ aan z'n moeder vragen of zij niet _____ dag minder kon gaan werken. Daar moest ik _____ even om glimlachen. "Je wilt je zoon toch _____ een handje helpen met de verzorging van je _____ ?" zei hij. "Vaders zijn daar niet zo handig _____ !"

Geef antwoord

1. Waarom gaan Bram en z'n vriendin trouwen?
2. Gaat Bram afscheid nemen van het vrijgezellenbestaan, denkt u?
3. Wie past er straks op de baby?
4. Vervullen mannen in uw land vaak de moederrol? Hoe komt dat?
5. Een trouwfeest met alles erop en eraan in uw land, hoe ziet dat eruit?

Grammatica (18)

die van Bram = de naam van Bram	Bram z'n idee = het idee van Bram
de jouwe = jouw naam	Brams moeder = de moeder van Bram

Vul in

Sinds ik in v_____ ben, sta ik anders _____ het huwelijk. We hebben het samen besloten: het was ook Bram _____ idee. Bram heeft _____ moeder gevraagd of ze een dag op de baby wil passen. _____ mijne wil misschien ook wel een handje _____ , heb ik gezegd. B_____ moeder was in de wolken! D_____ van mij trouwens ook: ze _____ allebei een gat in de lucht. Ga je nog je afscheid van het bestaan als _____ vieren? informeerden _____ vrienden. 'Ik heb het te druk' _____ Bram. Eerst moeten de _____ de deur uit, en daarna moeten we van _____ en _____ wat regelen. Het wordt namelijk een bruiloft met alles _____ en _____ : na de kerkdienst een _____ , dan een _____ en een _____ feest. En daarna gaan we op _____ !

Telefoongesprek

Voer het telefoongesprek tussen Bram en z'n moeder.

Les 20

Komt u over een weekje maar terug

Aan de basis van de medische zorg staat de huisarts. Een *pijnlijke* rug, een *ontstoken keel, maag*problemen? Naar de huisarts. Een *recept* voor de *pil* of een *griepprik*? Krijg je van de dokter. Naar de *fysiotherapeut, huid*arts of *hart*specialist? Haal een *verwijzing* bij je huisarts.

Iedereen zou dus een huisarts moeten hebben. Maar dat is makkelijker gezegd dan gedaan. De een na de ander zegt 'helaas' al vol te zitten. Er zijn er gewoon te weinig! Hoe komt dat? Gaan we zo vaak naar de dokter? Die *neiging* is er wel. Al die nieuwe *onderzoeken* en *behandelingen*! En bovendien: de bevolking *vergrijst*. *Hoe* ouder je wordt, *des te* vaker heb je een dokter nodig. Maar er is nog een oorzaak van het *tekort*. Dokters werken vaak in *deeltijd*. Sommigen omdat ze het beroep te zwaar vinden. Voor anderen, vooral vrouwen, is de *combinatie* van *praktijk* en zorg voor de kinderen alleen mogelijk met een deeltijdbaan. Er zijn dus meer huisartsen nodig. Helaas heeft de overheid in het verleden het aantal studenten voor de *kostbare* artsenopleiding juist beperkt.

Waarom kunnen we niet direct naar de specialist? De huisarts kent je persoonlijk, hij kan beoordelen welke medische zorg je nodig hebt. En tussen twee *haakjes*: een gesprek met een huisarts kost minder dan een onderzoek in het ziekenhuis!

Huisartsen *schrijven* niet graag *zware* medicijnen *voor*. Ze sturen je weg met de *mededeling*: "*Kijkt* u het even *aan*, en *komt* u over een weekje maar *terug*". "Maar ik ben al zo lang *verkouden*! Ik wil een recept voor *antibiotica*!" *Aandringen* helpt niet. "De meeste ziektes *gaan* vanzelf *over*. En antibiotica moet je niet te vaak gebruiken!"

Veel huisartsen werken in een groepspraktijk. Als je *opbelt* weet je dus niet altijd wie je treft. 's Avonds en in het weekend moet je een huisartsen*post* bellen. Een assistente zegt dat je langs moet komen, of zorgt dat je wordt *teruggebeld*. Zo'n post zit meestal in een ziekenhuis. In *noodgevallen* ga je naar *Spoedeisende Hulp*, in *datzelfde* ziekenhuis. *Eventueel* met een *ambulance*. Je kent het telefoonnummer voor noodgevallen 112 toch wel?

3391	pijnlijke	painful	douloureux	schmerzhafter	acı verici	3391
3392	ontstoken	infected	enflammée	entzündeter	iltihaplanma	3392
3393	keel (de)	throat	gorge	Hals	gırtlak	3393
3394	maag (de)	stomach	estomac	Magen	mide	3394
3395	recept (het)	prescription	ordonnance	Rezept	reçete	3395
3396	pil (de)	pill	pilule	Pille	hap	3396
3397	de pil = een pil om niet in verwachting te raken					3397
3398	griepprik (de)	influenza vaccination	vaccination contre la grippe	Grippeimpfung	grip aşısı	3398
3399	fysiotherapeut (de)	physiotherapist	kinésithérapeute	Physiotherapeut	fizyoterapist	3399
3400	huid (de)	skin	peau	Haut	cilt	3400
3401	hart (het)	heart	coeur	Herz	kalp	3401
3402	verwijzing (de)	referral	renvoi	Überweisung	nakletme	3402
3403	zou moeten = moet eigenlijk, moet in principe					3403
3404	makkelijker gezegd dan gedaan = het is moeilijker dan je denkt					3404
3405	er zijn er te weinig = er zijn te weinig huisartsen					3405
3406	hoe komt dat? = wat is daarvan de oorzaak?					3406
3407	neiging (de)	tendency	tendance	Neigung	ecilim	3407
3408	onderzoeken	check-ups	recherches	Untersuchungen	muayene	3408
3409	behandelingen	treatments	traitements	Behandlungen	tedaviler	3409
3410	vergrijst	ageing	vieillit	vergreist	yaşlanır	3410
3411	hoe ... des te	the the	plus ... plus	je ... desto	ne kadar ... o kadar	3411
3412	tekort (het)	shortage	manque	Mangel	eksiklik	3412
3413	deeltijd (de)	part-time	temps partiel	Teilzeit	part-time	3413
3414	combinatie (de)	combination	combinaison	Verbindung	kombinasyon	3414
3415	praktijk (de)	practice	pratique	Praxis	pratik	3415
3416	kostbare	costly	coûteuse	kostspielig	deşerli	3416
3417	haakjes	parentheses	guillemets	Klammern	parantez	3417
3418	tussen twee haakjes = overigens					3418
3419	schrijven voor	prescribe	prescrivent	verschreiben	reçete yazmak	3419
3420	zware	heavy	forts	starke	aşır	3420
3421	mededeling (de)	comment	avis	Mitteilung	açıklama	3421
3422	kijkt aan	wait and see	voyez	beobachten	bakmak, düşünmek	3422
3423	komt terug	come back	revenez	kommen zurück	geri gelir	3423
3424	verkouden	having a cold	enrhumé	erkältet	soşuk almak	3424
3425	antibiotica	antibiotics	antibiotiques	Antibiotika	antibiyotik	3425
3426	aandringen	to insist	insister	drauf dringen	zorlamak	3426
3427	gaan over	get better	passent	gehen vorbei	geçmek	3427
3428	opbelt	ring up	téléphone	anruft	aramak	3428
3429	post (de)	post	permanence	Stelle	posta	3429
3430	teruggebeld	called back	rappelé	zurückgerufen	geri aradı	3430
3431	noodgevallen	emergencies	cas urgents	Notfällen	acil durumlar	3431
3432	spoedeisende	urgent	urgences	Notaufnahme	acil	3432
3433	hulp (de)	care	aide	Hilfe	yardım	3433
3434	datzelfde	the same	la même	gleiche	aynı	3434
3435	eventueel	if necessary	éventuellement	eventuell	belki	3435
3436	ambulance (de)	ambulance	ambulance	Krankenwagen	ambülans	3436

Komt u over een weekje maar terug

Aan de basis van de medische zorg staat _____ huisarts. Een pijnlijke rug, een ontstoken keel, maagproblemen? _____ de huisarts. Een recept voor de pil of _____ griepprik? Krijg je van de dokter. Naar de _____ , huidarts of hartspecialist? Haal een verwijzing bij je _____ . Iedereen zou dus een huisarts moeten hebben. Maar _____ is makkelijker gezegd dan gedaan. De een na _____ ander zegt 'helaas' al vol te zitten. Er _____ er gewoon te weinig! Hoe komt dat? Gaan _____ zo vaak naar de dokter? Die neiging is _____ wel. Al die nieuwe onderzoeken en behandelingen! En _____ : de bevolking vergrijst. Hoe ouder je wordt, des _____ vaker heb je een dokter nodig. Maar er _____ nog een oorzaak van het tekort. Dokters werken _____ in deeltijd. Sommigen omdat ze het beroep te _____ vinden. Voor anderen, vooral vrouwen, is de combinatie _____ praktijk en zorg voor de kinderen alleen mogelijk _____ een deeltijdbaan. Er zijn dus meer huisartsen nodig. _____ heeft de overheid in het verleden het aantal _____ voor de kostbare artsenopleiding juist beperkt. Waarom kunnen _____ niet direct naar de specialist? De huisarts kent _____ persoonlijk, hij kan beoordelen welke medische zorg je _____ hebt. En tussen twee haakjes: een gesprek met _____ huisarts kost minder dan een onderzoek in het _____ ! Huisartsen schrijven niet graag zware medicijnen voor. Ze _____ je weg met de mededeling: "Kijkt u het _____ aan, en komt u over een weekje maar _____ ". "Maar ik ben al zo lang verkouden! Ik _____ een recept voor antibiotica!" Aandringen helpt niet. "De _____ ziektes gaan vanzelf over. En antibiotica moet je _____ te vaak gebruiken!" Veel huisartsen werken in een _____ . Als je opbelt weet je dus niet altijd _____ je treft. 's Avonds en in het weekend _____ je een huisartsenpost bellen. Een assistente zegt dat _____ langs moet komen, of zorgt dat je wordt _____ . Zo'n post zit meestal in een ziekenhuis. _____ noodgevallen ga je naar Spoedeisende Hulp, in datzelfde _____ . Eventueel met een ambulance. Je kent het telefoonnummer _____ noodgevallen 112 toch wel?

Geef antwoord

1 Komt de 'huis'arts vaak aan huis? Wat is zijn/haar functie?
2 Noem eens een paar nieuwe onderzoekmethodes?
3 Hoe komt het dat de bevolking vergrijst?
4 Waarom schrijft de huisarts zo weinig medicijnen voor?
5 Groepspraktijk en huisartsenpost: wat is het verschil?
6 Vertel over de medische zorg in uw land; noem voor- en nadelen.

Grammatica (15)

	↓		↓
Het schijnt	**dat**	er te weinig huisartsen	**zijn.**
Komt dat	**doordat**	we vaker naar de arts	**gaan?**
De assistente zegt	**dat**	je zelf langs	**moet komen.**
De huisarts beoordeelt	**welke zorg**	je nodig	**hebt.**
Je krijgt de assistente	**als**	je 's avonds	**belt.**

Vul in

Als je een pijnlijke rug _____ of naar de fysiotherapeut _____ , moet je eerst naar de huisarts. Maar het is niet _____ om een huisarts te _____ . Dat komt _____ er te weinig huisartsen _____ . Veel artsen _____ liever in deeltijd werken, omdat ze ook voor hun _____ _____ zorgen. Als je de groepspraktijk _____ , weet je niet wie je _____ . Als je Sp_____ Hulp nodig _____ , moet je het telefoonnummer voor noodgevallen _____ . Dat nummer _____ je toch wel?

Discussie

Bereid a of b voor in tweetallen, en discussieer daarna met de groep:

a Het is goed dat de huisarts niet zo veel medicijnen voorschrijft.
b Het is de taak van de huisarts om medicijnen voor te schrijven.

Les 21
Bustocht door Den Haag

Goedemiddag. Ik zal u tijdens deze bus*tocht* wat *uitleg* geven over de stad. In tegenstelling tot veel Zuid-Hollandse steden is Den Haag niet ontstaan als handelsstad. Vroeger lag hier een groot bos, dat het *eigendom* was van een *graaf*. Vandaar die langere naam die Den Haag ook heeft: 's-Gravenhage. Wij gaan nu linksaf, *richting* het oude centrum.

Hier links ziet u de mooiste *laan* van Den Haag. Dat vind ik tenminste: *breed*, oude bomen, *deftige* huizen, *typisch Haags*. Recht vooruit heeft u het Koninklijk Paleis. De *vlag* hangt uit, dat wil zeggen dat Beatrix aan het werk is. Den Haag is de *residentie*, de koningin woont er. Er staan veel *ambassades* en regeringsgebouwen in deze buurt. En hier links hebben we het Binnenhof. Ziet u dat *bakstenen* gebouw met die ronde *vensters*? Bijna achthonderd (800) jaar staat het hier al. De *eigenaar* van het bos, die graaf waar ik het net over had, heeft het laten bouwen. Hij wilde een *kasteel* in zijn bos hebben. *Thans* heeft het parlement er zitting. Het *plein* kent u wel van allerlei *demonstraties*. En als de *vakbond* een *staking* organiseert, eindigt die vaak ook hier.

Is dat *torentje* u al *opgevallen*? Daar heeft de minister-president zijn werkkamer. We rijden nu langs het nieuwe stadhuis. Niet alle Hagenaars kunnen dit *ontwerp waarderen*. Verderop is de Schilderswijk. Een buurt met grote *sociale* tegenstellingen, maar ook met het *fraaie* station Hollands Spoor, een van de oudste van Nederland.

Wij rijden nu naar het westen. Vóór u uit ziet u het *Vredes*paleis. In de vele *zalen* van dit paleis houdt het *Internationaal Gerechtshof* zitting. Als landen een *conflict* hebben *doen* speciale *rechters* via deze *rechtbank uitspraak*. Den Haag: de *juridische* hoofdstad van de wereld?

Dan *komen* we nu *aan* bij Scheveningen, de drukste *badplaats* van Nederland. Als de zon *schijnt*, tenminste, en de zee niet te *wild* is. U kunt hier een *frisse neus* halen op de *pier* of een *visje* eten op de *boulevard*. Ik verwacht u over drie kwartier weer hier, dan *keren* we via de *vissers*haven *terug* naar ons *vertrekpunt*. *Tot zo*!

3437	goedemiddag	good afternoon	bonjour	Guten Mittag	iyi günler	3437
3438	tocht (de)	trip	excursion	Tour	sefer	3438
3439	uitleg (de)	explanation	explication	Erläuterungen	açıklama	3439
3440	in tegenstelling tot (i.t.t) = heel anders dan					3440
3441	eigendom (het)	property	propriété	Eigentum	mülkiyet	3441
3442	graaf (de)	earl, count	comte	Graf	kont	3442
3443	richting (de)	in the direction of	direction	Richtung	yön	3443
3444	laan (de)	avenue	avenue	Allee	cadde	3444
3445	breed	wide	large	breit	geniş	3445
3446	deftige	distinguished	distinguées	vornehme	seçkin, lüks	3446
3447	typisch	typically	typiquement	typisch	tipik	3447
3448	Haags	Hague	Haguenois	Den Haag	lahey	3448
3449	vlag (de)	flag	drapeau	Flagge	bayrak	3449
3450	residentie (de)	royal seat	résidence	Residenz	ikamet	3450
3451	ambassades	embassies	ambassades	Botschaften	elçilikler	3451
3452	bakstenen	brick	en brique	Backstein-	tuşlalar	3452
3453	vensters	windows	fenêtres	Fenstern	çerçeveler	3453
3454	eigenaar (de)	owner	propriétaire	Eigentümer	sahip	3454
3455	waar ik het net over had = waar ik net over sprak					3455
3456	kasteel (het)	castle	château	Schloss	saray	3456
3457	thans	at present	à présent	jetzt	şu anda	3457
3458	plein (het)	square	place	Platz	alan	3458
3459	demonstraties	demonstrations	manifestations	Demonstrationen	demonstrasyonlar	3459
3460	vakbond (de)	labour union	syndicat	Gewerkschaft	sendika	3460
3461	staking (de)	strike	grève	Streik	grev	3461
3462	torentje (het)	turret	petite tour	Türmchen	kule	3462
3463	opgevallen	notice	remarqué	aufgefallen	dikkat çekmiş	3463
3464	Hagenaars = inwoners van Den Haag					3464
3465	ontwerp (het)	design	plan	Entwurf	buluş	3465
3466	waarderen	appreciate	apprécier	würdigen	kıymetini bilmek	3466
3467	sociale	social	sociales	sozialen	sosyal	3467
3468	fraaie	beautiful	belle	schönen	güzel	3468
3469	vrede (de)	peace	paix	Friede	özgürlük	3469
3470	zalen	halls	salles	Sälen	salonlar	3470
3471	Internationaal	International	International	Internationale	uluslararası	3471
3472	Gerechtshof (het)	Court of Justice	Palais de justice	Gerichtshof	adliye	3472
3473	conflict (het)	conflict	conflit	Konflikt	çatışma, problem	3473
3474	doen uitspraak (over)	give a verdict	rendent jugement	fällen Urteil	yargılamak	3474
3475	rechters	judges	juges	Richter	hakimler	3475
3476	rechtbank (de)	court	tribunal	Gericht	mahkeme	3476
3477	juridische	juridical	juridique	juristische	hukuki	3477
3478	komen aan	arrive	arrivons	kommen an	varmak	3478
3479	badplaats (de)	seaside resort	station balnéaire	Badeort	sahil yeri	3479
3480	schijnt	shines	brille	scheint	güneş çıkarsa	3480
3481	wild	rough	sauvage	rau	vahşi	3481
3482	frisse	fresh	frais	frische	serin	3482
3483	neus (de)	nose	nez	Nase	burun	3483
3484	pier (de)	pier	jetée	Pier	iskele	3484
3485	visje (het)	fish	poisson	Fischchen	balık	3485
3486	boulevard (de)	boulevard	boulevard	Strandpromenade	bulvar	3486
3487	keren terug	return	revenons	kehren zurück	geri dönmek	3487
3488	vissers	fishermen	pêcheurs	Fischer	balıkçılar	3488
3489	vertrekpunt (het)	starting point	point de départ	Ausgangspunkt	kalkış noktası	3489
3490	tot zo	see you later	à tout à l'heure	bis dann	görüşürüz	3490

Bustocht naar Den Haag

Goedemiddag. Ik zal u _____ deze bustocht wat uitleg geven over de stad. _____ tegenstelling tot veel Zuid-Hollandse steden is Den _____ niet ontstaan als handelsstad. Vroeger lag hier een _____ bos, dat het eigendom was van een graaf. _____ die langere naam die Den Haag ook heeft: '_____'. Wij gaan nu linksaf, richting het oude _____ . Hier links ziet u de mooiste laan van _____ Haag. Dat vind ik tenminste: breed, oude bomen, _____ huizen, typisch Haags. Recht vooruit heeft u het _____ Paleis. De vlag hangt uit, dat wil zeggen _____ Beatrix aan het werk is. Den Haag is _____ residentie, de koningin woont er. Er staan veel _____ en regeringsgebouwen in deze buurt. En hier links _____ we het Binnenhof. Ziet u dat bakstenen gebouw _____ die ronde vensters? Bijna achthonderd jaar staat _____ hier al. De eigenaar van het bos, die _____ waar ik het net over had, heeft het _____ bouwen. Hij wilde een kasteel in zijn bos _____ . Thans heeft het parlement er zitting. Het plein _____ u wel van allerlei demonstraties. En als de _____ een staking organiseert, eindigt die vaak ook hier. _____ dat torentje u al opgevallen? Daar heeft de _____ zijn werkkamer. We rijden nu langs het _____ stadhuis. Niet alle Hagenaars kunnen dit ontwerp waarderen. _____ is de Schilderswijk. Een buurt met grote sociale _____ , maar ook met het fraaie station Hollands Spoor, _____ van de oudste van Nederland. Wij rijden nu _____ het westen. Vóór u uit ziet u het _____ . In de vele zalen van dit paleis houdt _____ Internationaal Gerechtshof zitting. Als landen een conflict hebben _____ speciale rechters via deze rechtbank uitspraak. Den Haag: _____ juridische hoofdstad van de wereld? Dan komen we _____ aan bij Scheveningen, de drukste badplaats van Nederland. _____ de zon schijnt, tenminste, en de zee niet _____ wild is. U kunt hier een frisse neus _____ op de pier of een visje eten op _____ boulevard. Ik verwacht u over drie kwartier weer _____ , dan keren we via de vissershaven terug naar _____ vertrekpunt. Tot zo!

Geef antwoord

1 Amsterdam en Den Haag zijn niet op dezelfde wijze ontstaan. Leg uit.
2 Verklaar de volgende aanduidingen van Den Haag:
a de regeringsstad, **b** de juridische hoofdstad van de wereld,
c de residentie, **d** een ambtenarenstad.
3 Wat weet u van Scheveningen?
4 Zou Den Haag niet beter de hoofdstad kunnen zijn?

Grammatica (25, 26)

De graaf	**die** de eigenaar was,	wilde een kasteel.
De lange naam	**die** Den Haag ook heeft,	is mooier.
Het bos	**dat** zijn eigendom was,	is verdwenen.
Dat gebouw	**dat** daar al 800 jaar staat,	is het Binnenhof.
Het paleis	waarin het Hof gevestigd is,	is het Vredespaleis.
Die graaf	waar ik het over had,	liet het bouwen.
Dat gebouw	waar we nu langs rijden,	is het stadhuis.

Vul in

Den Haag lag vroeger in een bos ____ eigendom was van een ____ . Het kasteel ____ deze graaf liet bouwen, is nu het Binnenhof, ____ de Tweede Kamer zitting heeft. Ervoor ligt een groot plein ____ u vast wel kent. Dat bos ____ ik het over had, is nu verdwenen. Weinig Hagenaars kennen de betekenis van de langere naam ____ de stad ook heeft. Het gebouw ____ we nu langs rijden is het stadhuis. Niet iedereen kan dit ontwerp w____ . Verderop ____ het fraaie station HS.

Uitleg

Bereid met z'n tweeën uitleg voor bij een tocht **a** door dit gebouw; **b** door de wijk; **c** door de stad; **d** door een stad die u allebei kent.

Les 22
De Gouden Eeuw

In de zeventiende (17de) eeuw (1600-1700) ging het de Hollanders voor de wind. Die eeuw heet daarom ook wel de *Gouden* Eeuw. In de 16de eeuw was het land nog voornamelijk *moeras*, maar eind 17de eeuw was het een van de rijkste landen van de wereld. Hoe verklaren we deze snelle groei?

Volgens Johan Cruijff, Nederlands bekendste voetballer, heeft elk *nadeel* z'n voordeel. En dat geldt niet alleen voor voetballen. Al dat water was een groot nadeel, maar de Hollanders leerden wel *boten* bouwen. Dat lag voor de hand, *aangezien* de rivieren *ideale transport*wegen waren. Ze ontwikkelden nieuwe *technieken* en *vervaardigden* betere kaarten, snellere schepen, *kijkers* en andere *instrumenten*. Nieuwe kennis en *vaardigheden verspreidden zich* snel. De Hollanders *konden* de zee op. Eerst *bleven* ze binnen Europa. Ze *kochten graan* in *Polen* en Duitsland en hout in *Scandinavië*. Dat *verkochten* ze in Zuid-Europa, waar ze *zout* en *wijn* kochten.

Spoedig gingen ze de *wereldzeeën* op. De handel op Afrika en *Azië* begon met *peper* en andere *kruiden*. Later *kwamen* daar *katoen, zijde* en *goud* bij, en nog later koffie, thee en *cacao*. Langs de *routes* kwamen handelsposten om *vers voedsel in* te *slaan* en goederen te *bewaren*. Als er *vraag* was werd alles weer verkocht. Met deze *vestigingen*, in Zuid-Afrika, *India*, Indonesië en Zuid-Amerika, legden de Hollanders de basis voor hun *koloniale* rijk. Ze verdienden goed, zoals je kunt zien aan de huizen van de kooplui. In Amsterdam, maar ook in Middelburg, Delft en Hoorn. Over de hele wereld hangen in *musea* de *schilderijen* die ze van zichzelf lieten maken.

Immigratie heeft een grote *bijdrage* geleverd aan de *ontwikkeling* van het land. In die tijd kwamen veel *vluchtelingen* en *immigranten* naar Nederland. Protestanten uit België en Frankrijk, *joden* uit Spanje en *Portugal*. Vaak met een goede opleiding en dikwijls ook met geld. Hun *komst stimuleerde* het maatschappelijk, economisch en *geestelijk* leven. Op de vraag hoe Holland zich zo snel heeft kunnen ontwikkelen zou je dus kunnen antwoorden: dankzij het water en dankzij de immigranten.

3491	het ging voor de wind = het ging goed					3491
3492	gouden	golden	d'or	goldene	altından	3492
3493	moeras (het)	swamp	marécage	Sumpf	bataklık	3493
3494	Nederlands bekendste voetballer = de meest bekende voetballer van Nederland					3494
3495	nadeel (het)	disadvantage	inconvénient	Nachteil	dezavantaj	3495
3496	boten	boats	bateaux	Schiffe	botlar	3496
3497	dat lag voor de hand = dat was logisch					3497
3498	aangezien	since	vu que	weil	(dan) dolayı	3498
3499	ideale	ideal	idéaux	ideale	ideal	3499
3500	transport (het)	transportation	transport	Transport	nakliye	3500
3501	technieken	techniques	techniques	Techniken	teknikler	3501
3502	vervaardigden	made	fabriquaient	fertigten	kıymet verdiler	3502
3503	kijkers	telescopes	jumelles	Fernglas	dürbün	3503
3504	instrumenten	instruments	instruments	Instrumente	enstrümanlar	3504
3505	vaardigheden	skills	aptitudes	Fertigkeiten	beceriler	3505
3506	verspreidden zich	spread	se répandirent	verbreiteten	yayıldılar	3506
3507	konden	were able	pouvaient	konnten	yapabildiler	3507
3508	bleven	remained	restaient	blieben	kaldılar	3508
3509	kochten	bought	achetaient	kauften	satınaldılar	3509
3510	graan (het)	grain, corn	blé	Getreide	tohum	3510
3511	Polen	Poland	Pologne	Polen	Polonya	3511
3512	Scandinavië	Scandinavia	Scandinavie	Skandinavien	Iskandinavya	3512
3513	verkochten	sold	vendaient	verkauften	sattılar	3513
3514	zout (het)	salt	sel	Salz	tuz	3514
3515	wijn (de)	wine	vin	Wein	şarap	3515
3516	wereldzeeën	oceans	océans	Weltmeere	dünya denizleri	3516
3517	Azië	Asia	Asie	Asien	Asya	3517
3518	peper (de)	pepper	poivre	Pfeffer	biber	3518
3519	kruiden	spices	épices	Kräutern	baharatlar	3519
3520	kwamen (bij)	were added	vinrent	kamen	eklemek	3520
3521	katoen (het)	cotton	coton	Baumwolle	yün	3521
3522	zijde (de)	silk	soie	Seide	ipek	3522
3523	goud (het)	gold	or	Gold	altın	3523
3524	cacao (de)	cacao	cacao	Kakao	kakao	3524
3525	routes	routes	routes	Routen	rotalar	3525
3526	vers	fresh	fraiche	frische	taze	3526
3527	voedsel (het)	food	nourriture	Lebensmittel	gıda	3527
3528	in slaan	stock up on	s'approvisionner en	eindecken	depolamak	3528
3529	bewaren	store	garder	konservieren	saklamak	3529
3530	vraag (de)	demand	demande	Nachfrage	talep	3530
3531	vestigingen	settlements	établissements	Niederlassungen	yerleşme, sömürge	3531
3532	India	India	Inde	Indien	hindistan	3532
3533	koloniale	colonial	colonial	koloniales	koloni	3533
3534	musea	museums	musées	Museen	müzeler	3534
3535	schilderijen	paintings	peintures	Malereien	tablolar	3535
3536	immigratie (de)	immigration	immigration	Einwanderung	göç	3536
3537	bijdrage (de)	contribution	contribution	Beitrag	pay, yardım	3537
3538	ontwikkeling (de)	development	développement	Entwicklung	gelişme	3538
3539	vluchtelingen	refugees	réfugiés	Flüchtlinge	mülteciler	3539
3540	immigranten	immigrants	immigrants	Immigranten	göçmenler	3540
3541	joden	Jews	juifs	Juden	yahudiler	3541
3542	Portugal	Portugal	Portugal	Portugal	portekız	3542
3543	komst (de)	arrival	venue	Ankunft	geliş	3543
3544	stimuleerde	stimulated	stimula	stimulierte	teşvik etmek	3544
3545	geestelijk	spiritual	intellectuelle	geistige	ruhani, dini	3545

De Gouden Eeuw

In de zeventiende eeuw _____ het de Hollanders voor de wind. _____ eeuw heet daarom ook wel de Gouden Eeuw. _____ de 16de eeuw was het land nog voornamelijk _____ , maar eind 17de eeuw was het een van _____ rijkste landen van de wereld. Hoe verklaren we _____ snelle groei? Volgens Johan Cruijff, Nederlands bekendste voetballer, _____ elk nadeel z'n voordeel. En dat geldt _____ alleen voor voetballen. Al dat water was een _____ nadeel, maar de Hollanders leerden wel boten bouwen. _____ lag voor de hand, aangezien de rivieren ideale _____ waren. Ze ontwikkelden nieuwe technieken en vervaardigden betere _____ , snellere schepen, kijkers en andere instrumenten. Nieuwe kennis _____ vaardigheden verspreidden zich snel. De Hollanders konden de _____ op. Eerst bleven ze binnen Europa. Ze kochten _____ in Polen en Duitsland en hout in Scandinavië. _____ verkochten ze in Zuid-Europa, waar ze zout _____ wijn kochten. Spoedig gingen ze de wereldzeeën op. _____ handel op Afrika en Azië begon met peper _____ andere kruiden. Later kwamen daar katoen, zijde en _____ bij, en nog later koffie, thee en cacao. _____ de routes kwamen handelsposten om vers voedsel in _____ slaan en goederen te bewaren. Als er vraag _____ werd alles weer verkocht. Met deze vestigingen, in _____ , India, Indonesië en Zuid-Amerika, legden de _____ de basis voor hun koloniale rijk. Ze verdienden _____ , zoals je kunt zien aan de huizen van _____ kooplui. In Amsterdam, maar ook in Middelburg, Delft _____ Hoorn. Over de hele wereld hangen in musea _____ schilderijen die ze van zichzelf lieten maken. Immigratie _____ een grote bijdrage geleverd aan de ontwikkeling van _____ land. In die tijd kwamen veel vluchtelingen en _____ naar Nederland. Protestanten uit België en Frankrijk, joden _____ Spanje en Portugal. Vaak met een goede opleiding _____ dikwijls ook met geld. Hun komst stimuleerde het _____ , economisch en geestelijk leven. Op de vraag hoe _____ zich zo snel heeft kunnen ontwikkelen zou je _____ kunnen antwoorden: dankzij het water en dankzij de _____ .

Geef antwoord

1. Al dat water in Holland: een nadeel én een voordeel. Leg uit.
2. Om welke redenen heet de 17de eeuw de Gouden Eeuw?
3. Leg aan de hand van de kaart bij deze tekst uit hoe graan, hout, peper, katoen en koffie in Nederland terecht kwamen.
4. In de 17de eeuw liet men met huizen en schilderijen zien dat men goed verdiende. Waaraan zie je dat tegenwoordig?
5. Wat was de rol van de immigranten bij de snelle groei?

Grammatica (19)

zich	zichzelf
Kennis **verspreidde zich** snel.	Ze lieten schilderijen van **zichzelf** en hun echtgenotes maken.
Zo **ontwikkelde** Holland **zich**.	
Ik **vraag me af** hoe dat kan.	Koop je dat voor mij of voor **jezelf**?
Hebt u **zich** dat **gerealiseerd**?	Ken uw beperkingen! Ken **uzelf**!
Herinner je **je** dat restaurant nog?	Wij zorgen voor anderen en voor **onszelf**.

Vul in

Johan Cruijff, Nederlands ____ voetballer, zei: elk nadeel ____ z'n voordeel. Dat geldt ook ____ al dat water in ____ . De rivieren waren ideale transport____ en dus leerden de Hollanders ____ bouwen. Nieuwe technieken werden ____ . Al die nieuwe kennis verspreidde ____ snel. Ze kochten graan in Polen. Of in Duitsland? Dat herinner ik ____ niet meer precies. Later gingen ze ook ____ Afrika en Azië. Ze kochten veel ____ , en als er ____ was verkochten ____ alles weer door. Ze verdienden ____ . Dat kun je nog ____ aan de huizen van de kooplui en aan de ____ die ze van ____ lieten maken.

Twee aan twee

Kent uw land ook een 'Gouden Eeuw'? Wanneer was dat? Hoe verklaart u dat succes?

De wereldzeeën op

Geef antwoord

1 De Hollanders konden de zee op. Vertel waar ze naartoe gingen, binnen en buiten Europa, en welke producten ze mee naar huis brachten.
2 Waar dienden die handelsposten voor?
3 Konden ze dat voedsel niet uit Nederland meenemen?
4 Het woord 'peperduur' betekent: 'erg duur'. Kunt u dat uitleggen?
5 Uit welke landen kwamen de immigranten vroeger? En nu?

mogelijkheden tot	Ze zagen **mogelijkheden tot** handel.
beschikken over	Ze **beschikten over** goede boten.
beginnen met	De handel **begon met** peper.
gelden voor	Dat **geldt** ook **voor** zout en koffie.
zien aan	Dat kun je **aan** de prachtige huizen zien.
handel op	De **handel op** Scandinavië ging om hout.
streven naar	Ze **streefden naar** winst.
de basis voor	Ze legden **de basis voor** het koloniale rijk.

Vul in

Nederlandse kooplui zagen mogelijkheden ____ handel over water. Ze ____ met handel binnen Europa. Maar ____ gingen ze de ____ op. Met de handel ____ Afrika en Azië konden ze nog meer ____ , dachten ze. Beschikten ze wel ____ de juiste kaarten? Ja, de technieken om kaarten te ____ ontwikkelden zich snel. En dat ____ ook voor kijkers en andere instrumenten ____ ze nodig hadden. Aan de pijlen op de ____ kun je zien waar ze ____ gingen. Streefden de Hollanders ____ een koloniaal rijk? In het begin niet, maar ze legden daar wel de basis ____ .

Grammatica (19)

Ik voel **me** thuis.	**Ik** zorg voor **mezelf**.
Jij voelt **je** thuis.	**Jij** zorgt voor **jezelf**.
U voelt **zich** thuis.	**U** zorgt voor **uzelf/zichzelf**.
Hij/zij voelt **zich** thuis.	**Hij/zij** zorgt voor **zichzelf**.
Wij voelen **ons** thuis.	**Wij** zorgen voor **onszelf**.
Jullie voelen **je** thuis.	**Jullie** zorgen voor **jezelf/jullie zelf**.
Zij voelen **zich** thuis.	**Zij** zingen voor **zichzelf**.

Les 23 Wie betaalt voor het gebroken been?

Hoe worden de ziektekosten betaald in Nederland? Zijn er gratis *voorzieningen*, betaald van de belastingen? Of verzekert iedereen zich *apart* uit eigen *zak? Geen van beide*. In Nederland betaalt iedereen *premie*, maar lage *inkomens*, zieken en *werklozen* krijgen geld terug van de belastingen.

Het oude stelsel was aan *vernieuwing* toe. Het werkte zo: alle *werknemers staan* een deel van hun *loon* of salaris *af*, de *werkgevers voegen* daar een *fors* bedrag aan *toe*, en dit alles wordt *gestort* in *ziekenfondsen*. Twee derde van de bevolking kan zich *aansluiten* bij zo'n fonds, en krijgt de zorg betaald door de *gemeenschap*. Omdat de kosten niet meer *op* te *brengen* zijn, *pleiten* velen voor *wijziging*. Vanaf 2006 is er dan inderdaad een nieuw stelsel.

Dit stelsel *houdt in* dat iedereen *apart* een basisverzekering koopt bij een particuliere maatschappij, en ook zelf *premie* betaalt. *Diverse* bedrijven sluiten een *collectief contract* met een *zorgverzekeraar*, dat kan goedkoper zijn. Werkgevers betalen per werknemer een extra bijdrage. Lage *inkomens* (o.a. studenten) krijgen een *zorgtoeslag* om hun premie te betalen. Wie een *werkeloosheids*uitkering heeft, of van een andere uitkering leeft, komt *evenmin* in de problemen. Die krijgt een deel van de premie terug.

De basisverzekering *verstrekt* basisvoorzieningen: o.a. huisarts, ziekenhuis, medicijnen, de pil tot 21 jaar. Wie een *uitgebreid pakket* wil sluit een *aanvullende* verzekering, en betaalt meer premie. Wie een jaar lang geen zorg nodig heeft krijgt no-claimkorting, wie gezond is neemt een eigen *risico*. *Letten* de mensen hierdoor beter op hun *gezondheid*? Wie *onverstandig* eet, veel *rookt*, nooit *sport* en dan ziek wordt, of wie veel risico's neemt en een *gebroken been* krijgt, is daar toch zelf *schuldig* aan? Wat is uw *oordeel*?

Al met al een ingewikkeld systeem! Men hoopt dat de kosten zullen dalen, doordat verzekeraars met elkaar gaan concurreren, en de mensen beter gaan nadenken over de kosten. Maar sommigen gaat de vernieuwing niet ver genoeg. Zij vinden het *onbegrijpelijk* dat men zelf niet meebetaalt aan medicijnen of behandeling. Zonder voedsel *sterf* je ook, *stellen* zij, en je betaalt je eten toch ook zelf? Vindt u dit een *redelijk* voorstel?

Let op: De woorden op deze bladzijde staan niet in de juiste volgorde.

3546	voorzieningen	services	équipements	Einrichtungen	önlemler	3546
3547	zich verzekeren	insure	s'assurer	sich versichern	sigortalamak	3547
3548	geen van beide	neither	aucun des deux	keins von beidem	ikisi de degil	3548
3549	zorgverzekeraar = verzekeringsmaatschappij					3549
3550	houdt in	entails	implique	beinhaltet	kapsar	3550
3551	premie (de)	contribution	cotisation	Beitrag	prim	3551
3552	werknemers	employees	employés	Arbeitnehmer	işçiler	3552
3553	staan af	hand over	cèdent	geben ab	verirler	3553
3554	loon (het)	pay	salaire	Lohn	maaş	3554
3555	werkgevers	employers	employeurs	Arbeitgeber	işverenler	3555
3556	voegen toe (aan)	add	ajoutent	fügen zu	eklerler	3556
3557	fors	hefty	fort	stattlichen	saşlam	3557
3558	ziekenfondsen	national health services	assurance maladie	Krankenkassen	hastalık fonları	3558
3559	gestort	deposited	versé	eingezahlt	ödendi	3559
3560	zich aansluiten (bij)	join	adhèrent	beitreten	kayıt olmak	3560
3561	inkomen (het)	income	revenu	Einkommen	gelirler	3561
3562	evenmin	neither	non plus	genauso wenig	dahi degil	3562
3563	collectief	collective	collectif	gemeinschaftlichen	kolektif	3563
3564	contract (het)	contract	contrat	Vertrag	kontrat	3564
3565	maatschappij (de)	company	société	Gesellschaft	kurum, sigorta	3565
3566	werklozen	unemployed	chômeurs	Arbeitslose	işsizler	3566
3567	werkeloosheid (de)	unemployment	chômage	Arbeitslosigkeit	işsizlik	3567
3568	al met al	all in all	somme toute	alles in allem	hepsi birden	3568
3569	op brengen	summon	payer	aufbringen	kar getirmek	3569
3570	verstrekt	provides with	procure	bietet an	saşlar	3570
3571	uitgebreid	extensive	étendue	umfassendes	yaygınlaştırılmış	3571
3572	pakket (het)	package	liste	Paket	paket	3572
3573	zorgtoeslag = geld om de premie te betalen					3573
3574	diverse	various	diverses	verschiedene	çeşitli	3574
3575	aanvullende = extra					3575
3576	pleiten (voor)	plead	plaident	plädieren	üzerinde tartışmak	3576
3577	wijziging (de)	alteration	changement	Änderung	deşişiklik	3577
3578	zak (de)	pocket	poche	Tasche	torba	3578
3579	uit eigen zak betalen = zelf betalen					3579
3580	apart	individually	à part	gesondert	ayrı	3580
3581	onbegrijpelijk	incomprehensible	incompréhensible	unbegreiflich	anlaşılmaz	3581
3582	sterf	die	meurt	stirbst	ölür	3582
3583	stellen	argue	affirment	behaupten	ileri sürmek, iddia etmek	3583
3584	gezondheid (de)	health	santé	Gesundheit	saşlık	3584
3585	letten (op)	watch	font attention	aufpassen	dikkat etmek	3585
3586	onverstandig	unwise	déraisonnablement	unvernünftig	anlamsız	3586
3587	rookt	smokes	fume	raucht	sigara içer	3587
3588	sport	exercises	fait du sport	Sport macht	spor	3588
3589	schuldig (aan)	to blame	coupable	schuld	suçlu	3589
3590	risico's	risks	risques	Risikos	riskler	3590
3591	redelijk	reasonable	raisonable	angemessen	uygun	3591
3592	gemeenschap (de)	community	société	Gemeinschaft	topluluk	3592
3593	gebroken	broken	cassé	gebrochene	kırılmış	3593
3594	been (het)	leg	jambe	Bein	bacak	3594
3595	vernieuwing (de)	modernization	rénovation	Erneuerung	yenileme	3595
3596	oordeel (het)	judgment	jugement	Urteil	yargı	3596
3597	is aan vernieuwing toe = moet vernieuwd worden					3597
	no-claimkorting = korting voor wie geen zorg nodig heeft					

Wie betaalt voor het gebroken been?

Hoe worden de ziektekosten betaald in Nederland? Zijn er _____ voorzieningen, betaald van de belastingen? Of verzekert _____ zich apart uit eigen zak? Geen van _____ . In Nederland betaalt iedereen premie, maar lage _____ , zieken en werklozen krijgen geld terug van _____ belastingen. Het oude stelsel was aan vernieuwing _____ toe. Het werkte zo: alle werknemers _____ een deel van hun loon of _____ af, de werkgevers voegen daar een fors bedrag _____ toe, en dit alles wordt gestort in ____. Twee derde van de bevolking kan zich _____ bij zo'n fonds, en krijgt de zorg betaald _____ de gemeenschap. Omdat de kosten niet meer _____ te brengen zijn, pleiten velen voor wijziging. _____ 2006 is er dan inderdaad een nieuw stelsel. _____ stelsel houdt in dat iedereen apart een basisverzekering _____ bij een particuliere maatschappij, en ook zelf _____ betaalt. Diverse bedrijven sluiten een collectief contract _____ een zorgverzekeraar, dat kan goedkoper zijn. Werkgevers _____ per werknemer een extra bijdrage. Lage inkomens (o.a. _____) krijgen een zorgtoeslag om hun premie te betalen. _____ een werkeloosheidsuitkering heeft, of van een andere uitkering _____ , komt evenmin in de problemen. Die krijgt een _____ van de premie terug. De basisverzekering verstrekt basisvoorzieningen: o.a. _____ , ziekenhuis, medicijnen, de pil tot 21 jaar. Wie een _____ pakket wil sluit een aanvullende verzekering, en betaalt _____ premie. Wie een jaar lang geen zorg nodig _____ krijgt no-claimkorting, wie gezond is neemt een eigen _____ . Letten de mensen hierdoor beter op hun _____ ? Wie onverstandig eet, veel rookt, nooit sport en _____ ziek wordt, of wie veel risico's neemt en een _____ been krijgt, is daar toch zelf schuldig aan? _____ is uw oordeel? Al met al een ingewikkeld _____ ! Men hoopt dat de kosten zullen dalen, doordat _____ met elkaar gaan concurreren, en de mensen beter _____ nadenken over de kosten. Maar sommigen gaat de vernieuwing _____ ver genoeg. Zij vinden het onbegrijpelijk dat _____ zelf niet meebetaalt aan medicijnen of behandeling. Zonder _____ sterf je ook, stellen zij, en je betaalt ____ eten toch ook zelf? Vindt u dit een _____ voorstel?

Geef antwoord

1 Welke drie manieren om de ziektekosten te betalen worden in de eerste alinea genoemd? Hoe gebeurt het in uw land?
2 Waarom moest het stelsel gewijzigd worden, en wat moest er veranderen?
3 Zijn alle mensen die niet werken, sociaal verzekerd?
4 Hoe werkt een 'eigen risico'?
5 Wat houdt dat in, 'op je gezondheid letten'?

Grammatica (17)

	2		↓
Werknemers	**staan**	een deel van hun loon	**af**
Werkgevers	**voegen**	daar een bedrag aan	**toe**
Veel Nederlanders	**sluiten**	zich bij een fonds	**aan**
Hoe	**brengen**	we al deze kosten	**op?**

Vul in

Het nieuwe verzekeringsstelsel, wat h____ dat eigenlijk ____ ? Vroeger stonden mensen ____ werkten een stuk salaris ____ , en dat werd in een fonds ____ . De ____ voegden er nog wat aan ____ . Dat fonds ____ de medische ____ voor wie ziek werd. Twee derde van de bevolking sloot zich ____ bij zo'n fonds. Die kosten waren niet meer op te ____ ! Nu ____ de mensen zelf op zoek naar een verzekering, en betalen zelf ____ . En wie van een ____ leeft? Die kan dat toch niet betalen, neem ik ____ ? Nee, die krijgt een deel van de premie ____ . En wie niet tevreden is met het ____ aan voorzieningen dat de basisverzekering ver____ ? Die verzekert zich maar bij!

Opdracht

Een speciale verzekering voor mensen die op hun gezondheid letten: bedenk argumenten vóór en tegen.

Les 24

Als haringen in een ton

- We hebben het *dichtste* treinen*net* van Europa. Alle steden en veel dorpen hebben een station. Toch *verliest* de trein *het* van de auto. Nog geen 10% van alle *reiziger*skilometers wordt per trein *afgelegd*. *Snap* jij dat?

- De meeste afstanden zijn nogal kort. De trein is dan eigenlijk niet zo'n geschikt *vervoermiddel*. *Bussen* en *trams* zijn handiger. Die kunnen bij meer *haltes* stoppen, tot in de woonwijken. Maar bussen rijden vooral binnen de *bebouwde* kom. Van de ene stad naar de andere moet je de trein nemen. Of de auto natuurlijk. Waarom rijden daar niet meer bussen?

- Omdat die *spoorrails* er nu eenmaal liggen, *veronderstel* ik. Trouwens, niet alle afstanden zijn zo kort. De trein Maastricht-Amsterdam *legt* wel 217 kilometer *af*.

- Ach, *onzin*! Die lijn *doet* een heleboel steden *aan*. Het zijn eigenlijk allemaal korte *trajecten* achter elkaar. Die *doorgaande verbindingen* zorgen juist voor al die *vertragingen*. Als er op één traject iets *mis* is, dan loopt de zaak verderop ook in 't honderd.

- Niet zo *negatief*! Volgens de Nederlandse *Spoorwegen rijdt* 80% van de treinen op tijd. En bij ernstige vertragingen krijg je je geld terug. Je moet dan wel even een *formulier* invullen.

- De NS wil op drukke lijnen een metrosysteem *invoeren*. Dat is toch het *bewijs* dat ik gelijk heb? Treinen die met een hoge *frequentie heen en weer* rijden over korte trajecten geven minder vertraging. Je moet *vaker overstappen*, maar de *aansluitingen* zijn beter. Je zult zien, straks is de HSL, de *hogesnelheidslijn Parijs*-Amsterdam, de enige doorgaande lijn in de Randstad.

- Metrotreinen, wat 'n idee! *Wie weet* hebben we dan meer ruimte voor onze lange benen. We zijn de langste mensen van Europa!

- Nou *man*, voordat ik *vaste klant* word van de NS moet er nog heel wat gebeuren. Kunnen ze dat *vreselijke mobiele getelefoneer* niet *verbieden*?

- Er zijn *coupés* waar je niet mag praten. Niks voor jou?

- Maar die zitten *tjokvol* met studenten! Sinds gratis openbaar *vervoer* deel uitmaakt van hun *studiebeurs* gaan ze allemaal tegelijk met de trein naar *college*. Als *haringen* in een *ton*: jij liever dan ik!

3598	dichtste	densest	le plus dense	dichteste	en sıkı	3598
3599	net (het)	network	réseau	Netz	aş	3599
3600	verliest het (van)	loses ground	le perd	verlieren gegen	oradan ayrılır	3600
3601	reiziger (de)	traveller	voyageur	Reisender	yolcu	3601
3602	afgelegd	travelled	parcourus	zurückgelegt	katedildi	3602
3603	snap	do understand	comprends	begreifst	anlamak	3603
3604	vervoermiddel (het)	means of transport	moyen de transport	Verkehrsmittel	vasıta	3604
3605	bussen	buses	bus	Busse	otobüsler	3605
3606	trams	trams	tramways	Straßenbahnen	tramvaylar	3606
3607	haltes	stops	arrêts	Haltestellen	duraklar	3607
3608	bebouwde	built-on	urbanisé	bebauten	inşa edilmiş	3608
3609	bebouwde kom = gebied binnen de stad of het dorp					3609
3610	spoorrails (de)	rails	rails	Eisenbahnschienen	raylar	3610
3611	veronderstel	suppose	présume	nehme an	sanıyor	3611
3612	legt af	covers	parcourt	legt zurück	mesafe kateder	3612
3613	onzin (de)	nonsense	c'est absurde	Unsinn	saçma	3613
3614	doet aan	stops at	s'arrête dans	fährt an	geçiyor	3614
3615	trajecten	sections	trajets	Etappen	rotalar	3615
3616	doorgaande	through	directs	durchgehenden	durmadan geçip giden	3616
3617	verbindingen	connections	liaisons	Verbindungen	başlantılar	3617
3618	vertragingen	delays	retards	Verspätungen	gecikmeler	3618
3619	mis	wrong	ne va pas	fehlgeschlagen	yanlış	3619
3620	loopt de zaak in 't honderd = loopt de zaak helemaal verkeerd					3620
3621	negatief	negative	négatif	negativ	negatif	3621
3622	spoorwegen	railways	chemins de fer	Bahn	trenyolları	3622
3623	rijdt	runs	roule	fährt	gider	3623
3624	formulier (het)	form	formulaire	Formular	form	3624
3625	invoeren	introduce	établir	einführen	yerleştirmek	3625
3626	bewijs (het)	proof	preuve	Beweis	kanıt	3626
3627	frequentie (de)	frequency	fréquence	Frequenz	frekans	3627
3628	heen en weer	back and forth	aller et retour	hin und her	gidiş geliş	3628
3629	vaker	more often	plus souvent	öfter	sıklıkla	3629
3630	overstappen	transfer	changer	umsteigen	deşiştirme	3630
3631	aansluitingen	connections	correspondances	Anschlüsse	başlantılar	3631
3632	hogesnelheidslijn (de)	high-speed train	train à grande vitesse	Hochgeschwindigkeitsstrecke	hızlı hat	3632
3633	Parijs	Paris	Paris	Paris	Paris	3633
3634	wie weet	who knows	qui sait	vielleicht	kim bilir	3634
3635	man!	'mate' 'dude'	mon vieux	Mensch	adam	3635
3636	vaste	regular	fidèle	fester	sabit, devamlı	3636
3637	klant (de)	customer	client	Kunde	müşteri	3637
3638	vreselijke	horrible	terrible	schreckliche	korkunç	3638
3639	mobiele	mobile	mobile	mobile	mobil	3639
3640	getelefoneer (het)	telephoning	téléphoner	Telefonieren	telefonlaşma	3640
3641	verbieden	forbid	interdire	verbieten	yasaklamak	3641
3642	coupés	compartments	compartiments	Abteile	bölümler	3642
3643	niks voor jou? = vind je dat geen goed idee?					3643
3644	tjokvol	chock-full	bourré	gerammelt voll	dopdolu	3644
3645	vervoer (het)	transportation	transport	Transport	vasıta	3645
3646	studiebeurs (de)	study grant	bourse d'études	Stipendium	eşitim bursu	3646
3647	college (het)	lectures	cours	Vorlesung	seminer, kolej	3647
3648	haringen	herrings	harengs	Heringe	ringa balışı	3648
3649	ton (de)	barrel	tonneau	Tonnen	fıçı	3649
3650	als haringen in een ton = erg vol					3650
3651	Jij liever dan ik! = Wil jij dat? Ik niet!					3651

Als haringen in een ton

- We hebben het _____ treinennet van Europa. Alle steden en veel dorpen _____ een station. Toch verliest de trein het van _____ auto. Nog geen 10% van alle reizigerskilometers wordt _____ trein afgelegd. Snap jij dat?

- De meeste afstanden _____ nogal kort. De trein is dan eigenlijk niet _____ geschikt vervoermiddel. Bussen en trams zijn _____ . Die kunnen bij meer haltes stoppen, tot in _____ woonwijken. Maar bussen rijden vooral binnen de bebouwde _____ . Van de ene stad naar de andere moet _____ de trein nemen. Of de auto natuurlijk. Waarom _____ daar niet meer bussen?

- Omdat die spoorrails er _____ eenmaal liggen, veronderstel ik. Trouwens, niet alle afstanden _____ zo kort. De trein Maastricht-Amsterdam legt wel _____ kilometer af. - Ach, onzin! Die lijn doet een _____ steden aan. Het zijn eigenlijk allemaal korte trajecten _____ elkaar. Die doorgaande verbindingen zorgen juist voor al _____ vertragingen. Als er op één traject iets mis _____ , dan loopt de zaak verderop ook in 't _____ . - Niet zo negatief! Volgens de Nederlandse Spoorwegen rijdt _____ van de treinen op tijd. En bij ernstige _____ krijg je je geld terug. Je moet dan _____ even een formulier invullen. - De NS wil op _____ lijnen een metrosysteem invoeren. Dat is toch het _____ dat ik gelijk heb? Treinen die met een _____ frequentie heen en weer rijden over korte trajecten _____ minder vertraging. Je moet vaker overstappen, maar de _____ zijn beter. Je zult zien, straks is de _____ , de hogesnelheidslijn Parijs-Amsterdam, de enige doorgaande lijn _____ de Randstad. - Metrotreinen, wat 'n idee! Wie weet _____ we dan meer ruimte voor onze lange benen. _____ zijn de langste mensen van Europa! - Nou man, _____ ik vaste klant word van de NS moet _____ nog heel wat gebeuren. Kunnen ze dat vreselijke _____ getelefoneer niet verbieden? - Er zijn coupés waar je _____ mag praten. Niks voor jou?

- Maar die zitten _____ met studenten! Sinds gratis openbaar vervoer deel uitmaakt _____ hun studiebeurs gaan ze allemaal tegelijk met de _____ naar college. Als haringen in een ton: jij _____ dan ik!

Geef antwoord

1 Waarom is de trein niet zo geschikt voor korte afstanden?
2 Wat is voor u het handigste vervoermiddel binnen de bebouwde kom?
3 Wat houdt het metro-systeem in? Ziet u ook nadelen?
4 Mobiel bellen in de trein, moet dat verboden worden?
5 Wat zijn uw ervaringen met de Nederlandse Spoorwegen?

Grammatica (17)

Vul het formulier **in** en **stuur** het **op**.
Zorgt u er alstublieft voor **dat** u alles **invult**!
Maar dat **heb** ik gisteren ook al **ingevuld**!
Je **moet** hier zoveel formulieren **invullen**!
Vroeger **hoefde** ik niet zoveel **in te vullen**!

Vul in

Hoewel we het _____ treinennet van Europa hebben, l_____ we toch maar weinig kilometers per trein _____ . Van de _____ stad naar de _____ nemen we liever de auto. _____ jij hoe dat komt? Dat komt doordat de _____ hier nogal kort zijn, _____ ik. Behalve de trein Maastricht-Amsterdam, die wel 217 kilometer _____ . Maar weet je wel dat die een heleboel steden _____ ? De NS is van plan om een metrosysteem in _____ voeren. Dan komt er een eind aan al die v_____ . Je stapt vaker _____ , maar de treinen s_____ beter op elkaar aan. Dat neemt men tenminste _____ !

In groepjes van drie

Eén cursist stelt vragen aan een andere cursist over het treinsysteem in zijn/haar land. De derde cursist noteert de antwoorden, en vertelt de hoofdzaken aan de hele groep.

Les 25 Over de helft

Beste lezer,

Je kent nu tegen de drieëndertighonderd (3300) woorden. En wie weet nog veel meer. Want natuurlijk lees je ook af en toe de krant, en luister je naar het nieuws. En je kijkt alleen maar naar films op de tv met Nederlandse vertalingen eronder – in dit verband ook wel 'ondertitels' genoemd. Je weet allang dat je door middel van (d.m.v.) teletekst pagina 888 ook Nederlandse tv-programma's van ondertitels kunt voorzien! Best handig!

Het bijzondere van deze tekst is dat je hem kunt lezen zonder ook maar één nieuw woord op te zoeken. Er komen wel een paar vaste uitdrukkingen in voor, die staan hiernaast, maar de woorden daarin ken je al. En, mocht een woord je niet bekend voorkomen, dan weet je wat je te doen staat. Precies, opzoeken achter in dit boek of in Het groene boek. Dat heeft de docent je uiteraard al haarfijn uitgelegd. Wat zeg je? 'Haarfijn' is een nieuw woord? Ja, je hebt gelijk, neem me niet kwalijk. 'Haarfijn' betekent 'precies'.

Je bent nu over de helft van dit boek. Zeg eens, met welk doel ben je aan deze cursus begonnen? Heb je dat doel al enigszins bereikt? Je hebt nog enige weken te gaan. Hoog tijd om aan je zwakke plekken te gaan werken!

Behalve veel woorden heb je ook van alles geleerd over Nederland. Je weet hoe je een verkoopster of docent aanspreekt (les 14), wat het verschil is tussen een dijk en een dam (17) en waarom Willem van Oranje vermoord werd (16). Je kent de kaart van Nederland in grote lijnen, je weet waar Almere ligt, en waarom 'Nederland' en 'Holland' voor sommigen hetzelfde betekenen (9). In een discussie over de vrijheid van onderwijs sta je niet met je mond vol tanden (8). Over polders kun je zeker twee minuten praten (12). Als iemand zich afvraagt hoe de Tweede Kamer tot stand komt, is hij bij jou aan het goede adres (13). Hollandse

3652 tegen de 3300 = bijna 3300 3652
3653 in dit verband = bij dit onderwerp 3653
3654 door middel van = met 3654
3655 van ondertitels voorzien = zorgen dat er ondertitels komen 3655
3656 zonder ook maar één = helemaal zonder 3656
3657 vaste uitdrukkingen = vaste combinaties 3657
3658 mocht een woord je niet bekend voorkomen = als een woord je niet bekend lijkt 3658
3659 wat je te doen staat = wat je moet doen 3659
3660 je hebt nog enige weken te gaan = de cursus duurt nog een paar weken 3660
3661 hoog tijd = je moet er direct mee beginnen 3661
3662 in grote lijnen = de belangrijkste zaken 3662
3663 sta je niet met je mond vol tanden = weet je wat je moet zeggen 3663
3664 is hij bij jou aan het goede adres = kan jij hem alles vertellen 3664
3665 je weet er alles van af = je weet alles erover 3665
3666 zo goed als = bijna 3666
3667 stilvallen = stoppen 3667
3668 daar heb je geen zin in = dat wil je niet 3668
3669 je hebt er schoon genoeg van = je wilt dat helemaal niet meer 3669

huiskamers (4), achternamen (10), de basisverzekering (23)? Je weet er alles van af. Je snapt ook waarom het zo goed als onmogelijk is om een huis te vinden (11). Mocht op een feestje het gesprek stilvallen, dan kun je de gasten haarfijn uitleggen waarom Amsterdam de hoofdstad van Nederland is, en niet Den Haag (3).

Wat? Daar heb je helemaal geen zin in? Je hebt er schoon genoeg van om over al die typisch Nederlandse zaken te praten? Tja. Ga dan maar gauw door naar de volgende lessen!

Duo

Kies met een andere cursist een onderwerp uit het tweede gedeelte van deze tekst, zoek de informatie in de oorspronkelijke tekst, en bereid met z'n tweeën een spreekopdracht van circa 2 minuten voor.

Over de helft

Beste lezer,
Je kent nu tegen ____ drieëndertighonderd (3300) woorden. En wie weet nog veel ____ . Want natuurlijk lees je ook af en toe ____ krant, en luister je naar het nieuws. En ____ kijkt alleen maar naar films op de tv ____ Nederlandse vertalingen eronder - in dit verband ook wel '____' genoemd. Je weet allang dat je door middel ____ (d.m.v.) teletekst pagina 888 ook Nederlandse ____ van ondertitels kunt voorzien! Best handig! ____ bijzondere van deze tekst is dat je hem ____ lezen zonder ook maar één nieuw woord op ____ zoeken. Er komen wel een paar vaste uitdrukkingen ____ voor, die staan hiernaast, maar de woorden daarin ____ je al. En, mocht een woord je niet ____ voorkomen, dan weet je wat je te doen ____ . Precies, opzoeken achter in dit boek of in ____ groene boek. Dat heeft de docent je uiteraard ____ haarfijn uitgelegd. Wat zeg je? 'Haarfijn' is een ____ woord? Ja, je hebt gelijk, neem me niet ____ . 'Haarfijn' betekent 'precies'. Je bent nu over de ____ van dit boek. Zeg eens, met welk doel ____ je aan deze cursus begonnen? Heb je dat ____ al enigszins bereikt? Je hebt nog enige weken ____ gaan. Hoog tijd om aan je zwakke plekken ____ gaan werken! Behalve veel woorden heb je ook ____ alles geleerd over Nederland. Je weet hoe je ____ verkoopster of docent aanspreekt , wat het ____ is tussen een dijk en een dam ____ waarom Willem van Oranje vermoord werd. Je ____ de kaart van Nederland in grote lijnen, je ____ waar Almere ligt, en waarom 'Nederland' en 'Holland' ____ sommigen hetzelfde betekenen. In een discussie over ____ vrijheid van onderwijs sta je niet met je ____ vol tanden. Over polders kun je zeker ____ minuten praten. Als iemand zich afvraagt hoe ____ Tweede Kamer tot stand komt, is hij bij ____ aan het goede adres. Hollandse huiskamers, ____ , de basisverzekering? Je weet er alles ____ af. Je snapt ook waarom het zo goed ____ onmogelijk is om een huis te vinden. ____ op een feestje het gesprek stilvallen, dan ____ je de gasten haarfijn uitleggen waarom Amsterdam de ____ van Nederland is, en niet Den Haag. ____ ? Daar heb je helemaal geen zin in? Je ____ er schoon genoeg van om over al die ____ Nederlandse zaken te praten? Tja. Ga dan maar ____ door naar de volgende lessen!

Geef antwoord

1 Hoe staat het met uw Nederlands? Wat zijn uw sterke punten, en wat zijn uw zwakke punten?
2 Wat doet u – buiten deze cursus om – aan uw Nederlands?
3 Ondertitels onder **Nederlandse** programma's: overbodig??

Grammatica (24)

onder de films	eronder
De vertalingen staan **onder de** films.	De vertalingen staan **eronder**.
Die staan **naast deze bladzijde**.	Die staan **hiernaast**.
De woorden **in die uitdrukkingen** zijn uitgelegd.	De woorden **daarin** zijn uitgelegd.
Je weet alles **van polders** af.	Je weet **er** alles **van** af.
Ik heb geen zin **in deze gesprekken**.	Ik heb **hier** geen zin **in**.
Je hebt genoeg **van die zaken**.	Je hebt **daar** genoeg **van**.

Vul in

Nederlandse films met de tekst ____ : best ____ ! Mocht je een zin niet goed ____ , dan kun je hem ook nog ____ . Weet je niet hoe je programma's van ondertitels kunt ____ ? Dat zal ik je eens ____ uitleggen. Door ____ van teletekst pagina 888! Weet je nu wat je te ____ staat? We zijn ____ de helft van de cursus. ____ tijd om wat meer naar de Nederlandse tv te gaan ____ ! Daar kun je veel ____ leren. Behalve de taal leer je ook ____ alles over het land. En mocht je ____ geen zin in hebben, dan kun je ____ Nederlandse speelfilms gaan kijken. Daar kun je dan ____ praten tijdens feestjes, als het gesprek ____ .

Les 26
De Verenigde Staten van Europa?

Zal er ooit sprake zijn van de Verenigde Staten van Europa, op gelijke voet met de Verenigde Staten van Amerika? De geschiedenis van de VS verschilt *wezenlijk* van die van de Europese Unie. De VS ontstonden toen 13 *Britse koloniën* zich in 1776 onafhankelijk *verklaarden*. Zij vormden *betrekkelijk* snel een politieke *eenheid*. De EU ontstond pas na de Tweede Wereldoorlog. Toen gingen zes Europese landen economisch samenwerken, in de *hoop* nieuwe *oorlogen* te voorkomen. Maar het bleven onafhankelijke staten.

Binnen de Unie zijn de *grenzen* open. Er is vrij *verkeer* van personen en goederen. Subsidies geven de *boeren zekerheid omtrent* hun inkomen, en *invoerrechten* beschermen de lidstaten tegen *concurrentie* van buiten.

Voor landen buiten de EU is het vaak *buitengewoon* moeilijk om producten naar de EU te *exporteren*. *Tegenstanders veroordelen* dit en spreken *kritisch* over '*Fort* Europa'.

"Het is *in strijd* met internationale *overeenkomsten* om landen *uit* te *sluiten* van de Europese markt! *Breek* die *tarief*muren toch *af*!"

"Maar dan *nemen* die landen met hun goedkope producten de markt *over*! Als het zover is praat je wel anders!"

"Nee hoor, ik zal de vrije handel altijd *verdedigen*. Als hun producten nou beter zijn? Laat Europa *zich* maar *bezighouden* met *industrieën* die meer *technologische* kennis *vereisen*."

Wat bestuur en beleid *betreft naderen* de EU-landen elkaar steeds meer. *Tal van* regels en wetten zijn *afkomstig* uit Brussel. *Voorts* is er een Europese *munt* die concurreert met de *dollar*. En er is een Europese Grondwet.

Politiek is de EU tot op heden geen eenheid. Internationaal *varen* de lidstaten hun eigen *koers*. Er komt een Europese president, maar die heeft weinig macht. Ook is er geen sprake van een *gezamenlijk militair optreden*, laat staan van een Europees *leger*.

De EU bestaat thans uit 25 landen, *waardoor* er wel 20 officiële talen zijn. Moet de Unie al deze talen *handhaven*, of moet zij *voortaan* een kleiner aantal 'werktalen' *hanteren*? Dat *scheelt vanzelfsprekend enorm* in de kosten! Maar welke talen zouden dat dan moeten zijn?!

3670	op gelijke voet met = even belangrijk als					3670
3671	wezenlijk	substantially	intrinsèquement	wesentlich	aslen	3671
3672	Britse	British	Britanniques	britische	Ingiliz	3672
3673	koloniën	colonies	colonies	Kolonien	koloniler	3673
3674	verklaarden	declared	déclarèrent	erklärten	açıkladılar	3674
3675	betrekkelijk	relatively	relativement	relativ	epeyce	3675
3676	eenheid (de)	unity	unité	Einheit	birlik	3676
3677	hoop (de)	objective	espoir	Hoffnung	umut	3677
3678	oorlogen	wars	guerres	Kriegen	savaşlar	3678
3679	grenzen	borders	frontières	Grenzen	sınırlar	3679
3680	verkeer (het)	movement	circulation	Verkehr	trafik	3680
3681	boeren	farmers	agriculteurs	Bauern	çiftçiler	3681
3682	zekerheid (de)	guarantee	garantie	Sicherheit	güvence	3682
3683	omtrent	concerning	concernant	bezüglich	ile ilgili	3683
3684	invoerrechten	import duties	droits d'importation	Einfuhrrechte	ithalat hakkı	3684
3685	concurrentie (de)	competition	concurrence	Konkurrenz	rekabet	3685
3686	buitengewoon	extremely	extrêmement	ungewöhnlich	sıradışı	3686
3687	exporteren	export	exporter	exportieren	ihracat etmek	3687
3688	tegenstanders	opponents	adversaires	Gegner	karşı olanlar	3688
3689	veroordelen	condemn	condamnent	verurteilen	yargılamak	3689
3690	kritisch	critically	de manière critique	kritisch	kritik	3690
3691	fort (het)	fortress	fort	Festung	kale	3691
3692	in strijd (met)	contrary to	contraire à	verstößt	çatışmada	3692
3693	overeenkomsten	agreements	accords	Übereinkommen	anlaşmalar	3693
3694	uit sluiten (van)	exclude	exclure	ausschließen	dışında bırakmak	3694
3695	breek af	tear down	romps	reiß nieder	kırmak	3695
3696	tarief (het)	tariff	tarif	Tarif	gümrük	3696
3697	nemen over	take over	prendrent	übernehmen	devralmak	3697
3698	verdedigen	defend	défendre	verteidigen	savunmak	3698
3699	zich bezighouden (met)	occupy itself	s'occuper	beschäftigen	meşgul olmak	3699
3700	industrieën	industries	industries	Industrien	endüstriler	3700
3701	technologische	technological	technologiques	technologische	teknolojik	3701
3702	vereisen	require	exigent	verlangen	talep etmek	3702
3703	wat betreft	with regard to	en ce qui concerne	was betrifft	ile ilgili	3703
3704	naderen	come together	rapprochent	nähern	yaklaşmak	3704
3705	tal van	numerous	nombre de	zahlreiche	bir sürü	3705
3706	afkomstig (uit)	originating	originaires	kommen aus	kökenli	3706
3707	voorts	furthermore	ensuite	ferner	bundan başka	3707
3708	munt (de)	currency	pièce de monnaie	Münze	madeni para	3708
3709	dollar (de)	dollar	dollar	Dollar	dolar	3709
3710	tot op heden = tot nu toe					3710
3711	varen	pursue	suivent	fahren	ilerlemek	3711
3712	koers (de)	course	ligne	Kurs	yön	3712
3713	gezamenlijk	collective	collective	gemeinsamen	birlikte	3713
3714	militair	military	militaire	militärischen	askeri	3714
3715	optreden (het)	action	intervention	Vorgehen	davranışlar	3715
3716	laat staan = en helemaal niet					3716
3717	leger (het)	army	armée	Armee	ordu	3717
3718	waardoor	as a result of which	ce qui fait que	wodurch	vasıtasıyle	3718
3719	handhaven	maintain	maintenir	beibehalten	muhafaza etmek	3719
3720	voortaan	from now on	désormais	künftig	bundan böyle	3720
3731	hanteren	employ	utiliser	arbeiten	uygulamak	3731
3742	scheelt	reduce	fait une différence	macht Unterschied	farkeder	3742
3753	vanzelfsprekend	of course	évidemment	selbstverständlich	tabii ki	3753
3724	enorm	greatly	énorme	enormen	çok fazla	3724

De Verenigde Staten van Europa?

Zal er ooit _____ zijn van de Verenigde Staten van Europa, op _____ voet met de Verenigde Staten van Amerika? De _____ van de VS verschilt wezenlijk van die van _____ Europese Unie. De VS ontstonden toen 13 Britse _____ zich in 1776 onafhankelijk verklaarden. Zij vormden betrekkelijk _____ een politieke eenheid. De EU ontstond pas na _____ Tweede Wereldoorlog. Toen gingen zes Europese landen economisch _____ , in de hoop nieuwe oorlogen te voorkomen. Maar _____ bleven onafhankelijke staten. Binnen de Unie zijn de _____ open. Er is vrij verkeer van personen en _____ . Subsidies geven de boeren zekerheid omtrent hun inkomen, _____ invoerrechten beschermen de lidstaten tegen concurrentie van buiten. _____ landen buiten de EU is het vaak buitengewoon _____ om producten naar de EU te exporteren. Tegenstanders _____ dit en spreken kritisch over 'Fort Europa'. "Het _____ in strijd met internationale overeenkomsten om landen uit _____ sluiten van de Europese markt! Breek die tariefmuren _____ af!" "Maar dan nemen die landen met hun _____ producten de markt over! Als het zover is _____ je wel anders!" "Nee hoor, ik zal de _____ handel altijd verdedigen. Als hun producten nou beter _____ ? Laat Europa zich maar bezighouden met industrieën die _____ technologische kennis vereisen." Wat bestuur en beleid betreft _____ de EU-landen elkaar steeds meer. Tal van _____ en wetten zijn afkomstig uit Brussel. Voorts is _____ een Europese munt die concurreert met de dollar. _____ er is een Europese Grondwet. Politiek is de _____ tot op heden geen eenheid. Internationaal varen de _____ hun eigen koers. Er komt een Europese president, _____ die heeft weinig macht. Ook is er geen _____ van een gezamenlijk militair optreden, laat staan van _____ Europees leger. De EU bestaat thans uit 25 _____ , waardoor er wel 20 officiële talen zijn. Moet _____ Unie al deze talen handhaven, of moet zij _____ een kleiner aantal 'werktalen' hanteren? Dat scheelt vanzelfsprekend _____ in de kosten! Maar welke talen zouden dat _____ moeten zijn?!

Geef antwoord

1. Hoe zijn de VS ontstaan? En hoe is de EU ontstaan?
2. Zal er ooit sprake zijn van de Verenigde Staten van Europa?
3. Wat bedoelen de tegenstanders van de EU met 'Fort Europa'?
4. 'Tal van wetten zijn afkomstig uit Brussel'. Wat wordt er bedoeld met 'Brussel'?
5. De EU bestaat uit 25 landen. Waarom zijn er dan niet 25 talen?

Grammatica

er	het
Er is sprake van een Verenigd Europa.	**Het** bleven onafhankelijke staten.
Er is vrij verkeer van personen.	**Het** is moeilijk om iets te verkopen.
Er komt een Europese grondwet.	**Het** is in strijd met overeenkomsten.
Er zijn wel 20 officiële talen.	**Dat** scheelt enorm in de kosten.

Vul in

Voorlopig is ____ geen sprake van de ____ Staten van Europa. ____ is erg moeilijk om al die on____ staten politiek ____ één lijn te krijgen. Internationaal ____ de EU-landen hun eigen ____ . Maar wat bestuur en ____ betreft, ziet het er beter uit. De EU-landen ____ elkaar steeds meer. Voorts ____ er een Europese munt, die ____ met de dollar. En misschien komt ____ wel een Europese Grondwet, en een ____ ! Die kan zich dan ____ met het probleem van het grote ____ talen. Thans zijn ____ 25 EU-landen, ____ er 20 officiële talen zijn. Als de EU een kleiner aantal werktalen ____ , dan scheelt ____ in de kosten.

Overleg

Tijdens een bijeenkomst van ministers van Europese landen wordt het grote aantal officiële talen binnen de EU besproken. Kies een voorzitter, en voer dat overleg.

Les 27
Hulp of handel?

Nederland *geeft* 0,8 procent van het bruto nationaal product *uit* aan *ontwikkelingshulp*. Velen slaan zich op de *borst*, anderen denken dat deze hulp niet helpt. Een *vernietigend* oordeel. Moeten we er wel mee doorgaan? En *zo ja*, op welke manier?

Tegenstanders:

1 50 jaar ontwikkelingshulp heeft niet *geholpen*. De *omstandigheden* in veel ontwikkelingslanden zijn nauwelijks *verbeterd*.

2 Een rijke *bovenlaag vult* zijn zakken, en het *lot* van de *armen* in het land verandert niet.

3 Het idee achter ontwikkelingshulp is dat alle landen zo snel mogelijk het niveau van *westerse* landen bereiken en de westerse *leefstijl overnemen*. Maar westerse landen hebben er eeuwen over gedaan om zo ver te komen.

4 Ontwikkelingsprojecten zijn dikwijls erg groot opgezet, met veel geld. Plaatselijke *initiatieven* krijgen daardoor veel minder kans.

5 De hulp wordt vaak onder *voorwaarden verleend*. Rijke landen *eisen* dat de arme landen bepaalde *uitgaven* bij hen doen. Zo houden zij hen in een *ijzeren greep*.

6 Ontwikkelingslanden *lijden verlies* als ze hun producten aan het Westen verkopen. Dat komt doordat ze zo veel invoerrechten moeten betalen. Ze hebben meer aan handel dan aan hulp.

Voorstanders:

1 Veel problemen in ontwikkelingslanden zijn een *erfenis* uit de koloniale tijd. De westerse landen hebben *derhalve* de *morele verplichting* iets te doen aan die problemen.

2 Ontwikkelings*projecten* hebben wel degelijk *effect*. Ze zijn gericht op *specifieke behoeften* van de bevolking.

3 Door de hulp kan er een *middenklasse opkomen*. Dat zal de machts*relaties* meer in *evenwicht* brengen.

4 Projecthulp *gaat* vaak *gepaard* met *overdracht* van kennis. Met die kennis kan het land de eigen economie ontwikkelen.

5 Het Westen kan het niet maken om ineens te *stoppen* met de hulp. Wie wil dat op zijn *geweten* hebben?

6 Ontwikkelingshulp is een middel om de *trek* naar het Westen te beperken. Zorg dat het in ontwikkelingslanden beter wordt, dan hoeven de mensen hun *geluk* niet in het Westen te zoeken.

3725	geeft uit	spends	dépense	gibt aus	verir	3725
3726	het bruto nationaal product = alles wat een land aan goederen en diensten produceert					3726
3727	ontwikkelingshulp (de)	development aid	aide au développement	Entwicklungshilfe	gelişim yardımı	3727
3728	borst (de)	chest	poitrine	Brust	göşüs	3728
3729	zij slaan zich op de borst = zij zijn trots					3729
3730	vernietigend	crushing	destructif	vernichtendes	yokedici	3730
3731	zo ja	if so	si oui	wenn ja	öyle ise	3731
3732	geholpen	helped	aidé	geholfen	yardım	3732
3733	omstandigheden	circumstances	circonstances	Umstände	durumlar	3733
3734	verbeterd	improved	améliorées	verbessert	iyileşti	3734
3735	bovenlaag (de)	upper class	couche supérieure	Oberschicht	üst tarafı	3735
3736	vult	stuffs	remplit	füllt	doldurur	3736
3737	lot (het)	fate	sort	Schicksal	kader	3737
3738	armen	poor	pauvres	Armen	yokullar	3738
3739	westerse	western	occidentaux	westlichen	batılı	3739
3740	leefstijl (de)	standard of life	style de vie	Lebensstiel	yaşam tarzı	3740
3741	overnemen	adopt	adoptent	übernehmen	devralmak	3741
3742	hebben er eeuwen over gedaan = het duurde honderden jaren voordat					3742
3743	initiatieven	initiatives	initiatives	Initiativen	teşebbüs, öncecilik	3743
3744	voorwaarden	conditions	conditions	Auflagen	önkoşullar	3744
3745	verleend	extended	attribuée	geleistet	yerine getirildi	3745
3746	eisen	demand	exigent	fordern	talep etmek	3746
3747	uitgaven	expenditures	dépenses	Ausgaben	ödemeler	3747
3748	ijzeren	iron	de fer	eisernen	demirden	3748
3749	greep (de)	grip	poigne	Griff	tutunacak yer	3749
3750	in een ijzeren greep = helemaal in hun macht					3750
3751	lijden	suffer	subissent	erleiden	sıkıntı çekmek	3751
3752	verlies (het)	losses	pertes	Verlust	zarar, kayıp	3752
3753	voorstanders	advocates	partisans	Befürworter	öncüler	3753
3754	erfenis (de)	heritage	héritage	Erbe	miras	3754
3755	derhalve	therefore	par conséquent	deshalb	netice olarak	3755
3756	morele	moral	morale	moralische	ahlaki	3756
3757	verplichting (de)	obligation	obligation	Verpflichtung	mecburiyet	3757
3758	projecten	projects	projets	Projekte	projeler	3758
3759	wel degelijk = zeker wèl					3759
3760	effect (het)	effect	effet	Effekt	efekt	3760
3761	specifieke	specific	spécifiques	bestimmte	özel	3761
3762	behoeften	needs	besoins	Bedürfnisse	ihtiyaçlar	3762
3763	middenklasse (de)	middle class	classe moyenne	Mittelklasse	ortasınıf	3763
3764	opkomen	rise	s'établir	entstehen	meydana gelmek	3764
3765	relaties	relations	relations	Verhältnisse	ilişkiler	3765
3766	evenwicht (het)	balance	équilibre	Gleichgewicht	denge	3766
3767	gaat gepaard (met)	is coupled	va avec	ist gepaart	başlantılı	3767
3768	overdracht (de)	transfer	transmission	Weitergabe	aktarma	3768
3769	het Westen kan het niet maken = het is niet verantwoord als het Westen dat doet					3769
3770	stoppen	stop	arrêter	stoppen	durdurmak	3770
3771	geweten (het)	conscience	conscience	Gewissen	vicdan	3771
3772	trek (de)	migration	migration	Abwanderung	istek	3772
3773	geluk (het)	good fortune	fortune	Glück	şans	3773

Hulp of handel?

Nederland geeft 0,8 procent van _____ bruto nationaal product uit aan ontwikkelingshulp. Velen slaan _____ op de borst, anderen denken dat deze hulp _____ helpt. Een vernietigend oordeel. Moeten we er wel _____ doorgaan? En zo ja, op welke manier?

Tegenstanders:

1 _____ jaar ontwikkelingshulp heeft niet geholpen. De omstandigheden in _____ ontwikkelingslanden zijn nauwelijks verbeterd. **2** Een rijke bovenlaag vult _____ zakken, en het lot van de armen in _____ land niet. **3** Het idee achter ontwikkelingshulp is dat _____ landen zo snel mogelijk het niveau van westerse _____ bereiken en de westerse leefstijl overnemen. Maar westerse _____ hebben er eeuwen over gedaan om zo ver _____ komen. **4** Ontwikkelingsprojecten zijn dikwijls erg groot opgezet, met _____ geld. Plaatselijke initiatieven krijgen daardoor veel minder kans. **5** _____ hulp wordt vaak onder voorwaarden verleend. Rijke landen _____ dat de arme landen bepaalde uitgaven bij hen _____ . Zo houden zij hen in een ijzeren greep. **6** _____ lijden verlies als ze hun producten aan het _____ verkopen. Dat komt doordat ze zo veel invoerrechten _____ betalen. Ze hebben meer aan handel dan aan _____ .

Voorstanders:

1 Veel problemen in ontwikkelingslanden zijn een erfenis _____ de koloniale tijd. De westerse landen hebben derhalve _____ morele verplichting iets te doen aan die problemen. **2** _____ hebben wel degelijk effect. Ze zijn gericht op _____ behoeften van de bevolking. **3** Door de hulp kan _____ een middenklasse opkomen. Dat zal de machtsrelaties meer _____ evenwicht brengen. **4** Projecthulp gaat vaak gepaard met overdracht _____ kennis. Met die kennis kan het land de _____ economie ontwikkelen. **5** Het Westen kan het niet maken _____ ineens te stoppen met de hulp. Wie wil _____ op zijn geweten hebben? **6** Ontwikkelingshulp is een middel _____ de trek naar het Westen te beperken. Zorg _____ het in ontwikkelingslanden beter wordt, dan hoeven de _____ hun geluk niet in het Westen te zoeken.

Geef antwoord

1. In plaats van de term 'ontwikkelingshulp' wordt nu meestal de term 'ontwikkelingssamenwerking' gebruikt. Wat is het verschil?
2. Hoe is te voorkomen dat de hulp bij de rijken terechtkomt?
3. Wat wordt bedoeld met 'een middenklasse'? Wat is het belang daarvan?
4. Waarom is kennisoverdracht bij ontwikkelingshulp zo belangrijk?

Grammatica (8)

geslaagd, verbeterd	gemist, gebruikt
Is de hulp geslaa**gd**?	Of heeft hij zijn doel gemi**st**?
In 50 jaar is er weinig verande**rd**.	Het geld wordt niet goed gebrui**kt**.
Hun lot is niet verbete**rd**.	De hulp is op ontwikkeling geri**cht**.
Hij had de titel geë**rfd** (erven).	Waarom zijn ze daarmee gesto**pt**?

Vul in

Tegenstanders _____ dat 50 jaar hulp niet _____ heeft. In veel arme landen zijn de omstandigheden nauwelijks _____ . Ik heb me vaak afge_____ hoe dat komt. Iemand heeft mij laatst _____ dat de zakken van de rijken vaak _____ worden met het ontwikkelingsgeld. Maar daarvoor is dat geld niet be_____ ! Met dat geld moet juist het _____ van de allerarmsten _____ worden. Kunnen de arme landen niet beter hun _____ verkopen aan het Westen? Het probleem is dat ze veel in_____ moeten betalen. En als ze die _____ hebben, lijden ze _____ op de handel.

Discussie

De ene helft van de groep bedenkt (twee aan twee) argumenten voor ontwikkelingshulp, de andere helft bedenkt argumenten tegen. Er zijn twee coördinatoren. Zij leiden de discussie.

Les 28
Met z'n allen op de wachtlijst

8 september 2003. In het *Academisch* Ziekenhuis Maastricht is een *operatie uitgevoerd* met behulp van een *robot*. De robot heeft vier armen en kan *op afstand bediend* worden.

Als je in Nederland een operatie *ondergaat* loop je de kans door een robot *geopereerd* te worden. Is dat *schrikken*! De kans is het grootst in academische ziekenhuizen. Die zijn *verbonden* aan een universiteit en doen *veelal* ook *wetenschappelijk* onderzoek. Maar wees *gerust*, het blijft een *uitzondering*: meestal opereert de *chirurg* zelf. En *of* je nu in een academisch *of* in een algemeen ziekenhuis *opgenomen* bent, je krijgt dezelfde behandeling. Ook de kosten zijn gelijk. Het onderscheid tussen particuliere en openbare ziekenhuizen dat in veel landen bestaat, kent Nederland niet. Maar je moet niet vreemd opkijken als je voor een *opname* in een ziekenhuis op een *wachtlijst* terechtkomt. Zelfs voor operaties zijn er wachtlijsten. En om een *leeg* bed te vinden voor een *spoedgeval* moet de huisarts soms *hemel* en aarde bewegen.

De overheid *bestrijdt* de wachtlijsten door de *instellingen* extra geld te geven. Maar wat zijn de oorzaken? In de eerste plaats is er een *schreeuwend* tekort aan artsen en aan *verplegend* personeel. Er wordt personeel uit het buitenland gehaald, *doch* de tekorten *duren voort*.

Ons *budget* is te beperkt, zeggen de ziekenhuizen. Nieuwe behandelmethoden, *scans* en *plastische chirurgie* kosten veel geld. Wij kunnen niet meer opereren, zeggen de specialisten. De overheid heeft een maximum gesteld aan onze inkomens. De *consequentie* is dat er op een gegeven moment voor ons niets meer te verdienen valt. En dan *verrichten* wij geen operaties. Voor niks *gaat* de *zon op*!

Veel Nederlanders gaan de grens over voor hun operatie. In *Belgische* privé*klinieken* kunnen ze tegen *betaling* direct terecht. Specialisten en vaak ook het verplegend personeel *fungeren* daar als zelfstandige *ondernemers*. In Nederland daarentegen zijn er weinig privéklinieken. Tegen medische voorzieningen alleen voor rijke patiënten bestaat grote *weerstand*. Dan liever met z'n allen op de wachtlijst!

3774	academisch	academic	universitaire	akademischen	akademik	3774
3775	operatie (de)	surgery	opération	Operation	operasyon	3775
3776	uitgevoerd	executed	exécutée	durchgeführt	yapıldı	3776
3777	robot (de)	robot	robot	Roboter	robot	3777
3778	op afstand	from a distance	à distance	aus der Entfernung	uzaktan	3778
3779	bediend	operated	commandé	bedient	idare edilebilir	3779
3780	ondergaat	undergo	subit	sich unterzieht	girdişinde	3780
3781	geopereerd	operated upon	opéré	operiert	operasyon yaptı	3781
3782	schrikken	be frightened	effrayant	erschreckend	irkilmek	3782
3783	Is dat schrikken! = Daar schrik je van					3783
3784	verbonden (aan)	associated	attachés	verbunden	başlı	3784
3785	veelal	as a rule	en grande partie	oft	genellikle	3785
3786	wetenschappelijk	scientific	scientifique	wissenschaftliche	bilimsel	3786
3787	gerust	assured	tranquille	beruhigt	rahat	3787
3788	uitzondering (de)	exception	exception	Ausnahme	istisna	3788
3789	chirurg (de)	surgeon	chirurgien	Chirurg	cerrah	3789
3790	of of	whether or	si si	entweder...oder	ya ... ya da	3790
3791	opgenomen	admitted	hospitalisé	aufgenommen	alındı	3791
3792	vreemd opkijken = verbaasd zijn					3792
3793	opname (de)	admission	hospitalisation	Aufnahme	kayıt	3793
3794	wachtlijst (de)	waiting list	liste d'attente	Warteliste	bekleme listesi	3794
3795	leeg	empty	vide	leeres	boş	3795
3796	spoedgeval (het)	emergency	cas urgent	Ernstfall	acil durum	3796
3797	hemel (de)	heaven	ciel	Himmel	gök yüzü	3797
3798	hemel en aarde bewegen = heel veel moeite doen					3798
3799	bestrijdt	fights	fait face	bekämpft	mücadele	3799
3800	instellingen	institutions	institutions	Einrichtungen	kurumlar	3800
3801	schreeuwen	shout	crier	schreien	başıran, haykıran	3801
3802	een schreeuwend tekort = een zeer groot tekort					3802
3803	verplegend	nursing	soignante	Pflege-	hastaya bakan	3803
3804	doch	however	cependant	aber	fakat	3804
3805	duren voort	continue to exist	persistent	bestehen weiter	devam etmek	3805
3806	budget (het)	budget	budget	Budget	bütçe	3806
3807	scans	scans	scannings	Tomographien	taramalar	3807
3808	plastische	plastic	esthétique	plastische	plastik	3808
3809	chirurgie (de)	surgery	chirurgie	Chirurgie	cerrahi	3809
3810	consequentie (de)	consequence	conséquence	Folge	netice	3810
3811	verrichten	perform	exécutons	machen	icra etmek	3811
3812	gaat op	rises	se lève	geht auf	doşuyor	3812
3813	zon (de)	sun	soleil	Sonne	güneş	3813
3814	voor niks gaat de zon op = alles kost geld					3814
3815	Belgische	Belgian	belges	belgischen	Belçikalı	3815
3816	klinieken	clinics	cliniques	Kliniken	klinikler	3816
3817	betaling (de)	payment	paiement	Bezahlung	ödeme	3817
3818	tegen betaling = als je betaalt					3818
3819	fungeren	function	font fonction de	arbeiten	işlemek	3819
3820	ondernemers	entrepreneur	entrepreneurs	Unternehmer	tüccarlar	3820
3821	weerstand (de)	aversion	résistance	Widerstand	direnç	3821

Met z'n allen op de wachtlijst

_____ het Academisch Ziekenhuis Maastricht is een operatie uitgevoerd _____ behulp van een robot. De robot heeft vier _____ en kan op afstand bediend worden. Als je _____ Nederland een operatie ondergaat loop je de kans _____ een robot geopereerd te worden. Is dat schrikken! _____ kans is het grootst in academische ziekenhuizen. Die _____ verbonden aan een universiteit en doen veelal ook _____ onderzoek. Maar wees gerust, het blijft een uitzondering: _____ opereert de chirurg zelf. En of je nu _____ een academisch of in een algemeen ziekenhuis opgenomen _____ , je krijgt dezelfde behandeling. Ook de kosten zijn _____ . Het onderscheid tussen particuliere en openbare ziekenhuizen dat _____ veel landen bestaat, kent Nederland niet. Maar je _____ niet vreemd opkijken als je voor een opname _____ een ziekenhuis op een wachtlijst terechtkomt. Zelfs voor _____ zijn er wachtlijsten. En om een leeg bed _____ vinden voor een spoedgeval moet de huisarts soms _____ en aarde bewegen. De overheid bestrijdt de wachtlijsten _____ de instellingen extra geld te geven. Maar wat _____ de oorzaken? In de eerste plaats is er _____ schreeuwend tekort aan artsen en aan verplegend personeel. _____ wordt personeel uit het buitenland gehaald, doch de _____ duren voort. Ons budget is te beperkt, zeggen _____ ziekenhuizen. Nieuwe behandelmethoden, scans en plastische chirurgie kosten _____ geld. Wij kunnen niet meer opereren, zeggen de _____ . De overheid heeft een maximum gesteld aan onze _____ . De consequentie is dat er op een gegeven _____ voor ons niets meer te verdienen valt. En _____ verrichten wij geen operaties. Voor niks gaat de _____ op! Veel Nederlanders gaan de grens over voor _____ operatie. In Belgische privéklinieken kunnen ze tegen _____ direct terecht. Specialisten en vaak ook het verplegend _____ fungeren daar als zelfstandige ondernemers. In Nederland daarentegen _____ er weinig privéklinieken. Tegen medische voorzieningen alleen _____ rijke patiënten bestaat grote weerstand. Dan liever met _____ allen op de wachtlijst!

Geef antwoord

1 Lijkt het u erg om geopereerd te worden door een robot?
2 Waarom is die kans het grootst in een academisch ziekenhuis?
3 Wat zijn de oorzaken van de wachtlijsten in de ziekenhuizen?
4 Ook elders wordt gewerkt met wachtlijsten. Hebt u ervaring? Vertel!

Grammatica

met 'te'	zonder 'te'
De **kans** om door een robot geopereerd **te** worden.	Je **zult** door een robot geopereerd worden.
Ik **probeer** Nederlands **te** leren spreken,	omdat ik met Nederlanders **wil** spreken.
Alles **begint** te bloeien en **te** groeien.	Bram **gaat** een dag minder werken.
Zij **besluiten om** in Nederland **te** blijven.	Zij **komen** in Nederland studeren.
De bank **is bereid** geld **te** lenen.	Je **mag** geld lenen van de bank.
Er **valt** voor ons niets **te** verdienen,	dus we **kunnen** niet opereren.
Het is moeilijk **om** een leeg bed **te** vinden,	dus hij **moet** hemel en aarde bewegen.
Ze lossen het op **door** extra geld **te** geven.	Een robot opereert: **is dat** schrikken!

Vul in

De kans om door een ____ geopereerd ____ worden is het grootst in een ____ ziekenhuis. Daar doen ze namelijk ____ onderzoek. Maar ik ____ liever door een chirurg ____ worden! Dus als ik een operatie moet ____ , dan zal ik hemel en ____ bewegen om in een ____ ziekenhuis opgenomen ____ worden. Of ik ga naar een Belgische ____ . Daar hoef je niet op een wachtlijst ____ staan. Maar je ____ wel betalen!

Discussie

Kies een van de volgende uitspraken en discussieer:

- Geen medische voorzieningen speciaal voor rijke patiënten.
- Privéklinieken en de specialist als ondernemer: een goed idee.

Les 29
Rotterdam doet 't

Amsterdam heeft 't, Rotterdam doet 't. Amsterdam heeft haar *historische* centrum, Rotterdam verdient het geld. Oude gebouwen zijn er niet veel in Rotterdam. In de Tweede Wereldoorlog is de stad *gebombardeerd*. In de stads*kern* bleef geen *steen* op de andere. Het *beeld* van de *kunstenaar* Zadkine drukt dit goed uit: een man met de armen omhoog, en op de plaats van zijn hart een gat. Rotterdam is vooral interessant door de *nieuwbouw*. Denk aan het Luxor*theater*, en daar *vlakbij*, de Erasmusbrug.

In Rotterdam wordt *gewerkt*. *Overhemden* verkopen ze daar met de *mouwen opgerold*, dan kun je meteen je handen uit de mouwen *steken*. In de havens bijvoorbeeld! De containerhaven is de grootste ter wereld. Ook in de industrie eromheen zijn veel mensen *werkzaam*. *Waaraan dankt* de stad haar succes? Wat is het *geheim* van Rotterdam?

Rotterdam is vanuit zee *bereikbaar*. Via de Nieuwe Waterweg varen de schepen naar de *tientallen* binnenhavens. Grote schepen *leggen aan* bij de Maasvlakte, in volle zee. Nederlanders hebben *verstand* van *waterbouw*, en hebben daar een *compleet* industrie*terrein aangelegd*. Door de grote *diepte* kunnen alle containerschepen er komen.

Drie grote rivieren stromen bij Rotterdam in zee. Via deze rivieren worden goederen getransporteerd naar het *Duitse Ruhrgebied* en België. En er worden ook goederen *aangevoerd*. *Olie*, *ijzererts*, *steenkool*, hout, graan, groente, fruit: per jaar komt hier ruim 300 miljoen *ton* goederen binnen. Dat gebeurt in naar *schatting* 30.000 zeeschepen en 130.000 *binnenvaart*schepen. Om maar eens een paar *getallen* te noemen! De helft van alle olietransporten en twee derde (2/3) van het vervoer van landbouwproducten binnen de EU gaat via Rotterdam.

De *logistiek* in de *Rotterdamse* havens *functioneert* 24 uur per dag, 7 dagen per week, 365 dagen per jaar. Zodra een schip binnenkomt begint het *lossen* en *laden*, volledig *geautomatiseerd*. Het schip kan direct weer door naar de volgende bestemming.

De Maasstad trekt inwoners uit binnen- en buitenland. De bevolking verandert *hierdoor* van *samenstelling*. *Rotterdammers* hebben zelfs hun eigen taal, een *mengsel* van Nederlands en diverse andere talen. Multicultureel Nederlands!

3822	historische	historical	historique	historische	tarihi	3822
3823	gebombardeerd	bombed	bombardé	bombardiert	bombalandı	3823
3824	kern (de)	core	coeur	Kern	merkez	3824
3825	steen (de)	stone	pierre	Stein	taş	3825
3826	bleef geen steen op de andere = gingen alle gebouwen kapot					3826
3827	beeld (het)	statue	statue	Statur	heykel	3827
3828	kunstenaar (de)	artist	artiste	Künstler	sanatçı	3828
3829	nieuwbouw (de)	new houses	construction nouvelle	Neubau	yeni yapı	3829
3830	theater (het)	theatre	théâtre	Theater	tiyatro	3830
3831	vlakbij	near	tout près	dicht bei	yakın	3831
3832	gewerkt	worked	travaillé	gearbeitet	çalıştı	3832
3833	overhemden	shirts	chemises	Oberhemden	gömlekler	3833
3834	mouwen	sleeves	manches	Ärmeln	elbise kolları	3834
3835	opgerold	rolled up	roulées	hochgekrempelt	sıvalı	3835
3836	steken	stab	mettre	stecken	geçirmek	3836
3837	je handen uit de mouwen steken = aan het werk gaan					3837
3838	werkzaam	working	travailleur	angestellt	çalışıyor	3838
3839	waaraan	to what	à quoi	woran	dolayı	3839
3840	dankt (aan)	owes	doit	dankt	teşekkür eder	3840
3841	geheim (het)	secret	secret	Geheimnis	sır	3841
3842	bereikbaar	accessible	accessible	erreichbar	ulaşılabilir	3842
3843	tientallen	tens of	les dizaines	unzähligen	onlarca	3843
3844	leggen aan	moor	accostent	legen an	iskeleye yanaşmak	3844
3845	in volle zee = midden op zee					3845
3846	verstand (het)	know-how	savoir faire	Ahnung	anlayış	3846
3847	waterbouw (de)	hydraulics	ouvrage hydraulique	Wasserbau	hidrolik inşaat	3847
3848	compleet	entire	complet	komplettes	bütün	3848
3849	terrein (het)	ground	terrain	Gebiet	alan	3849
3850	aangelegd	built	construite	angelegt	yerleştirildi	3850
3851	diepte (de)	depth	profondeur	Tiefe	derinlik	3851
3852	Duitse	German	allemand	deutsche	Alman	3852
3853	Ruhrgebied (het)	Ruhr region	Bassin de la Ruhr	Ruhrgebiet	ruhr havzası	3853
3854	aangevoerd	shipped in	transportés	angeliefert	malı teslim etmek	3854
3855	olie (de)	oil	pétrole	Öl	yaş	3855
3856	ijzererts (het)	iron ore	minerai de fer	Eisenerz	demir madeni	3856
3857	steenkool (de)	coal	charbon	Steinkohle	taşkömürü	3857
3858	ton (de)	tons of	tonne	Tonnen	ton	3858
3859	schatting (de)	estimation	évaluation	Schätzung	tahmini	3859
3860	naar schatting = ongeveer					3860
3861	binnenvaart (de)	inland navigation	navigation fluviale	Binnenschifffahrt	iç sular seferi	3861
3862	getallen	numbers	chiffres	Zahlen	rakamlar	3862
3863	logistiek (de)	logistics	logistique	Logistik	lojistik	3863
3864	Rotterdamse	Rotterdam	rotterdamois	Rotterdamsche	Rotterdam	3864
3865	functioneert	operates	fonctionne	funktioniert	işler	3865
3866	lossen (het)	unloading	décharger	löschen	boşaltmak	3866
3867	laden (het)	loading	charger	beladen	yüklemek	3867
3868	geautomatiseerd	automated	automatisé	automatisiert	otomatize edilmiş	3868
3869	hierdoor	because of this	de ce fait	hierdurch	bunun yüzünden	3869
3870	samenstelling (de)	composition	composition	Zusammenstellung	bir araya gelme	3870
3871	Rotterdammers	Rotterdam people	Rotterdamois	Rotterdammer	roterdamlılar	3871
3872	mengsel (het)	mixture	mélange	Gemisch	karma	3872

Rotterdam doet 't

Amsterdam heeft 't, _____ doet 't. Amsterdam heeft haar historische centrum, Rotterdam _____ het geld. Oude gebouwen zijn er niet veel _____ Rotterdam. In de Tweede Wereldoorlog is de stad _____ . In de stadskern bleef geen steen op de _____ . Het beeld van de kunstenaar Zadkine drukt dit _____ uit: een man met de armen omhoog, en _____ de plaats van zijn hart een gat. Rotterdam _____ vooral interessant door de nieuwbouw. Denk aan het _____ , en daar vlakbij, de Erasmusbrug. In Rotterdam wordt _____ . Overhemden verkopen ze daar met de mouwen opgerold, _____ kun je meteen je handen uit de mouwen _____ . In de havens bijvoorbeeld! De containerhaven is de _____ ter wereld. Ook in de industrie eromheen zijn _____ mensen werkzaam. Waaraan dankt de stad haar succes? _____ is het geheim van Rotterdam? Rotterdam is vanuit _____ bereikbaar. Via de Nieuwe Waterweg varen de schepen _____ de tientallen binnenhavens. Grote schepen leggen aan bij _____ Maasvlakte, in volle zee. Nederlanders hebben verstand van _____ , en hebben daar een compleet industrieterrein aangelegd. Door _____ grote diepte kunnen alle containerschepen er komen. Drie _____ rivieren stromen bij Rotterdam in zee. Via deze _____ worden goederen getransporteerd naar het Duitse Ruhrgebied en _____ . En er worden ook goederen aangevoerd. Olie, ijzererts, _____ , hout, graan, groente, fruit: per jaar komt hier _____ 300 miljoen ton goederen binnen. Dat gebeurt in _____ schatting 30.000 zeeschepen en 130.000 binnenvaartschepen. _____ maar eens een paar getallen te noemen! De _____ van alle olietransporten en twee derde van het _____ van landbouwproducten binnen de EU gaat via Rotterdam. _____ logistiek in de Rotterdamse havens functioneert 24 uur _____ dag, 7 dagen per week, 365 dagen per _____ . Zodra een schip binnenkomt begint het lossen en _____ , volledig geautomatiseerd. Het schip kan direct weer door _____ de volgende bestemming. De Maasstad trekt inwoners uit _____- en buitenland. De bevolking verandert hierdoor van samenstelling. _____ hebben zelfs hun eigen taal, een mengsel van _____ en diverse andere talen. Multicultureel Nederlands!

Geef antwoord

1. Wat betekent 'Amsterdam heeft 't'? En 'Rotterdam doet 't'?
2. Kunt u de uitdrukking 'de handen uit de mouwen steken' uitleggen?
3. Waarom heeft het beeld van Zadkine geen hart?
4. Wat is het geheim van Rotterdam?
5. Nederland wordt wel 'het distributiecentrum (het verdeelcentrum) van Europa' genoemd. Begrijpt u waarom?

Grammatica (29)

is of wordt?	
Het oude centrum is gebombardeerd.	Het oude centrum is er niet meer.
Er is een industrieterrein aangelegd.	Er ligt een industrieterrein.
Het laden en lossen is geautomatiseerd.	Het gaat automatisch.
In Rotterdam wordt gewerkt.	De Rotterdammers werken hard.
Goederen worden getransporteerd.	Goederen gaan naar Duitsland.
Er worden goederen aangevoerd.	Er komen goederen naar Rotterdam.

Vul in

_____ zijn niet veel oude gebouwen in Rotterdam, _____ de stad in de oorlog gebombardeerd _____ . Maar er _____ wel veel nieuwbouw: _____ is sindsdien flink gebouwd in de stad. Overhemden _____ daar verkocht met de mouwen opgerold, zodat je je _____ uit de mouwen _____ steken! In de havens, en ook in de _____ eromheen, zijn veel mensen w_____ . De goederen die over zee _____ aangevoerd, _____ voor een deel weer doorgevoerd naar andere landen. Maar voor een deel _____ ze eerst verwerkt in de havenindustrie.

Rotterdam, Amsterdam of Den Haag?

Verdeel de groep in Rotterdammers, Amsterdammers en Hagenaars. Om de beurt verdedigen zij 'hun stad'. Zie ook Les 3 en 21.

danken aan	Waar**aan dankt** Rotterdam zijn succes?
verstand van	Ze hebben **verstand van** waterbouw.
op de plaats van	**Op de plaats van** het hart is een groot gat.
genieten van	Veel Rotterdammmers **genieten van** de havens.
voldoen aan	De logistiek moet **aan** strengen eisen **voldoen.**
afhangen van	Alles **hangt af van** een goede logistiek.
denken aan	**Denk aan** de kosten van zo'n containerschip!

Vul in

Rotterdam dankt zijn succes ____ zijn ligging, maar ook aan het feit ____ de Nederlanders ____ hebben van waterbouw. Denk maar ____ het havencomplex dat ze in volle ____ gebouwd hebben. Containerschepen ____ daar aan, kleinere schepen vervoeren de ____ naar de binnenhavens. Alles hangt af ____ een goede logistiek, die aan hoge eisen moet ____ . De havens zijn ook mooi om te ____ : veel Rotterdammers genieten ____ het mooie uitzicht als ze een ____ langs de havens maken.

De havens van Rotterdam

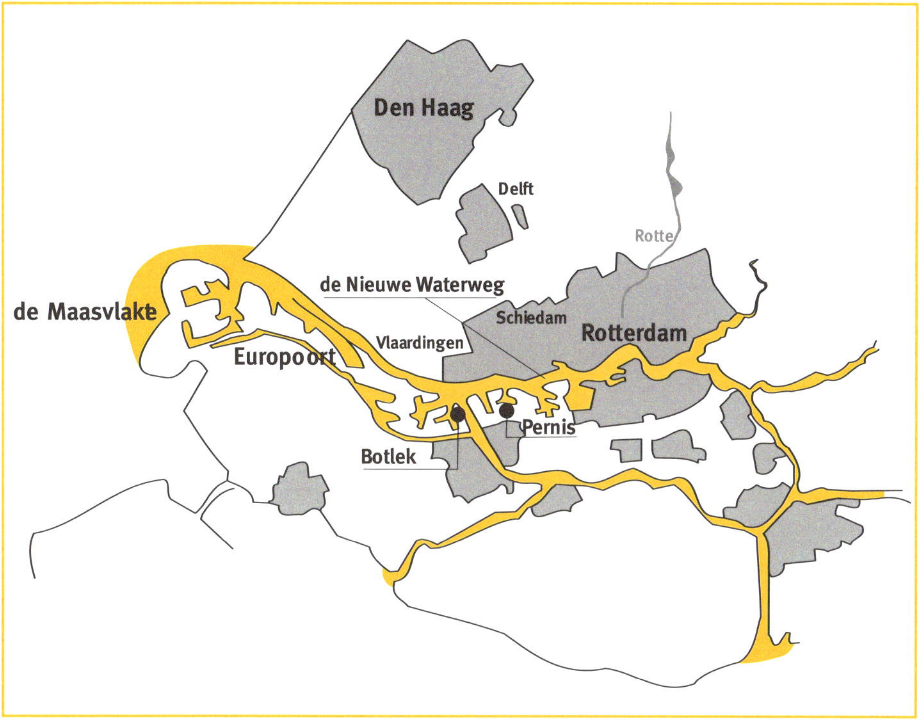

Geef antwoord

1 Rotterdam ligt niet aan zee. Toch is de Rotterdamse containerhaven de grootste ter wereld. Hoe kan dat?

2 Kunt u op het plaatje aangeven waar de goederen binnenkomen, en waar ze naartoe gaan?

3 Wat gebeurt er op de Maasvlakte? En in de binnenhavens?

4 Hoe komt Rotterdam aan zijn naam? Zie ook les 3!

Les 30
Samen in de spits

Nederlanders worden steeds afhankelijker van de auto, *concludeert* het Sociaal en Cultureel Planbureau. Het aantal auto's is de laatste 15 jaar met een kwart *toegenomen* tot ruim 6,5 miljoen; driekwart van de *huishoudens* heeft minstens één auto. Een *interview* met de *onderzoeker* van het SCP.

We kunnen niet meer zonder auto?

"Daar komt het wel op neer. We werken meer en *delen* de zorg voor het gezin. Dan is de auto het meest *efficiënte* vervoermiddel."

Efficiënter dan het openbaar vervoer? Daarin kun je toch lezen, of werken?

"Maar met de auto ben je er sneller. En hij wordt steeds *comfortabeler, uitgerust* met *cd-speler, handsfree* bellen, en verkeersinformatie via de autoradio."

De afgelopen 15 jaar is het aantal *files vervijfvoudigd. Waaruit* verklaart u dit?

"Uit de *toename* van de bevolking en uit de *stijging* van de arbeids*participatie*: er zijn meer mensen gaan werken. Een derde *factor* is de toename van het aantal huishoudens."

De *lengte* van de ochtend*spits* groeit sneller dan die van de avondspits. Hoe komt dat?

"Volgens onze *waarnemingen* beginnen parttimers veelal tegelijk met de fulltimers, maar *houden* ze eerder *op*. Ze kunnen niet later beginnen omdat de crèches vaste *openings*tijden hanteren. Samen in de spits: 's ochtends is het *onvermijdelijk*."

In de avondspits zit veel *recreatief* verkeer. Hoe kan dat?

"Jongeren gaan tegenwoordig ook door de week 's avonds uit. Ook ouderen zijn dan meer op *pad*."

De vrije tijd *neemt af*, maar de *benodigde* reistijd neemt toe. Alle *logica* is *zoek*!

"Het is *juist* zo *simpel*. Wie minder tijd heeft, stelt hogere eisen. Men gaat liever naar de *megabioscoop* buiten de stad of naar de *skibaan* 40 kilometer verderop dan naar het café om de hoek."

Waarom betalen de mensen niet per kilometer?

"Dat gaat zeker gebeuren. *Tolwegen* of *chipkaarten* komen in de plaats van wegen- en autobelasting. Wel zo eerlijk: zo betaal je voor het gebruik van de auto, en niet voor het *bezit*. Ook *accijns* op *benzine* heeft dat effect, maar daarmee kun je niet de files op bepaalde dagdelen of op bepaalde wegen bestrijden."

Dus over 10 jaar zijn de files verleden tijd?

"Nou ... ik *vrees* dat ik u moet *teleurstellen*!"

3873	concludeert	concludes	conclue	stellt fest	yargıya varır	3873
3874	Het Sociaal en Cultureel Planbureau = instituut dat onderzoek doet en de regering adviseert					3874
3875	toegenomen	increased	augmenté	zugenommen	arttı	3875
3876	huishoudens	households	ménages	Haushalte	ev idaresinin	3876
3877	interview (het)	interview	entretien	Interview	röportaj	3877
3878	onderzoeker (de)	researcher	chercheur	Untersucher	araştırmacı	3878
3879	delen	share	partagent	teilen	paylaşmak	3879
3880	efficiënte	efficient	efficace	effizienteste	etkili	3880
3881	comfortabeler	more comfortable	confortable	komfortabler	daha konforlu	3881
3882	uitgerust (met)	equipped	équipé	ausgerüstet	donanımlı	3882
3883	cd-speler (de)	CD player	lecteur de disques	CD-Spieler	cd çalar	3883
3884	handsfree	handsfree	mains libres	mit Freisprechanlage	elden başımsız	3884
3885	files	traffic jams	embouteillages	Staus	dosyalar	3885
3886	vervijfvoudigd	increased fivefold	quintuplé	verfünffacht	beş katı arttı	3886
3887	waaruit	how	d'où	wodurch	nereden	3887
3888	toename (de)	increase	croissance	Zunahme	artcş	3888
3889	stijging (de)	rise	augmentation	Anstieg	yükseliş	3889
3890	participatie (de)	participation	participation	Teilnahme	katılım	3890
3891	factor (de)	factor	facteur	Faktor	faktör	3891
3892	lengte (de)	length	longueur	Länge	uzunluk	3892
3893	spits (de)	rush hour	pointe	Hauptverkehrszeit	trafik sıkışıklışı	3893
3894	waarnemingen	observations	observations	Beobachtungen	düşünceler	3894
3895	parttimers = mensen die minder dan 36 uur per week werken					3895
3896	fulltimers =mensen die 36 of meer uur per week werken					3896
3897	houden op	finish	s'arrêtent	hören auf	bırakırlar	3897
3898	opening (de)	opening	ouverture	Öffnung	açılış	3898
3899	onvermijdelijk	unavoidable	inévitable	unvermeidlich	kaçınılmaz	3899
3900	recreatief	recreational	récréatif	Freizeit	üretken	3900
3901	pad (het)	path	chemin	Pfad	yol	3901
3902	ze zijn op pad = ze gaan uit					3902
3903	neemt af	decreases	diminue	nimmt ab	azalır	3903
3904	benodigde	required	nécessaire	benötigte	gereken	3904
3905	logica (de)	logic	logique	Logik	mantık	3905
3906	zoek	gone	introuvable	weg	ara	3906
3907	juist	actually	au contraire	doch	tam tersine	3907
3908	simpel	simple	simple	einfach	basit	3908
3909	megabioscoop (de)	large cinema complex	méga-cinéma	Großkino	büyük sinema	3909
3910	skibaan (de)	ski hall	piste de ski	Skipiste	kayak pisti	3910
3911	tolwegen	toll roads	routes à péage	Mautstrassen	yola ödenen para	3911
3912	chipkaarten	smart cards	cartes à puce	Chipkarten	çip kartları	3912
3913	wel zo eerlijk = dat is eerlijker					3913
3914	bezit (het)	possession	possession	Besitz	mal, mülk	3914
3915	accijns (de)	excise tax	impôt indirect	Steuern	vergiler	3915
3916	benzine (de)	petrol	essence	Benzin	benzin	3916
3917	verleden tijd = voorbij					3917
3918	vrees	am afraid	crains	fürchte	korku	3918
3919	teleurstellen	disappoint	décevoir	enttäuschen	hayal kırıklışına uşramak	3919

Samen in de spits

Nederlanders worden _____ afhankelijker van de auto, concludeert het Sociaal en _____ Planbureau. Het aantal auto's is de laatste _____ jaar met een kwart toegenomen tot _____ 6,5 miljoen; driekwart van de huishoudens heeft minstens één _____ . Een interview met de onderzoeker van het SCP. _____ kunnen niet meer zonder auto? "Daar komt het _____ op neer. We werken meer en delen de _____ voor het gezin. Dan is de auto het _____ efficiënte vervoermiddel." Efficiënter dan het openbaar vervoer? Daarin _____ je toch lezen, of werken? "Maar met de _____ ben je er sneller. En hij wordt steeds _____ , uitgerust met cd-speler, handsfree bellen, en verkeersinformatie _____ de autoradio." De afgelopen 15 jaar is het _____ files vervijfvoudigd. Waaruit verklaart u dit? "Uit de _____ van de bevolking en uit de stijging van _____ arbeidsparticipatie: er zijn meer mensen gaan werken. Een _____ factor is de toename van het aantal huishoudens." _____ lengte van de ochtendspits groeit sneller dan die _____ de avondspits. Hoe komt dat? "Volgens onze waarnemingen _____ parttimers veelal tegelijk met de fulltimers, maar houden _____ eerder op. Ze kunnen niet later beginnen omdat _____ crèches vaste openingstijden hanteren. Samen in de spits: _____ is het onvermijdelijk." In de avondspits zit _____ recreatief verkeer. Hoe kan dat? "Jongeren gaan tegenwoordig _____ door de week 's avonds uit. Ook ouderen _____ dan meer op pad." De vrije tijd neemt _____ , maar de benodigde reistijd neemt toe. Alle logica _____ zoek! "Het is juist zo simpel. Wie minder _____ heeft, stelt hogere eisen. Men gaat liever naar _____ megabioscoop buiten de stad of naar de skibaan _____ kilometer verderop dan naar het café om de _____ ." Waarom betalen de mensen niet per kilometer? "Dat _____ zeker gebeuren. Tolwegen of chipkaarten komen in de _____ van wegen- en autobelasting. Wel zo eerlijk: zo _____ je voor het gebruik van de auto, en _____ voor het bezit. Ook accijns op benzine heeft _____ effect, maar daarmee kun je niet de files _____ bepaalde dagdelen of op bepaalde wegen bestrijden." Dus _____ 10 jaar zijn de files verleden tijd? "Nou ... _____ vrees dat ik u moet teleurstellen!"

Geef antwoord

1 Waarom kunnen mensen niet zonder auto? En u?
2 Kent u nog meer voordelen van het openbaar vervoer?
3 Waardoor is het aantal files de afgelopen jaren zo gestegen?
4 Hoe komt het dat de ochtendspits zo snel groeit?
5 De vrije tijd neemt af, maar de benodigde reistijd neemt toe. Leg uit!
6 Vergelijk de effecten van autobelasting, tolwegen en accijns.

Grammatica

efficiënter	het meest efficiënt
Ze worden steeds afhankelij**ker**.	De auto is **het meest** efficiënt.
Is de trein niet efficiënt**er**?	Nee, de auto is **het** efficiënt**st**.
Met de auto ben je er snel**ler**,	maar met de fiets ben je er **het** snel**st**.
De tram is **duurder** dan de bus,	maar de trein is **het duurst**.
Ze werken **meer** en hebben **minder** tijd.	Het kost **het meest**, het helpt **het minst**.

Vul in

Driekwart van de Nederlandse _____ heeft minstens één auto. De _____ is duidelijk: de auto wordt steeds _____ en je bent _____ waar je wezen moet. Bovendien kost het _____ vervoer steeds meer: het wordt steeds _____ . Op de middellange afstand is de auto het _____ efficiënte vervoermiddel. Behalve _____ natuurlijk! Dan kom je in de _____ , en dan neemt de benodigde _____ flink toe! De lengte van de ochtendspits groeit _____ dan die van de _____ . Dat is on_____ , omdat de crèches vaste _____ hanteren. Dat zegt de _____ van het Sociaal en Cultureel Planbureau.

De beste oplossing

In groepjes van twee: hoe kan men het beste de files bestrijden? Vergelijk uw oplossingen daarna met een ander groepje. Kies daarna met z'n vieren de beste oplossing, en vertel die aan de groep.

Les 31
Van de wieg tot het graf

De Nederlandse staat zorgt goed voor de burgers. We bekijken een paar *categorieën* van overheidssteun.

- Voor ieder kind krijgen de ouders *kinderbijslag*.
- Wie geen werk heeft kan *bijstand* krijgen.
- Als je werk hebt, maar *wegens* ziekte niet kunt werken, krijg je je loon toch op je *bankrekening*. Na twee jaar krijg je een uitkering in het *kader* van de WAO (de wet op de *arbeidsongeschiktheid*). Dat is dan een *percentage* van je vroegere loon.
- Ook na *ontslag* krijg je een paar jaar een percentage van wat je *voormalige* werkgever je betaalde.
- Voor *gehandicapten* en *langdurig zieken* zijn er speciale voorzieningen.
- In sommige gevallen kun je tussen je 55ste en je 65ste al ophouden met werken. Met steun van de overheid betaalt je baas je een deel van je loon door.
- Vanaf je 65ste krijg je je staats*pensioen*, de AOW. Wie boven het *minimumloon* zit krijgt ook pensioen van de werkgever.

Ja, je wordt hier goed *verzorgd*. Van de *wieg* tot het *graf*!

De *verzorgingsstaat* is ontstaan na de Tweede Wereldoorlog. Nederland *herstelde zich* snel, de economie *draaide* goed, met de industrie als belangrijkste *motor*. Er was genoeg geld om *diegenen* die niet genoeg middelen van bestaan hadden, een handje te helpen. De ene *regeling* na de andere werd *ingesteld* en de verzorgingsstaat was een feit.

Maar de *tijden* veranderden. Eind 20ste eeuw *nam* de *werkgelegenheid plotseling* in hoog *tempo af*. *Tegelijkertijd vertoonde* het aantal arbeidsongeschikten een *scherpe* stijging. En als je eenmaal een uitkering hebt, kom je niet zo makkelijk aan het werk. Met een uitkering krijg je namelijk extra steun, zoals huursubsidie. Als je gaat werken *vermindert* die steun en dan kan je inkomen uiteindelijk lager *uitkomen*. Zeker als je weinig *scholing* hebt. Waarom zou je dan aan de slag gaan? *Anderzijds aarzelen* werkgevers om mensen *in dienst* te *nemen* die lang niet gewerkt hebben. Kan de verzorgingsstaat de mensen wel aan het werk houden?

Ook door de *vergrijzing rijzen* er problemen. Mensen leven langer, en zijn dus langer afhankelijk van voorzieningen. Een *relatief* kleine beroepsbevolking moet die betalen. Heeft de verzorgingsstaat een *antwoord* op het probleem van de vergrijzing?

3920	categorieën	categories	catégories	Kategorien	kategoriler	3920
3921	kinderbijslag (de)	child allowance	allocations familiales	Kindergeld	çocuk yardımı	3921
3922	bijstand (de)	welfare	aide sociale	Unterstützung	yardım	3922
3923	wegens	because of	en raison de	wegen	dolayı	3923
3924	bankrekening (de)	bank account	compte bancaire	Bankkonto	banka hesabı	3924
3925	kader (het)	as part of	cadre	Rahmen	hakkında, ait	3925
3926	arbeids-ongeschiktheid (de)	disability	incapacité au travail	Arbeitsunfähigkeit	çalışamaz durumda	3926
3927	percentage (het)	percentage	pourcentage	Prozentsatz	yüzdelik oran	3927
3928	ontslag (het)	dismissal	licenciement	Entlassung	işten çıkış	3928
3929	voormalige	former	précédent	ehemaliger	evvelki	3929
3930	gehandicapten	handicapped	handicapés	Behinderte	özürlüler	3930
3931	langdurig	long-term	longuement	chronisch	uzun süreli	3931
3932	zieken	patients	malades	Kranke	hastalık	3932
3933	pensioen (het)	retirement	retraite	Rente	emeklilik	3933
3934	minimumloon (het)	minimum wage	salaire minimum	Mindestgehalt	asgari ücret	3934
3935	verzorgd	taken care of	soigné	versorgt	bakılır	3935
3936	wieg (de)	cradle	berceau	Wiege	beşik	3936
3937	graf (het)	grave	tombe	Grab	mezar	3937
3938	verzorgingsstaat (de)	welfare state	Etat-providence	Versorgungsstaat	hizmet veren ülke	3938
3939	herstelde zich	recovered	s'est rétabli	erholte sich	yenilendi	3939
3940	draaide	was functioning	marchait	lief	döndü	3940
3941	motor (de)	driving force	moteur	Motor	motor	3941
3942	diegenen	those who	ceux	denjenigen	o kişiler ki	3942
3943	middelen van bestaan = werk en/of geld					3943
3944	regeling (de)	regulations	réglementation	Regelung	ayarlama	3944
3945	ingesteld	instituted	établi	eingeführt	uygulandı	3945
3946	tijden	times	temps	Zeiten	zamanlar	3946
3947	nam af	decreased	diminua	nahm ab	azaldı	3947
3948	werkgelegenheid (de)	employment	emploi	Beschäftigung	iş imkanı	3948
3949	plotseling	suddenly	soudainement	plötzlich	aniden	3949
3950	tempo (het)	pace	allure	Tempo	tempo	3950
3951	tegelijkertijd	at the same time	en même temps	gleichzeitig	aynı zamanda	3951
3952	vertoonde	showed	se présentait	verzeichnete	gösterdi	3952
3953	scherpe	sharp	forte	starken	keskin	3953
3954	vermindert	is reduced	diminue	sinkt	azaltır	3954
3955	uitkomen	end up	revenir	auskommen	yetmek	3955
3956	scholing (het)	education	formation	Ausbildung	eşitim	3956
3957	aan de slag = aan het werk					3957
3958	anderzijds	on the other hand	d'un autre côté	andererseits	dişer yandan	3958
3959	aarzelen	hesitate	hésitent	zögern	tereddüt	3959
3960	in dienst nemen	hire	embaucher	anzustellen	işe almak	3960
3961	vergrijzing (de)	ageing	vieillissement	Vergreisung	yaşlanma	3961
3962	rijzen	arise	se lèvent	entstehen	yükselmek	3962
3963	relatief	relatively	relativement	relativ	relatif	3963
3964	de beroepsbevolking = alle mensen die (kunnen) werken					3964
3965	antwoord (het)	answer	réponse	Antwort	cevap	3965

Van de wieg tot het graf

De Nederlandse _____ zorgt goed voor de burgers. We bekijken een _____ categorieën van overheidssteun. Voor ieder kind krijgen de _____ kinderbijslag. Wie geen werk heeft kan bijstand krijgen. _____ je werk hebt, maar wegens ziekte niet kunt _____ , krijg je je loon toch op je bankrekening. _____ twee jaar krijg je een uitkering in het _____ van de WAO (de wet op de arbeidsongeschiktheid). _____ is dan een percentage van je vroegere loon. _____ na ontslag krijg je een paar jaar een _____ van wat je voormalige werkgever je betaalde. Voor _____ en langdurig zieken zijn er speciale voorzieningen. In _____ gevallen kun je tussen je 55ste en je _____ al ophouden met werken. Met steun van de _____ betaalt je baas je een deel van je _____ door. Vanaf je 65ste krijg je je staatspensioen, _____ AOW. Wie boven het minimumloon zit krijgt ook _____ van de werkgever. Ja, je wordt hier goed _____ . Van de wieg tot het graf! De verzorgingsstaat _____ ontstaan na de Tweede Wereldoorlog. Nederland herstelde zich _____ , de economie draaide goed, met de industrie als _____ motor. Er was genoeg geld om diegenen die _____ genoeg middelen van bestaan hadden, een handje te _____ . De ene regeling na de andere werd ingesteld _____ de verzorgingsstaat was een feit. Maar de tijden _____ . Eind 20ste eeuw nam de werkgelegenheid plotseling in _____ tempo af. Tegelijkertijd vertoonde het aantal arbeidsongeschikten een _____ stijging. En als je eenmaal een uitkering hebt, _____ je niet zo makkelijk aan het werk. Met _____ uitkering krijg je namelijk extra steun, zoals huursubsidie. _____ je gaat werken vermindert die steun en dan _____ je inkomen uiteindelijk lager uitkomen. Zeker als je _____ scholing hebt. Waarom zou je dan aan de _____ gaan? Anderzijds aarzelen werkgevers om mensen in dienst _____ nemen die lang niet gewerkt hebben. Kan de _____ de mensen wel aan het werk houden? Ook _____ de vergrijzing rijzen er problemen. Mensen leven langer, _____ zijn dus langer afhankelijk van voorzieningen. Een relatief _____ beroepsbevolking moet die betalen. Heeft de verzorgingsstaat een _____ op het probleem van de vergrijzing?

Geef antwoord

1. Wanneer is de verzorgingsstaat in Nederland ontstaan? Waarom juist toen?
2. Wat gebeurt er als je werk hebt, maar wegens ziekte niet kunt werken?
3. Waarom kom je niet makkelijk meer aan het werk, als je eenmaal een uitkering hebt?
4. Welke problemen rijzen er door de vergrijzing?
5. Is uw land een verzorgingsstaat? Wat zijn de verschillen met Nederland?

Maak de zinnen af

Als ____________________, ____________________ kinderbijslag.
Als ____________________, ____________________ bijstand krijgen.
Wie wegens ziekte ____________________, ____________________ toch zijn loon.
Wanneer ____________________, ____________________ van je salaris.
Voor mensen die ____________________, ____________________ speciale voorzieningen.
Voordat ____________________, ____________________ soms al ophouden met werken.
Wanneer ____________________, ____________________ AOW.
Als je gaat werken, ____________________ lager uitkomen.

Vul in

De verzorgingsstaat is midden 20ste eeuw ____. Er was genoeg geld om d____ die niet genoeg middelen van bestaan ____, te helpen. De ene regeling na de ____ werd ingesteld. Maar eind 20ste eeuw ____ de werkgelegenheid sterk ____. Tegelijkertijd ____ het aantal arbeids-ongeschikten ____. Hoe ____ de verzorgingsstaat de mensen aan het werk?

Overleg

Vertegenwoordigers van werkgevers, werknemers, ouderenbonden overleggen over een voorstel om iedereen tot 70 jaar te laten werken.

Les 32 Tulpen en gloeilampen

Nederland: het land van klompen, *tulpen* en kaas. En u *treft* in de *etalages* in uw eigen land vast nog wel andere Nederlandse producten *aan*. Bier, tomaten, *gloeilampen*, wat nog meer? Waar wordt dit allemaal *geproduceerd* in dit kleine landje? Laten we de kaart er maar weer eens bij nemen.

In bijna geheel Nederland is de grond geschikt voor de landbouw. De aardappel*productie* is van belang, *voornamelijk* voor de *export*, maar ook voor de *consumptie* en de *verwerking* tot *patat* en *chips*. Het *vlammetje* in Groningen *slaat* op de *aanzienlijke* hoeveelheden *aardgas* die daar uit de grond gehaald worden. Iedereen *kookt* erop, het wordt geëxporteerd, de industrie maakt *dankbaar* gebruik van deze goedkope energie*bron*.

Er *lopen* vier miljoen *koeien rond* in Nederland, die samen heel wat melk produceren. In de *zuivel*industrie wordt daar van alles van gemaakt. In de *bol herkent* u *vermoedelijk* een *Goudse* kaas. Maar als die in uw land te koop zijn, komen ze waarschijnlijk helemaal niet uit Nederland! Het *varkentje* in Noord-Brabant staat voor de *veeteelt*. De vleesproductie is vooral gericht op onze trouwste klant Duitsland.

De tulp en de *tomaat* staan voor de tuinbouw. U hebt ongetwijfeld de bollenvelden al eens *bezocht*. Anders moet u *daar* beslist *heen*: *geel*, rood, *paars*, alle kleuren van de *regenboog*! Tomaten en *paprika's*, die veel warmte nodig hebben, groeien in de *kas*. In de Zuid-Hollandse *streek* 'het Westland' staan er zo veel dat dit gebied 'de glazen stad' genoemd wordt. *'s Nachts* is het hier een zee van *licht*. De *productiviteit* van de tuinbouw is hoog, de energie goedkoop, de *verkoop* via *veilingen* efficiënt. Via Schiphol ligt alles binnen enkele uren over de hele wereld in de winkels.

Met die lamp wordt de bekende gloeilampen*fabriek* in het zuiden des lands *aangeduid*. *Afgezien* van *lampen* brengt deze *multinational* ook *elektronica*

3966	tulpen	tulips	tulipes	Tulpen	laleler	3966
3967	treft aan	come across	tomber sur	findet	karşılaşır	3967
3968	etalages	shop windows	étalages	Auslagen	vitrinler	3968
3969	gloeilampen	light bulbs	ampoules électriques	Glühbirnen	ampül	3969
3970	geproduceerd	produced	produit	produziert	üretildi	3970
3971	productie (de)	production	production	Produktion	üretim	3971
3972	voornamelijk	mainly	principalement	vor allem	özellikle	3972
3973	export (de)	export	exportation	Export	ihracat	3973
3974	consumptie (de)	consumption	consommation	Verbrauch	tüketim	3974
3975	verwerking (de)	processing	traitement	Verarbeitung	işlemek	3975
3976	patat (de)	french fries	frites	Pommes	patates	3976
3977	chips	potato chips	chips	Chips	cips	3977
3978	vlammetje (het)	little flame	flamme	Flamme	alev	3978
3979	slaat (op)	refers	réfère	bezieht sich auf	çıkarır	3979
3980	aanzienlijke	considerable	considérable	ansehnliche	fazla	3980
3981	aardgas (het)	natural gas	gaz naturel	Erdgas	doşalgaz	3981
3982	kookt	cooks	cuisine	kocht	pişirir	3982
3983	dankbaar	gratefully	volontiers	dankbar	müteşekkir	3983
3984	bron (de)	source	source	Quelle	kaynak	3984
3985	lopen rond	walk around	se promènent	laufen rum	ortalıkta dolaşır	3985
3986	koeien	cows	vaches	Kühe	inekler	3986
3987	zuivel (de)	dairy	produit laitier	Molkereiprodukte	süt ürünleri	3987
3988	bol (de)	ball, sphere	boule	Kugel	küre, yuvarlak	3988
3989	herkent	recognise	reconnaissez	erkennt	tanır	3989
3990	vermoedelijk	probably	probablement	vermutlich	tahminen	3990
3991	Goudse	Gouda	de Gouda	Gauda	Gouda	3991
3992	varkentje	piglet	petit cochon	Schweinchen	domuzcuk	3992
3993	veeteelt (de)	cattle breeding	élevage	Viehzucht	yem	3993
3994	tomaat (de)	tomato	tomate	Tomate	domates	3994
3995	tuinbouw (de) = sector die groente, fruit en bloemen produceert					3995
3996	bollenvelden = grote velden met bloemen					3996
3997	bezocht	visited	visités	besucht	ziyaret etti	3997
3998	daar heen	go there	là-bas	dort hin	oraya	3998
3999	geel	yellow	jaune	gelb	sarı	3999
4000	paars	purple	violet	lila	mor	4000
4001	regenboog (de)	rainbow	arc-en-ciel	Regenbogen	gökkuşaşı	4001
4002	paprika's	sweet peppers	poivrons	Paprikas	biberler	4002
4003	kas (de)	greenhouse	serre	Treibhaus	sera	4003
4004	streek (de)	region	région	Landstrich	bölge	4004
4005	's nachts	at night	la nuit	nachts	geceleri	4005
4006	licht (het)	light	lumière	Licht	ışık	4006
4007	productiviteit (de)	productivity	productivité	Produktivität	üretim	4007
4008	verkoop (de)	sale	vente	Verkauf	satış	4008
4009	veilingen	auctions	vente aux enchères	Versteigerungen	müzayede	4009
4010	fabriek (de)	factory	usine	Fabrik	fabrika	4010
4011	des lands = van het land					4011
4012	aangeduid	signified	indiquée	angedeutet	gösterildi	4012
4013	afgezien (van)	apart from	à part	abgesehen	haricinde	4013
4014	lampen	lamps	ampoules électriques	Lampen	lambalar	4014
4015	multinational (de)	multinational	multinationale	Multi	çokuluslu	4015
4016	elektronica	electronics	du matériel électronique	Elektronikprodukte	elektronik eşya	4016

op de markt. Samen met een *Japanse* onderneming *ontwikkelde* het bedrijf de cd, en het heeft een *aandeel* in de ontwikkeling van *dvd-systemen*. *Kunststoffen*: we kunnen niet zonder! In onze kleren en schoenen zijn ze verwerkt, we zitten op *stoelen* van kunststof, en de cd waar je voor deze les nog gauw even naar luisterde, is ervan gemaakt. Kunststoffen worden gemaakt van olie. Onder meer in de *petrochemische* industrie rond Rotterdam.

Graan groeit overal in Nederland. Een bier*producent* maakt daarvan een product waarmee het *momenteel* markt*leider* is: "*Heerlijk, helder, …!*" Pas op, geen reclame maken!

Tulpen en gloeilampen

Nederland: het _____ van klompen, tulpen en kaas. En u treft _____ de etalages in uw eigen land vast nog _____ andere Nederlandse producten aan. Bier, tomaten, gloeilampen, wat _____ meer? Waar wordt dit allemaal geproduceerd in dit _____ landje? Laten we de kaart er maar weer _____ bij nemen. In bijna geheel Nederland is de _____ geschikt voor de landbouw. De aardappelproductie is van _____ , voornamelijk voor de export, maar ook voor de _____ en de verwerking tot patat en chips. Het _____ in Groningen slaat op de aanzienlijke hoeveelheden aardgas _____ daar uit de grond gehaald worden. Iedereen kookt _____ , het wordt geëxporteerd, de industrie maakt dankbaar gebruik _____ deze goedkope energiebron. Er lopen vier miljoen koeien _____ in Nederland, die samen heel wat melk produceren. _____ de zuivelindustrie wordt daar van alles van gemaakt. _____ de bol herkent u vermoedelijk een Goudse kaas. _____ als die in uw land te koop zijn, _____ ze waarschijnlijk helemaal niet uit Nederland! Het varkentje _____ Noord-Brabant staat voor de veeteelt. De vleesproductie _____ vooral gericht op onze trouwste klant Duitsland. De _____ en de tomaat staan voor de tuinbouw. U _____ ongetwijfeld de bollenvelden al eens bezocht. Anders moet _____ daar beslist heen: geel, rood, paars, alle

4017	Japanse	Japanese	japonais	japanischen	Japon	4017
4018	ontwikkelde	developed	développa	entwickelte	geliştirdi	4018
4019	aandeel (het)	share	participation	Anteil	pay	4019
4020	dvd-systemen	DVD systems	systèmes DVD	DVD-Systemen	dvd sistemleri	4020
4021	kunststoffen	synthetics	matières synthétiques	Kunststoffe	plastikler	4021
4022	stoelen	chairs	chaises	Stühlen	sandalyeler	4022
4023	petrochemische	petrochemical	pétrochimique	petrochemischen	petro-kimyasal	4023
4024	producent (de)	producer	producteur	Produzent	üretici	4024
4025	momenteel	at the moment	pour l'instant	momentan	şu anda	4025
4026	leider (de)	leader	leader	Führer	lider	4026
4027	heerlijk	delicious	délicieux	herrlich	leziz	4027
4028	helder	clear	clair	klar	berrak	4028

kleuren _____ de regenboog! Tomaten en paprika's, die veel _____ nodig hebben, groeien in de kas. In de _____-Hollandse streek 'het Westland' staan er zo veel _____ dit gebied 'de glazen stad' genoemd wordt. _____ is het hier een zee van licht. De _____ van de tuinbouw is hoog, de energie goedkoop, _____ verkoop via veilingen efficiënt. Via Schiphol ligt alles _____ enkele uren over de hele wereld in de _____ . Met die lamp wordt de bekende gloeilampenfabriek in _____ zuiden des lands aangeduid. Afgezien van lampen brengt _____ multinational ook elektronica op de markt. Samen met _____ Japanse onderneming ontwikkelde het bedrijf de cd, en _____ heeft een aandeel in de ontwikkeling van _____ . Kunststoffen: we kunnen niet zonder! In onze kleren _____ schoenen zijn ze verwerkt, we zitten op stoelen _____ kunststof, en de cd waar je voor deze _____ nog gauw even naar luisterde, is ervan gemaakt. _____ worden gemaakt van olie. Onder meer in de _____ industrie rond Rotterdam. Graan groeit overal in Nederland. _____ bierproducent maakt daarvan een product waarmee het momenteel _____ is: "Heerlijk, helder, ...!" Pas op, geen reclame maken!

Geef antwoord

1. Welke Nederlandse producten liggen in uw land in de etalages?
2. Welke producten uit uw land liggen hier in de etalages?
3. Wat weet u van 'de glazen stad'?
4. Hoe komen de tomaten en paprika's zo snel over de gehele wereld?
5. Welke dingen van kunststof ziet u om u heen?

Grammatica (24, 26)

op gas	**erop**	**er … op**
Iedereen kookt **op gas.**	Iedereen kookt **erop.**	Ik kook **er** ook **op.**
Van die melk maken ze kaas.	**Daarvan** maken ze kaas.	**Daar** maken ze kaas **van.**
U moet **naar de bollen!**	U moet **daarheen!**	U moet **daar** beslist **heen!**
De cd die je beluistert, is **van kunststof** gemaakt.	De cd **waarnaar** je luistert, is **ervan** gemaakt.	De cd **waar** je **naar** luistert, is **er** ook **van** gemaakt.
Met dat product maakt het bedrijf winst.	Het is een product **waarmee** het bedrijf winst maakt.	Het is een product **waar** het bedrijf winst **mee** maakt.

Vul in

Klompen, tulpen, kaas, ____ , ____ , ____ : als we de kaart ____ nemen, dan kunnen we zien ____ dit allemaal geproduceerd ____ in dit ____ landje. Bijna ____ Nederland is geschikt voor de ____ . Hierbij is de aardappelproductie van ____ . Aardappels: de Nederlanders zijn ____ gek op! Ik hou er ook wel ____ , maar dan voornamelijk in de vorm van ____ en chips. Het gas ____ iedereen kookt, wordt in Groningen uit de grond ____ . En u weet toch ____ al die kazen vandaan komen? Uit Gouda! Ik heb de bollenvelden nog nooit ____ . ____ wil ik nu wel eens ____ !

Opdracht

Teken een kaartje van uw land met daarin een paar producten. Vertel daarna aan uw buurman of -vrouw waarom deze producten juist daarvandaan komen: ligt dat aan de grond, aan het klimaat? Zijn er goede transportwegen? Wat is het voornaamste exportproduct van uw land?

Les 33
Goede buren

Hoe *kijkt* Nederland tegen zijn buren *aan*? Ligt de *nadruk* op *onderlinge rivaliteit* of op *gemeenschappelijke belangen*? De *houding ten opzichte van* Duitsland werd lange tijd bepaald door de Tweede Wereldoorlog (1939-1945). Meer dan 100.000 Nederlandse Joden zijn toen in *concentratiekampen* vermoord. Heeft Nederland *zich* voldoende *verzet*? Niet iedereen is hiervan *overtuigd*. Er wordt *opvallend* veel gesproken en *geschreven* over 'de oorlog'. De *bijeenkomsten* op 4 mei trekken veel publiek, waaronder *behoorlijk* wat jongeren.

Inmiddels is Duitsland Nederlands handelspartner *nummer* 1. Voor de *degelijke* Duitse producten hebben de Nederlanders wel *waardering*. In *vergelijking* met Nederlanders zijn *Duitsers tamelijk* formeel. Zo zeggen ze *gewoonlijk* 'u' tegen hun *baas*. Helaas waren ze ons vaak met voetballen de baas. Wanneer was die *wedstrijd ook al weer,* waarbij de Oranje-*helden verloren* van de Duitse *ploeg*? Mensen die de wedstrijd hebben *bijgewoond* staat hij nog scherp voor de *geest*.

Hoe zijn de *betrekkingen* met België? De twee landen hebben veel gemeen: fietsen, patat eten, een koningshuis. Ooit vormden ze zelfs één staat. Maar Nederland speelde *zodanig* de baas dat er in België een *revolutie* kwam. In 1830 *stichtten* de Belgen een *afzonderlijke* staat.

In Nederlandse ogen is België een *zuidelijk* land. Er zijn *veel minder* regels, de belasting is er lager, de mensen houden van lekker eten. Sommigen zien in de havens van Antwerpen een gevaar voor Rotterdam. Maar wat is het *bezwaar* tegen enige concurrentie in de delta? Er is één ding waar de twee landen samen de *schouders* onder moeten zetten: het handhaven van het Nederlands als EU-taal.

Aan de *overkant* van het *Kanaal* ligt Engeland. *Britten hechten* aan *tradities,* zeggen de Nederlanders. En ze hebben veel gevoel voor *humor*. Maar *in hoeverre* ze echt bij de EU willen horen is niet altijd duidelijk. De handelsrelaties zijn echter *voortreffelijk*. Britse *sterren* (Harry Potter) komen naar Nederland, Nederlandse bloemen gaan naar Engeland. En met een beetje geluk loop je daar een Nederlandse voetballer tegen het *lijf*.

4029	kijkt aan (tegen)	regards	pense	hält von	bakar	4029
4030	nadruk (de - op)	emphasis	accent	Schwerpunkt	vurgu	4030
4031	onderlinge	mutual	réciproque	untereinander	aralarında	4031
4032	rivaliteit (de)	rivalry	rivalité	Rivalität	rekabetçilik	4032
4033	gemeenschappelijke	common	communs	gemeinschaftliche	birlikte	4033
4034	belangen	interests	intérêts	Belangen	istekler	4034
4035	houding (de)	attitude	comportement	Haltung	tutum	4035
4036	ten opzichte van	towards	à l'égard de	gegenüber	bakımından	4036
4037	concentratiekampen	concentration camps	camps de concentration	Konzentrationslagern	konsantrasyon kampları	4037
4038	zich verzet	offer resistance	résisté	sich gewehrt	direnmek	4038
4039	overtuigd (van)	convinced	convaincu	überzeugt	ikna oldu	4039
4040	opvallend	remarkable	frappant	auffällig	dikkat çekici	4040
4041	geschreven	written	écrit	geschrieben	yazılı	4041
4042	bijeenkomsten	gatherings	réunions	Zusammenkünfte	toplantılar	4042
4043	behoorlijk	quite	pas mal	erstaunlich	oldukça	4043
4044	nummer (het)	number	numéro	Nummer	numara	4044
4045	nummer 1 = de belangrijkste					4045
4046	degelijke	reliable	bonne qualité	soliden	günlük	4046
4047	waardering (de)	appreciation	appréciation	Wertschätzung	saygı	4047
4048	vergelijking (de)	comparison	comparaison	Vergleich	karşılaştırma	4048
4049	Duitsers	Germans	Allemands	Deutsche	Almanlar	4049
4050	tamelijk	rather	plutôt	ziemlich	oldukça	4050
4051	gewoonlijk	usually	habituellement	gewöhnlich	normalde	4051
4052	baas (de)	boss	patron	Chef	patron	4052
4053	waren ze ons de baas= waren ze beter dan wij					4053
4054	wedstrijd (de)	match	match	Spiel	yarışma	4054
4055	ook al weer	again	déjà	noch mal	peki	4055
4056	helden	heroes	héros	Helden	kahramanlar	4056
4057	verloren	lost	perdirent	verloren	kaybetti	4057
4058	ploeg (de)	team	équipe	Mannschaft	takım	4058
4059	bijgewoond	attended	assisté	dabei waren	katılmak	4059
4060	geest (de)	mind	esprit	Geist	ruh	4060
4061	betrekkingen	relations	relations	Beziehungen	alakalar	4061
4062	zodanig	in such a way	tellement	so sehr	öyle ki	4062
4063	de baas speelde = zijn wil oplegde, alles wilde regelen					4063
4064	revolutie (de)	revolution	révolution	Revolution	devrim	4064
4065	stichtten	founded	fondèrent	gründeten	kurmak	4065
4066	afzonderlijke	separate	à part	separaten	ayrı	4066
4067	in Nederlandse ogen = volgens de Nederlanders					4067
4068	zuidelijk	southern	méridional	südliches	güneye	4068
4069	veel minder	a lot less	beaucoup moins	viel weniger	daha az	4069
4070	bezwaar (het)	objection	inconvénient	Einwand	itiraz	4070
4071	schouders	shoulders	épaules	Schultern	omuzlar	4071
4072	de schouders zetten onder iets = hard werken voor iets					4072
4073	overkant (de)	other side	de l'autre côté	auf der andere Seite	karşı taraf	4073
4074	Kanaal (het)	English Channel	Manche	Kanal	kanal	4074
4075	Britten	the Brittish	Britanniques	Engländer	Ingilizler	4075
4076	hechten (aan)	value	tiennent à	hängen an	başlı olmak	4076
4077	tradities	traditions	traditions	Traditionen	gelenekler	4077
4078	humor (de)	humour	humour	Humor	espri	4078
4079	in hoeverre	to what extent	à quel point	in wieweit	nereye kadar	4079
4080	voortreffelijk	excellent	excellent	vortrefflich	mükemmel	4080
4081	sterren	stars	vedettes	Stars	yıldızlar	4081
4082	lijf (het)	body	corps	Leib	beden, can	4082
4083	tegen het lijf lopen = ontmoeten					4083

Goede buren

_____ kijkt Nederland tegen zijn buren aan? Ligt de _____ op onderlinge rivaliteit of op gemeenschappelijke belangen? De _____ ten opzichte van Duitsland werd lange tijd bepaald _____ de Tweede Wereldoorlog (1939-1945). Meer dan 100.000 Nederlandse _____ zijn toen in concentratiekampen vermoord. Heeft _____ zich voldoende verzet? Niet iedereen is hiervan overtuigd. _____ wordt opvallend veel gesproken en geschreven over 'de _____'. De bijeenkomsten op 4 mei trekken veel publiek, _____ behoorlijk wat jongeren. Inmiddels is Duitsland Nederlands handelspartner _____ 1. Voor de degelijke Duitse producten hebben de _____ wel waardering. In vergelijking met Nederlanders zijn Duitsers _____ formeel. Zo zeggen ze gewoonlijk 'u' tegen hun _____ . Helaas waren ze ons vaak met voetballen de _____ . Wanneer was die wedstrijd ook al weer, waarbij _____ Oranje-helden verloren van de Duitse ploeg? Mensen _____ de wedstrijd hebben bijgewoond staat hij nog scherp _____ de geest.

Hoe zijn de betrekkingen met België? _____ twee landen hebben veel gemeen: fietsen, patat eten, _____ koningshuis. Ooit vormden ze zelfs één staat. Maar _____ speelde zodanig de baas dat er in België _____ revolutie kwam. In 1830 stichtten de Belgen een _____ staat. In Nederlandse ogen is België een zuidelijk _____ . Er zijn veel minder regels, de belasting is _____ lager, de mensen houden van lekker eten. Sommigen _____ in de havens van Antwerpen een gevaar voor _____ . Maar wat is het bezwaar tegen enige concurrentie _____ de delta? Er is één ding waar de _____ landen samen de schouders onder moeten zetten: het _____ van het Nederlands als EU-taal. Aan de _____ van het Kanaal ligt Engeland. Britten hechten aan _____ , zeggen de Nederlanders. En ze hebben veel gevoel _____ humor. Maar in hoeverre ze echt bij de _____ willen horen is niet altijd duidelijk. De handelsrelaties _____ echter voortreffelijk. Britse sterren (Harry Potter) _____ naar Nederland, Nederlandse bloemen gaan naar Engeland. En _____ een beetje geluk loop je daar een Nederlandse _____ tegen het lijf.

Geef antwoord

1. Hoe kijkt Nederland nu tegen Duitsland aan?
2. En hoe zijn de betrekkingen met België?
3. Minder regels, is dat een voordeel of een nadeel?
4. Waarom zou Antwerpen een gevaar voor Rotterdam zijn?
5. Komen er Britse sterren en Nederlandse bloemen naar uw land?
6. Hoe kijkt men in uw land tegen de buurlanden aan?

Grammatica (6)

zeer veel	**veel formeler**
Men heeft **zeer veel** waardering.	Ze zijn **veel formeler** dan Nederlanders.
Heel wat jongeren komen ernaartoe.	Ze hebben **veel minder** regels.
Er wordt **opvallend veel** gesproken.	Je kunt er **veel lekkerder** eten.
Ze hebben **erg veel** gevoel voor humor.	Ze hechten **veel meer** aan tradities.
Ze betalen **heel weinig** belasting.	De belasting is er **veel lager**.

Vul in

Er wordt in Nederland ____ veel gesproken ____ de Tweede Wereldoorlog. Niet iedereen is ervan ____ dat Nederland zich ____ heeft verzet. Naar de ____ op 4 mei komen ____ veel jongeren. Inmiddels is Duitsland N____ belangrijkste handelspartner. Nederlanders vinden Duitsers ____ formeel. België daarentegen vinden ze een ____ zuidelijk land. Er zijn ____ minder regels, de belasting is er ____ lager, en je kunt er ____ lekkerder eten. Britten hechten veel ____ aan tradities dan de Nederlanders. Er lopen daar ____ wat Nederlandse voetballers rond.

Geef de alinea kort weer

Alinea 1 gaat over ____ ; er wordt uitgelegd dat ____ , en dat ____ ;
Alinea 2 gaat over ____ ; er wordt uitgelegd ____ ; enzovoort!

Les 34 Goede raad is duur

Veel inwoners van grote steden voelen zich onveilig. Op straat, in de tram, in het winkelcentrum. 's Nachts *durven* ze hun huis niet uit. Is Nederland zo onveilig?

Per jaar wordt bij 6% van de bevolking *ingebroken*, en 7% krijgt te maken met een *gestolen* auto. Dat is niet meer dan elders in Europa. Maar driekwart miljoen gestolen fietsen per jaar, dat is wel meer dan in *enig* ander Europees land. Dat is niet zo vreemd! En bovendien, is dat een *aantasting* van de veiligheid? Of gewoon een risico van de moderne maatschappij? Iets waarin we moeten *berusten*? Er is hier geen oorlog of *terrorisme*. Waarover *windt* men *zich* zo *op*?

De mensen *klagen* over *geweld* dat ze *van nabij meemaken*. Groepen jongeren *plegen* geweld uit *verveling* of *protest*. Soms wordt een *etnische* achtergrond *vermeld*. Is er iets *verkeerd gegaan* met de integratie? Waarom *grijpt* de politie niet *keihard in*?

De *omvang* van de politie is betrekkelijk klein. Veel blauw op straat is dus *uitgesloten*. Bovendien: zou het helpen? Of *lokt* het juist geweld *uit*? Overal *camera's aanbrengen* kan wel. De aantasting van onze *privacy* accepteren we, als de *daders* maar *gepakt* worden. Op sommige plekken mag de politie *preventief fouilleren*. Preventief *arresteren* mag niet. Gelukkig maar? Er zijn nu al niet genoeg *cellen* in de *gevangenissen*! De *stelling* van de politie *luidt* dat de burgers te weinig doen. Waarom *spreken* zij de daders niet *aan* op hun gedrag? Maar voordat je het weet zit je midden in een *steekpartij* of *loop* je een *schotwond op*!

Ook op scholen is het soms onveilig. Leerlingen komen met *wapens* naar school en leraren worden bedreigd. Valt de ouders iets te *verwijten*? Oefenen ze onvoldoende gezag uit? En zo ja, hoe komt dat? Als er iets gebeurd is zijn de *media* er als de *kippen* bij. Slachtoffers, *deskundigen*, politici komen aan het woord. Vertegenwoordigers van *minderheden* protesteren: het is maar een kleine groep die de problemen maakt! De overheid *denkt na* over het beleid. Strenger *straffen*? Het onderwijs anders inrichten? Speciale scholen *opzetten*? Goede *raad* is duur.

4084	durven	dare	osent	trauen	cüret etmek	4084
4085	ingebroken	broken into	cambriolé	eingebrochen	hırsız girmek	4085
4086	gestolen	stolen	volée	gestohlenen	çalınmış	4086
4087	enig	any	quelque	irgendein	bazı	4087
4088	aantasting (de)	infringement	atteinte	Angreifen	saldırı	4088
4089	berusten (in)	resign ourselves	se résigner	abfinden	katlanmak	4089
4090	terrorisme (het)	terrorism	terrorisme	Terrorismus	terörizm	4090
4091	windt zich op (over)	get worked up	s'énerve	regt sich auf	kızıyor	4091
4092	klagen (over)	complain	se plaignent	klagen	şikayet etmek	4092
4093	geweld (het)	violence	violence	Gewalt	şiddet	4093
4094	van nabij	at first hand	de près	aus nächster Nähe	yakından	4094
4095	meemaken	experience	vivent	miterleben	başına gelmek	4095
4096	plegen	commit	commettent	pflegen	yapmak	4096
4097	verveling (de)	boredom	ennui	Langeweile	can sıkıntısı	4097
4098	uit verveling = omdat ze zich vervelen					4098
4099	protest (het)	protest	protestation	Protest	protesto	4099
4100	etnische	ethnic	ethnique	ethnischer	etnik	4100
4101	vermeld	mentioned	mentionné	genannt	bildirildi	4101
4102	verkeerd	wrong	mal	verkehrt	yanlış	4102
4103	gegaan	gone	passé	gelaufen	gitti	4103
4104	grijpt in	intervenes	intervient	greift ein	müdahale eder	4104
4105	keihard	rigorously	implacablement	knallhart	sert	4105
4106	omvang (de)	size	ampleur	Größe	kapasite	4106
4107	uitgesloten	ruled out	exclu	ausgeschlossen	imkansız	4107
4108	lokt uit	provokes	provoque	provoziert	sebebiyet verir	4108
4109	camera's	cameras	caméras	Kameras	kameralar	4109
4110	aanbrengen	mount	installer	anbringen	yerleştirmek	4110
4111	privacy (de)	privacy	vie privée	Privatsphäre	kişisel	4111
4112	daders	perpetrators	coupables	Täter	suçlular	4112
4113	gepakt	seized	pris	gefasst	yakalandı	4113
4114	preventief	preventive	préventivement	vorsorglich	önleyici	4114
4115	fouilleren	body search	fouiller	durchsuchen	üst aramak	4115
4116	arresteren	arresting	arrêter	festnehmen	tutuklamak	4116
4117	cellen	cells	cellules	Zellen	hücreler	4117
4118	gevangenissen	prisons	prisons	Gefängnissen	hapishaneler	4118
4119	stelling (de)	proposition, stand	position	Meinung	görüş	4119
4120	luidt	is able	est que	lautet	şöyle	4120
4121	spreken aan (op)	tackle about	réprimandent	sprechen an	hitab eder	4121
4122	steekpartij (de)	knifing	rixe	Messerstecherei	çatışma	4122
4123	loop op	receive	reçoit	holst dir	alır	4123
4124	schotwond (de)	gunshot wound	blessure de balle	Schusswunde	kurşun yarası	4124
4125	wapens	weapons	armes	Waffen	silahlar	4125
4126	verwijten	blame	reprocher	vorzuwerfen	kınamak	4126
4127	valt de ouders iets te verwijten = is het de schuld van de ouders					4127
4128	media	media	médias	Presse	medya	4128
4129	kippen	chickens	poules	Hühner	tavuklar	4129
4130	zijn er als de kippen bij = zijn er heel snel bij					4130
4131	komen aan het woord = mogen zeggen wat ze ervan vinden					4131
4132	deskundigen	experts	spécialistes	Fachleute	bilirkişiler	4132
4133	minderheden	minorities	minorités	Minderheiten	azccnlıklar	4133
4134	denkt na (over)	thinks	réfléchit	denkt nach	düşünmek	4134
4135	straffen	punish	punir	Strafen	cezalar	4135
4136	opzetten	set up	mettre sur pied	einrichten	kurmak	4136
4137	raad (de)	advice	conseil	Rat	nasihat	4137
4138	goede raad is duur = het is moeilijk om een goede oplossing te vinden					4138

Goede raad is duur

Veel inwoners van grote steden _____ zich onveilig. Op straat, in de tram, in _____ winkelcentrum. 's Nachts durven ze hun huis niet _____ . Is Nederland zo onveilig? Per jaar wordt bij _____ van de bevolking ingebroken, en 7% krijgt te _____ met een gestolen auto. Dat is niet meer _____ elders in Europa. Maar driekwart miljoen gestolen fietsen _____ jaar, dat is wel meer dan in enig _____ Europees land. Dat is niet zo vreemd! En _____ , is dat een aantasting van de veiligheid? Of _____ een risico van de moderne maatschappij? Iets waarin _____ moeten berusten? Er is hier geen oorlog of _____ . Waarover windt men zich zo op? De mensen _____ over geweld dat ze van nabij meemaken. Groepen _____ plegen geweld uit verveling of protest. Soms wordt _____ etnische achtergrond vermeld. Is er iets verkeerd gegaan _____ de integratie? Waarom grijpt de politie niet keihard _____ ? De omvang van de politie is betrekkelijk klein. _____ blauw op straat is dus uitgesloten. Bovendien: zou _____ helpen? Of lokt het juist geweld uit? Overal _____ aanbrengen kan wel. De aantasting van onze _____ accepteren we, als de daders maar gepakt worden. _____ sommige plekken mag de politie preventief fouilleren. Preventief _____ mag niet. Gelukkig maar? Er zijn nu al _____ genoeg cellen in de gevangenissen! De stelling van _____ politie luidt dat de burgers te weinig doen. _____ spreken zij de daders niet aan op hun _____ ? Maar voordat je het weet zit je midden _____ een steekpartij of loop je een schotwond op! _____ op scholen is het soms onveilig. Leerlingen komen _____ wapens naar school en leraren worden bedreigd. Valt _____ ouders iets te verwijten? Oefenen ze onvoldoende gezag _____ ? En zo ja, hoe komt dat? Als er _____ gebeurd is zijn de media er als de _____ bij. Slachtoffers, deskundigen, politici komen aan het woord. _____ van minderheden protesteren: het is maar een kleine _____ die de problemen maakt! De overheid denkt na _____ het beleid. Strenger straffen? Het onderwijs anders inrichten? _____ scholen opzetten? Goede raad is duur.

Geef antwoord

1 Vindt u Nederland veiliger of onveiliger dan andere landen?
2 Betekent fietsendiefstal een aantasting van de veiligheid?
3 En autodiefstal? En inbraak?
4 Waar klagen de Nederlanders eigenlijk over? Hebben ze gelijk?
5 Wat is beter: strengere ouders of meer politie op straat, of ...?

Grammatica (8, 12, 17)

gepakt	**ingebroken**	**vermeld**
Hij is **ge**pakt.	Er is in**ge**broken.	Het is **ver**meld.
Dat wordt **ge**straft.	Dat is uit**ge**sloten.	Wat is er **ge**beurd?
Men heeft **ge**klaagd.	Alles is in**ge**richt.	Heb je 't **ont**houden?
Heb je het **ge**hoord?	Wat heb je mee**ge**maakt?	Hij is **be**dreigd.

Vul in

Ik begrijp niet waarover de mensen _____ zo opwinden. Er wordt hier wel eens een fiets _____ . En 6% van de bevolking heeft een keer mee_____ dat er bij hen werd _____ . Maar mensen klagen hier volgens _____ vooral als _____ iets met hun auto gebeurt! Ik vind het wel heel erg als ze _____ bedreigen. Dat heb ik altijd erg _____ . Pas is er bij ons in de stad een leraar _____ . De jongen _____ dat gedaan had is streng g_____ . Nu _____ men na over het beleid. Hadden ze er maar eerder over n_____ , en het onderwijs anders _____ ! Dan was het misschien niet _____ !

Stellingen

"Mijn stelling luidt: De politie kan niet alles doen! Bij geweld op straat moeten de burgers meer ... en ook ...!"

"Mijn stelling luidt: bij geweld op straat moet de politie harder en vaker optreden. Ze moeten bijvoorbeeld ... en ook ... . Dat is niet de taak van de burgers."

Les 35
Brood op de plank

Hoe krijgt de Nederlander brood op de *plank*? Van de beroepsbevolking *is* 10% werkeloos of niet *in staat* om te werken; de rest heeft dus een baan. Waarmee verdienen zij de *kost*?

Zoals je uit *diagram* I kunt *afleiden*, is er in de *sector 'diensten'* veel werkgelegenheid. En dat is logisch: we doen steeds minder zelf, en dan moeten anderen ons *van dienst zijn*. We eten *buitenshuis*, kopen *kant-en-klare maaltijden* of laten de maaltijd thuis*bezorgen*. Boeken en cd's *bestellen* we via het internet, onze reizen laten we *organiseren* door een *reisbureau*. Ons *kantoor* laat het *beheer* van het computer*netwerk* aan specialisten over. Nieuw personeel komt binnen via het *uitzendbureau*, en een adviesbureau bepaalt het beleid. Het *resultaat*: restaurants, *catering*bedrijven, internetbedrijven en talloze soorten bureautjes *schieten* als *paddenstoelen* uit de grond.

Als we *figuur* I nader bekijken, *constateren* we dat er in de industrie weinig *banen* zijn. En de industrie is toch zo'n belangrijke bron van inkomsten? Dat is waar, maar daar zijn steeds minder arbeiders voor nodig. *Laaggeschoold* werk *trachten* de bedrijven zo veel mogelijk in lagelonenlanden te laten doen.

Werken veel vrouwen in Nederland, of vervullen zij de *traditionele* rol van *huisvrouw*? De laatste vijftien jaar zijn de vrouwen *massaal* de arbeidsmarkt opgegaan. Een *blik* op diagram II *leert* ons dat het percentage *vrouwelijke* werknemers nu boven het EU-gemiddelde ligt. *Merk op* (diagram III) dat zij behalve in de *zakelijke dienstverlening* vooral in de *sectoren zorg* en onderwijs werken. Een van de *redenen* is, dat daar deeltijdwerk mogelijk is. Veel vrouwen *combineren* hun werk namelijk met de zorg voor hun gezin.

Verdienen ze dan genoeg? Zijn de lonen zo hoog in Nederland? Inderdaad is het minimumloon relatief hoog, zoals figuur IV laat zien. Toch kunnen vrouwen met een deeltijdbaan meestal niet op eigen benen staan. Ook zijn hun *carrière*kansen geringer. *Discriminatie*? Ligt het aan de *tijdelijke* contracten die ze vaak hebben? Nee, dat kan de oorzaak niet zijn, want ook voor mannen is *flexibiliteit* de *norm*. Het is langzamerhand normaal om *geregeld* van werk en van werkgever te *wisselen*.

4139	plank (de)	shelf	planche	Brett	tezgah	4139
4140	hoe krijgt de Nederlander brood op de plank = hoe verdient hij geld					4140
4141	is in staat	is able	est en état	ist im Stande	haldedir	4141
4142	kost (de)	a living	coût	Unterhalt	tutar	4142
4143	diagram (het)	diagram	diagramme	Diagramm	diyagram	4143
4144	afleiden (uit)	deduce	dériver	ableiten	sonuç çıkarmak	4144
4145	sector (de)	sector	secteur	Sektor	sektör	4145
4146	diensten	service	services	Dienstleistungen	işler	4146
4147	van dienst zijn	be of service	pour votre service	dienen	işe yaramak	4147
4148	buitenshuis	out	hors de la maison	außer Haus	dışarda	4148
4149	kant-en-klare	ready-to-use	tout prêt	fertig	hazır	4149
4150	maaltijden	meals	repas	Gerichte	yemekler	4150
4151	bezorgen	deliver	livrer	liefern	temin etmek	4151
4152	bestellen	order	commandons	bestellen	sipariş	4152
4153	organiseren	organize	organiser	organisieren	organize etmek	4153
4154	reisbureau (het)	travel agency	agence de voyages	Reisebüro	seyahat bürosu	4154
4155	kantoor (het)	office	bureau	Geschäft	büro	4155
4156	beheer (het)	management	maintenance	Verwaltung	yönetmek	4156
4157	netwerk (het)	network	réseau	Netzwerk	aş	4157
4158	uitzendbureau (het)	temp agency	agence d'intérim	Zeitarbeitsvermittlung	işçi bürosu	4158
4159	resultaat (het)	result	résultat	Resultat	sonuç	4159
4160	catering (de)	catering	service traiteur	Katering	yemek servisi	4160
4161	schieten	shoot	s'élancent	schießen	türemek	4161
4162	paddenstoelen	mushrooms	champignons	Pilze	mantarlar	4162
4163	schieten als paddenstoelen uit de grond = er komen heel snel veel nieuwe bij					4163
4164	figuur (de)	figure	figure	Figur	figür	4164
4165	constateren	find	constatons	stellen fest	saptamak	4165
4166	banen	jobs	emplois	Stellen	işler	4166
4167	laaggeschoold	semi-skilled	peu qualifié	niedere	düşük eşitimli	4167
4168	trachten	attempt	essaient	versuchen	denemek	4168
4169	traditionele	traditional	tradionnel	traditionelle	geleneksel	4169
4170	huisvrouw (de)	housewife	femme au foyer	Hausfrau	evhanımı	4170
4171	massaal	massively	en masse	massenweise	kütlesel	4171
4172	zijn de arbeidsmarkt opgegaan = zijn gaan werken					4172
4173	blik (de)	look	regard	Blick	bakış	4173
4174	leert	tells	apprend	lehrt	öşretir	4174
4175	vrouwelijke	female	féminins	weiblicher	kadın	4175
4176	merk op	notice	remarque	aufpassen	dikkat et	4176
4177	zakelijke	commercial	professionnel	geschäftlichen	ticari	4177
4178	dienstverlening (de)	services	prestation de service	Service	hizmet	4178
4179	horeca = de sector hotel/restaurant/café					4179
4180	sectoren	sectors	secteurs	Sektoren	sektörler	4180
4181	zorg (de)	health services	secteur de la santé	Pflege	bakım	4181
4182	redenen	reasons	raisons	Gründen	sebepler	4182
4183	combineren	combine	combinent	verbinden	kombine etmek	4183
4184	op eigen benen staan = zelfstandig zijn					4184
4185	carrière (de)	career	carrière	Karriere	kariyer	4185
4186	discriminatie (de)	discrimination	discrimination	Diskriminierung	diskriminasyon	4186
4187	tijdelijke	temporary	temporaire	befristeten	geçici	4187
4188	flexibiliteit (de)	flexibility	flexibilité	Flexibilität	esneklik	4188
4189	norm (de)	standard	norme	Norm	kaide	4189
4190	is de norm = is normaal					4190
4191	geregeld	regularly	régulièrement	regelmäßig	düzenli	4191
4192	wisselen	change	changer	wechseln	deşiştirmek	4192

Brood op de plank

Hoe krijgt ____ Nederlander brood op de plank? Van de beroepsbevolking ____ 10% werkeloos of niet in staat om te ____ ; de rest heeft dus een baan. Waarmee verdienen ____ de kost? Zoals je uit diagram I kunt ____ , is er in de sector 'diensten' veel werkgelegenheid. ____ dat is logisch: we doen steeds minder zelf, ____ dan moeten anderen ons van dienst zijn. We ____ buitenshuis, kopen kant-en-klare maaltijden of laten ____ maaltijd thuisbezorgen. Boeken en cd's bestellen ____ via het internet, onze reizen laten we organiseren ____ een reisbureau. Ons kantoor laat het beheer van ____ computernetwerk aan specialisten over. Nieuw personeel komt binnen ____ het uitzendbureau, en een adviesbureau bepaalt het beleid. ____ resultaat: restaurants, cateringbedrijven, internetbedrijven en talloze soorten bureautjes ____ als paddenstoelen uit de grond. Als we figuur I ____ bekijken, constateren we dat er in de ____ weinig banen zijn. En de industrie is toch ____ belangrijke bron van inkomsten? Dat is waar, ____ daar zijn steeds minder arbeiders voor nodig. Laaggeschoold ____ trachten de bedrijven zo veel mogelijk in lagelonenlanden te ____ doen. Werken veel vrouwen in Nederland, of vervullen ____ de traditionele rol van huisvrouw? De laatste vijftien ____ zijn de vrouwen massaal de arbeidsmarkt opgegaan. Een ____ op diagram II leert ons dat het percentage ____ werknemers nu boven het EU-gemiddelde ligt. Merk ____ (diagram III) dat zij behalve in de zakelijke ____ vooral in de sectoren zorg en onderwijs werken. ____ van de redenen is, dat daar deeltijdwerk mogelijk ____ . Veel vrouwen combineren hun werk namelijk met de ____ voor hun gezin. Verdienen ze dan genoeg? Zijn ____ lonen zo hoog in Nederland? Inderdaad is het ____ relatief hoog, zoals figuur IV laat zien. Toch ____ vrouwen met een deeltijdbaan meestal niet op eigen ____ staan. Ook zijn hun carrièrekansen geringer. Discriminatie? Ligt ____ aan de tijdelijke contracten die ze vaak hebben? ____ , dat kan de oorzaak niet zijn, want ook ____ mannen is flexibiliteit de norm. Het is langzamerhand ____ om geregeld van werk en van werkgever te ____ .

Werkgelegenheid per sector

Diagram I

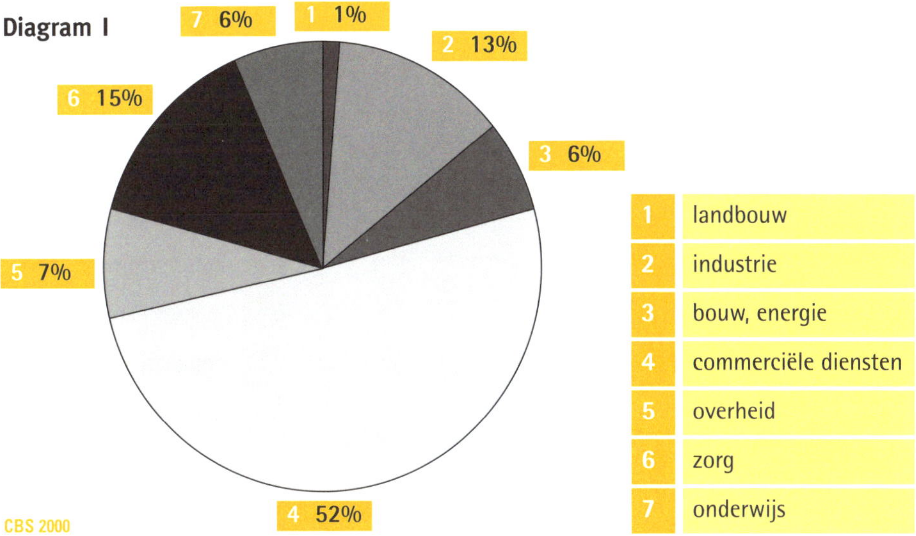

CBS 2000

Werkende vrouwen

Diagram II

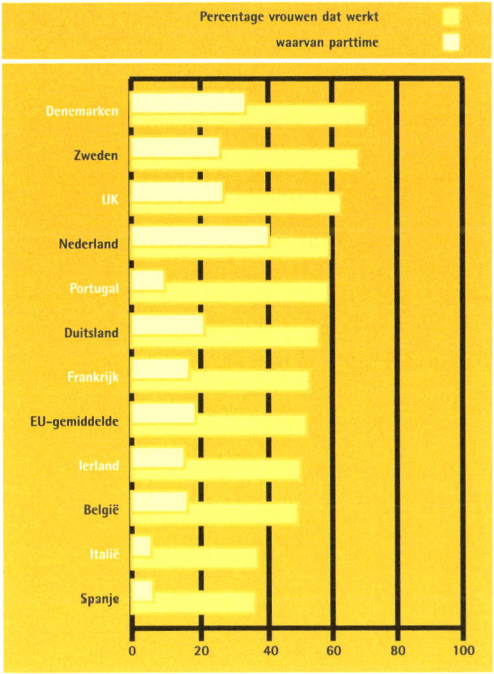

CBS 2000

Banen vrouwen per sector

Diagram III

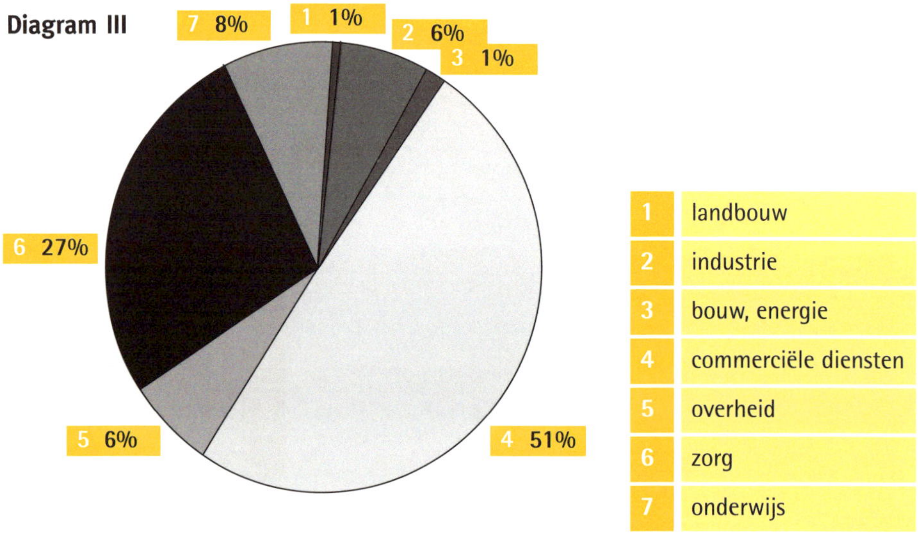

Minimumloon € per maand

Figuur IV

Minimumloon € per maand	
Luxemburg	1290
Nederland	1207
Frankrijk	1126
Verenigd Koninkrijk	1124
Ierland	1009
Spanje	516
Griekenland	473
Portugal	406
EU gemiddeld	924

Geef antwoord

1. Hoe krijgt de Nederlander brood op de plank?
2. Hoe komt het dat er zo veel werk is in de dienstensector?
3. Hoe komt het dat er zo weinig werk is in de industrie?
4. Werken veel vrouwen in Nederland? Wat voor banen hebben zij?
5. Wat zijn de nadelen van tijdelijke arbeidscontracten? Ziet u ook voordelen?

Grammatica (20)

laten		
we laten de maaltijd thuisbezorgen	→	anderen bezorgen het eten bij ons thuis
onze reizen laten we organiseren	→	reisbureaus organiseren onze reizen
ze laten het in lagelonenlanden doen	→	lagelonenlanden doen het werk voor hen
ons bedrijf laat het netwerk beheren	→	specialisten beheren ons netwerk

Vul in

Uit diagram I ____ je afleiden dat ____ in de dienstensector veel werk is. En dat is ook ____ : we eten b____ , of we kopen kant-en-____ maaltijden. Cd's ____ we via het internet, we ____ een reisbureau ons reisje ____ . Ons bedrijf ____ een automatiseringsbedrijf het netwerk ____ . Het ____ is dat talloze soorten bureautjes als ____ uit de grond schieten. Figuur I ____ ons ook dat er in de ____ weinig banen zijn. Vooral ____ werk laten de bedrijven zoveel mogelijk in ____ doen. De laatste 15 jaar zijn vrouwen ____ de arbeidsmarkt op____ . Zij ____ vooral in de commerciële ____ , omdat daar d____ mogelijk is. Zo hoeven zij de zorg voor hun ____ niet geheel aan anderen over te ____ .

Uitleg

Wat leidt u af uit de diagrammen bij deze tekst? Bespreek elk diagram afzonderlijk.

Les 36

Heeft u zelf nog vragen?

Solliciteren, hoe gaat dat hier? Stel, je wilt reageren op een *advertentie*. Kun je dan de personeelsdienst van het bedrijf bellen om *nadere* informatie? Zeker! Je toont belangstelling en ze horen je naam: *slim*!

Wat *stuur* je *op*? Een brief van één à anderhalf A4'tje en een *cv* van *maximaal* één *kantje*. *Tenzij* je via internet reageert natuurlijk. Dan vul je een *digitaal* formulier in en je stuurt je cv als *bijlage* mee. En dan maar hopen dat ze je *uitnodigen* voor een gesprek!

Als het eenmaal zover is, geef je een *stevige* hand en je kijkt iedereen zo nu en dan in de ogen. *Hieronder* wat vragen om je op voor te bereiden. Zorg dat je de antwoorden goed kunt *formuleren*. Overigens: je hoeft niet op alle vragen ("Heeft u een vriend?" "Bent u *zwanger*?") antwoord te geven!

"Ah, u bent mevrouw Bos, komt u binnen. Uw jas kunt u daar kwijt. Zo, neemt u plaats. Heeft u het gemakkelijk kunnen vinden? Eerst stel ik de leden van de *commissie* aan u voor. Zij zullen u straks wat vragen stellen. Maar daaraan *voorafgaand* geef ik u een korte *inleiding* over ons bedrijf. *Kopje* koffie?"

"Waarom bent u in deze baan *geïnteresseerd*? En wat heeft u ons bedrijf te bieden? Op grond van welke *eigenschappen acht* u zichzelf geschikt? U heeft vast ook wel zwakke punten. Vertelt u eens?"

"In uw brief schrijft u dat u ervaring heeft met dit werk, maar kunt u daar iets meer over vertellen? Uw opleiding, lees ik in uw cv, heeft u gedeeltelijk in het buitenland gevolgd: *beschrijft* u de vaardigheden eens die u daar *opgedaan* hebt?"

"Uw meest *recente werkkring*. Wat hield dat werk in? Waarom ging u daar weg? Heeft u ook nog *onbetaald* werk verricht dat *relevant* kan zijn? Wat zijn uw hobby's?"

"Contacten op het werk, vindt u dat een belangrijk *aspect*? Ja? Waarom? Als er problemen zijn, hoe lost u die op? Kunt u een *concreet* voorbeeld geven?" "Hoeveel zou u ongeveer willen verdienen? Wat iemand in een *soortgelijke* functie normaal gesproken verdient? Dat zal in de orde van zoveel euro per maand bruto zijn. Wat denkt u? Zegt u het maar eerlijk, hoor!"

4193	solliciteren	applying	postuler	bewerben	işbaşvurusu	4193
4194	advertentie (de)	advertisement	annonce	Anzeige	ilan	4194
4195	nadere	more	plus précise	nähere	detaylı	4195
4196	slim	smart	malin	schlau	akıllı	4196
4197	stuur op	send	envois	schickst weg	gönder	4197
4198	A4'tje = blad papier van 21 x 30 cm.					4198
4199	cv (het)	resumé, cv	CV	Lebenslauf	açık özgeçmiş	4199
4200	maximaal	maximum	maximum	maximal	azami	4200
4201	kantje (het)	page	page	Seite	sayfa	4201
4202	tenzij	unless	à moins que	außer wenn	bunun dışında	4202
4203	digitaal	digital	électronique	digitales	dijital	4203
4204	bijlage (de)	attachment	annexe	Anhang	ek	4204
4205	uitnodigen (voor)	invite	invitent	einladen	davet etmek	4205
4206	stevige	firm	forte	feste	sıkı	4206
4207	hieronder	stated below	ci-dessous	unterstehend	bunun altında	4207
4208	formuleren	formulate	exprimer	formulieren	formüle etme	4208
4209	zwanger	pregnant	enceinte	schwanger	hamile	4209
4210	kunt u daar kwijt = kunt u daar ophangen					4210
4211	commissie (de)	committee	commission	Kommission	komisyon	4211
4212	voorafgaand (aan)	preceding	préalable	vorher	bundan önce	4212
4213	inleiding (de)	introduction	introduction	Einführung	takdim	4213
4214	kopje (het)	cup	tasse	Tässchen	fincan	4214
4215	geïnteresseerd	interested	intéressé	interessiert	ilgilendi	4215
4216	eigenschappen	qualities	caractéristiques	Eigenschaften	özellikler	4216
4217	acht	consider	estimez	erachten	dikkate al, deşerlendir	4217
4218	beschrijft	describe	décrivez	beschreiben	tanımlayın	4218
4219	opgedaan	acquired	acquises	erworben	edindişiniz	4219
4220	recente	recent	récent	aktuellster	bir önceki	4220
4221	werkkring (de)	position	emploi	Wirkungskreis	işyeri	4221
4222	onbetaald	unpaid	non payé	unbezahlte	ödenmemiş	4222
4223	relevant	relevant	important	relevant	önemli	4223
4224	aspect (het)	aspect	aspect	Aspekt	görünüş	4224
4225	concreet	specific	concret	konkretes	somut	4225
4226	soortgelijke	similar	similaire	ähnlichen	türdeş	4226
4227	in de orde van = ongeveer					4227

Sollicitatiegesprek

U wilt lessen in uw taal geven en u hebt een brief geschreven (een 'open sollicitatie') naar een bedrijfje dat taalcursussen verzorgt. U bent uitgenodigd voor een gesprek. Voer het gesprek.

"U noemt *verscheidene referenties* in uw brief. Kunnen wij die een dezer dagen bellen? Zij weten ervan, neem ik aan?" "*Ten slotte*: heeft u zelf nog vragen? Verdere opleidingskansen binnen het bedrijf? Ja, die zijn er zeker. Wanneer wij de *definitieve* beslissing nemen? Zo spoedig mogelijk. In principe vóór het eind van de maand, 't kan een weekje *uitlopen*. U hoeft ons niet te bellen, u hoort van ons! Nou, het was ons een *waar genoegen*, wij danken u voor uw belangstelling en *wensen* u een goede *terugreis*. O ja, een laatste *opmerking*: voor uw reiskosten moet u even naar het kantoor hier *tegenover*, naast de *ingang*."

Heeft u zelf nog vragen?

Solliciteren, hoe gaat dat hier? Stel, je wilt ____ op een advertentie. Kun je dan de personeelsdienst ____ het bedrijf bellen om nadere informatie? Zeker! Je ____ belangstelling en ze horen je naam: slim! Wat ____ je op? Een brief van één à anderhalf ____ en een cv van maximaal één kantje. ____ je via internet reageert natuurlijk. Dan vul je ____ digitaal formulier in en je stuurt je cv ____ bijlage mee. En dan maar hopen dat ze ____ uitnodigen voor een gesprek! Als het eenmaal zover ____ , geef je een stevige hand en je kijkt ____ zo nu en dan in de ogen. Hieronder ____ vragen om je op voor te bereiden. Zorg ____ je de antwoorden goed kunt formuleren. Overigens: je ____ niet op alle vragen ("Heeft u een vriend?" "____ u zwanger?") antwoord te geven!
"Ah, u bent ____ Bos, komt u binnen. Uw jas kunt u ____ kwijt. Zo, neemt u plaats. Heeft u het ____ kunnen vinden? Eerst stel ik de leden van ____ commissie aan u voor. Zij zullen u straks ____ vragen stellen. Maar daaraan voorafgaand geef ik u ____ korte inleiding over ons bedrijf. Kopje koffie?"
"Waarom ____ u in deze baan geïnteresseerd? En wat heeft ____ ons bedrijf te bieden? Op grond van welke ____ acht u zichzelf geschikt? U heeft vast ook ____ zwakke punten. Vertelt u eens?" "In uw brief ____ u dat u ervaring heeft met dit werk, ____ kunt u daar iets meer over vertellen? Uw ____ , lees ik in uw cv, heeft u gedeeltelijk ____ het buitenland gevolgd: beschrijft u de vaardigheden eens ____ u daar opgedaan hebt?" "Uw meest recente

4228	verscheidene	various	plusieurs	verschiedene	çeşitli	4228
4229	referenties	references	références	Referenzen	referanslar	4229
4230	een dezer dagen = binnenkort					4230
4231	ten slotte	finally	finalement	zum Schluss	sonuçta	4231
4232	definitieve	final	définitive	endgültige	kesin	4232
4233	uitlopen	take longer	se prolonger	vergehen	uzamak	4233
4234	waar	real	vrai	echtes	gerçek	4234
4235	genoegen (het)	pleasure	plaisir	Vergnügen	memnuniyet	4235
4236	wensen	wish	souhaitons	wünschen	dilemek	4236
4237	terugreis (de)	return trip	retour	Rückreise	dönüş seyahati	4237
4238	opmerking (de)	remark	remarque	Anmerkung	fikir, söz	4238
4239	tegenover	across	en face	gegenüber	karşısı	4239
4240	ingang (de)	entrance	entrée	Eingang	giriş	4240

werkkring. ____ hield dat werk in? Waarom ging u daar ____ ? Heeft u ook nog onbetaald werk verricht dat ____ kan zijn? Wat zijn uw hobby's?" "Contacten ____ het werk, vindt u dat een belangrijk aspect? ____ ? Waarom? Als er problemen zijn, hoe lost u ____ op? Kunt u een concreet voorbeeld geven?" "Hoeveel ____ u ongeveer willen verdienen? Wat iemand in een ____ functie normaal gesproken verdient? Dat zal in de ____ van zoveel euro per maand bruto zijn. Wat ____ u? Zegt u het maar eerlijk, hoor!" "U ____ verscheidene referenties in uw brief. Kunnen wij die ____ dezer dagen bellen? Zij weten ervan, neem ik ____ ?" "Ten slotte: heeft u zelf nog vragen? Verdere ____ binnen het bedrijf? Ja, die zijn er zeker. ____ wij de definitieve beslissing nemen? Zo spoedig mogelijk. ____ principe vóór het eind van de maand, 't ____ een weekje uitlopen. U hoeft ons niet te ____ , u hoort van ons! Nou, het was ons ____ waar genoegen, wij danken u voor uw belangstelling ____ wensen u een goede terugreis. O ja, een ____ opmerking: voor uw reiskosten moet u even naar ____ kantoor hier tegenover, naast de ingang."

Geef antwoord

1. U belt een bedrijf om nadere informatie. Wat vraagt u?
2. Wat staat er in uw cv? In welke volgorde?
3. Wat zijn uw zwakke en uw sterke punten?
4. Wat zijn uw hobby's? Hebt u onbetaald werk verricht?
5. Solliciteren: hoe gaat dat in uw land?

moet = noodzakelijk	**hoeft niet = niet noodzakelijk**
U **moet** antwoord geven.	U **hoeft geen** antwoord **te** geven.
U **moet** ons snel bellen.	U **hoeft** ons niet **te** bellen.
Jullie **moeten** zoeken.	We **hoeven** niet **te** zoeken.
Dat **moet**!	Dat **hoeft** niet!

Vul in

Kan ik ook ____ internet solliciteren? Ja, dat kan. Je ____ dan een digitaal s____ invullen. Maar hoe moet ____ dan mijn cv opsturen? Daar ____ je je geen zorgen over te maken. Ook dat ____ digitaal. Je voegt het als bijlage bij. ____ ik dan geen gesprek te voeren? Nou, dat hangt ervan ____ . Als je brief hun interesse wekt, willen ____ je meestal zelf spreken. Dan ____ je er toch heen, voor een gesprek.

Sollicitatiegesprekken

In groepjes van drie.
U bedenkt een vacature of kiest uit onderstaand lijstje.
Eén cursist vult een sollicitatieformulier in, de anderen bedenken de vragen, verdelen die, en voeren het sollicitatiegesprek.

- Schoonmaker/maakster gevraagd bij een schoonmaakbedrijf voor particulieren en bedrijven. 12 u/w. Rijbewijs gewenst.
- Huiswerkhulp gevraagd voor wis- en natuurkunde op vwo-niveau.
- Telefonist(e) gevraagd bij internationaal bedrijf in de Randstad: 20 uur p/w.
- Voetbaltrainer gevraagd voor de afdeling jeugd (6-12 jaar), voor de zaterdag en de woensdagmiddag.
- Autobedrijf heeft plaats voor verkoper met hbo-opleiding en ervaring, leeftijd ca. 30 jaar.
- Tester/Onderzoeker gevraagd bij technisch bedrijf. Hbo.

Sollicitatieformulier

Het onderstaande formulier kunt u gebruiken voor een open sollicitatie

Persoonlijke gegevens	
Naam	Roepnaam ....
Adres	Postcode/woonplaats ....
Telefoon	E-mail ....
Geboortedatum (dd-mm-jj)	Nationaliteit ....
Solliciteert naar de functie van	

Opleiding	
Studierichting	van ... tot ...
Andere opleidingen	van ... tot ...

Werkervaring			
Organisatie	Organisatie	Organisatie	van ... tot ...
			van ... tot ...

Motivatie voor deze functie

Diversen		
Talen	Rijbewijs	Hobby's

Referenties			
Staat u toe dat wij inlichtingen vragen bij uw huidige of vorige werkgever?			ja/nee
Zijn er andere referenties die u wenst te vermelden? Zo ja:			
naam	**adres**	**telefoon**	**functie**
			van ... tot ...

Les 37

Laat haar maar schuiven

Met mijn collega Bart loop ik tussen de middag altijd door het *park*. We praten *uitvoerig* over van alles en nog wat. Bijvoorbeeld over mijn *opgroeiende* kinderen. Of over zijn *bejaarde* moeder. Die is de 90 al *gepasseerd*, maar woont nog zelfstandig thuis. Nou ja, zelfstandig, Bart gaat er elke dag naartoe!

"Je hebt er je handen vol aan!", zeg ik. Maar Bart blijft *opgewekt*.

"Ach, ze heeft het aan haar *knie*, is gauw *moe*, maar *lichamelijk* is ze verder goed. En met haar *rollator* kan ze alle kanten op. Laat haar maar *schuiven*! Wel raakt ze vaker de weg kwijt *naarmate* ze ouder wordt. Laatst *vergiste* ze *zich* in de *voordeur*. *Kwaad* dat ze was, omdat de *sleutel* niet *paste*! Na verloop van tijd *drong* haar *vergissing* tot haar *door*, en toen is ze snel *omgekeerd*."

"Maar dat kan zo toch niet?" protesteer ik. "Er kan toch niet altijd iemand met haar mee? Wordt het niet tijd voor een verzorgingstehuis? Daar kan ze *meedoen* met *activiteiten*, dat geeft *structuur* aan haar leven. En jij bent ook de jongste niet meer. *Vierde* jij laatst niet je 62ste *verjaardag*?"

Nu wordt Bart een beetje *boos*. Hij is *principieel* tegen. "Zo'n *inrichting*? Daar heb ik geen enkel *vertrouwen* in. Er is veel te weinig personeel, ze is er veel eenzamer dan thuis. Van een persoonlijke *benadering* is geen sprake. En het is *onmenselijk* om haar uit haar *vertrouwde* omgeving te halen. De *overgang* zou veel te groot zijn. Nu komt er elke dag een *medewerker* van de thuiszorg bij haar thuis. Die *wekt* haar en helpt met *wassen*, *kleden* en de medicijnen. De rest doe ik. Ze is heel tevreden zo!"

"Dat kan wel *wezen*", probeer ik. "Maar als ze echt ziek wordt en dag en nacht iemand nodig heeft?"

Bart houdt voet bij stuk. "Ik heb tien dagen zorg*verlof* per jaar. En anders ga ik gewoon minder werken."

Ik heb hem in *overweging* gegeven om met *personeelszaken* te praten. Daar weten ze alles van regelingen voor werknemers die voor zieke familieleden zorgen. Het zijn er momenteel ongeveer een miljoen! Zo wordt de familie weer belangrijk. Draaien we de *klok* met z'n allen weer terug?

4241	tussen de middag = tussen 12 en twee					4241
4242	park (het)	park	parc	Park	park	4242
4243	uitvoerig	extensively	en détail	ausführlich	açıkça	4243
4244	opgroeiende	growing	grandissants	heranwachsenden	yetişen	4244
4245	bejaarde	elderly	personne âgée	betagte	yaşlanmış	4245
4246	gepasseerd	passed	passé	über	geçti	4246
4247	je hebt er je handen vol aan = het levert je veel werk op					4247
4248	opgewekt	cheerful	gai	gut gelaunt	uyanık	4248
4249	knie (de)	knee	genou	Knie	diz	4249
4250	heeft het aan haar knie = ze heeft last van haar knie					4250
4251	moe	tired	fatiguée	müde	yorgun	4251
4252	lichamelijk	physically	physiquement	körperlich	bedensel	4252
4253	rollator (de)	walker	déambulateur	Gehhilfe	tekerlekli sandalye	4253
4254	schuiven	push	pousser	schieben	sürmek, itmek	4254
4255	laat haar maar schuiven = ze redt zich wel					4255
4256	naarmate	as	au fur et à mesure	je	oldugu kadar	4256
4257	vergiste zich	was mistaken	s'est trompée	irrte sich	yanıldı	4257
4258	voordeur (de)	front door	porte d'entrée	Eingangstür	önkapı	4258
4259	kwaad	angry	en colère	verärgert	kızgın	4259
4260	sleutel (de)	key	clé	Schlüssel	anahtar	4260
4261	paste	fit	rentrait	passte	uydu	4261
4262	na verloop van tijd = na enige tijd					4262
4263	drong door (tot)	realized	s'est rendue compte	wurde klar	içeri sızdı	4263
4264	vergissing (de)	mistake	erreur	Irrtum	yanılma	4264
4265	omgekeerd	turned around	retournée	umgekehrt	döndü	4265
4266	verzorgingstehuis = tehuis voor mensen die niet voor zichzelf kunnen zorgen					4266
4267	meedoen (met)	participate	participer à	teilnehmen	katılmak	4267
4268	activiteiten	activities	activités	Aktivitäten	faaliyetler	4268
4269	structuur (de)	structure	structure	Struktur	düzen	4269
4270	vierde	celebrated	fêtais	hast gefeiert	kutladın	4270
4271	verjaardag (de)	birthday	anniversaire	Geburtstag	doşum günü	4271
4272	boos	angry	fâché	böse	kızgın	4272
4273	principieel	on principle	par principe	grundsätzlich	prensip olarak	4273
4274	inrichting (de)	institution	établissement	Einrichtung	kurum	4274
4275	vertrouwen (het)	confidence	confiance	Vertrauen	güven	4275
4276	benadering (de)	approach	approche	Vorgehensweise	yakınlık	4276
4277	onmenselijk	inhuman	inhumain	unmenschlich	insanlıkdışı	4277
4278	vertrouwde	familiar	de confiance	vertrauten	tanıdışı	4278
4279	overgang (de)	change	transition	Umstellung	geçiş	4279
4280	medewerker (de)	worker	employé	Mitarbeiter	çalışan kişi	4280
4281	wekt	wakes up	réveille	weckt	kaldırır	4281
4282	wassen	washing	laver	waschen	yıkamak	4282
4283	kleden	getting dressed	s'habiller	ankleiden	giyinmek	4283
4284	wezen	be	être	sein	olmak	4284
4285	houdt voet bij stuk = houdt vol					4285
4286	verlof (het)	leave	congé	Urlaub	izin	4286
4287	zorgverlof = vrije dagen om voor iemand te zorgen					4287
4288	overweging (de)	consideration	considération	Erwägung	düşünme payı	4288
4289	in overweging geven = aanraden, aanraden					4289
4290	personeelszaken	personnel	affaires du personnel	Personalabteilung	personel işleri	4290
4291	klok (de)	clock	horloge	Uhr	saat	4291
4292	draaien we de klok terug = doen we alles weer net als vroeger					4292

Laat haar maar schuiven

Met mijn _____ Bart loop ik tussen de middag altijd door _____ park. We praten uitvoerig over van alles en _____ wat. Bijvoorbeeld over mijn opgroeiende kinderen. Of over _____ bejaarde moeder. Die is de 90 al gepasseerd, _____ woont nog zelfstandig thuis. Nou ja, zelfstandig, Bart _____ er elke dag naartoe! "Je hebt er je _____ vol aan!", zeg ik. Maar Bart blijft opgewekt. "_____ , ze heeft het aan haar knie, is gauw _____ , maar lichamelijk is ze verder goed. En met _____ rollator kan ze alle kanten op. Laat haar _____ schuiven! Wel raakt ze vaker de weg kwijt _____ ze ouder wordt. Laatst vergiste ze zich in _____ voordeur. Kwaad dat ze was, omdat de sleutel _____ paste! Na verloop van tijd drong haar vergissing _____ haar door, en toen is ze snel omgekeerd." "_____ dat kan zo toch niet?" protesteer ik. "Er _____ toch niet altijd iemand met haar mee? Wordt _____ niet tijd voor een verzorgingstehuis? Daar kan ze _____ met activiteiten, dat geeft structuur aan haar leven. _____ jij bent ook de jongste niet meer. Vierde _____ laatst niet je 62ste verjaardag?" Nu wordt Bart _____ beetje boos. Hij is principieel tegen. "Zo'n _____ ? Daar heb ik geen enkel vertrouwen in. Er _____ veel te weinig personeel, ze is er veel _____ dan thuis. Van een persoonlijke benadering is geen _____ . En het is onmenselijk om haar uit haar _____ omgeving te halen. De overgang zou veel te _____ zijn. Nu komt er elke dag een medewerker _____ de thuiszorg bij haar thuis. Die wekt haar _____ helpt met wassen, kleden en de medicijnen. De _____ doe ik. Ze is heel tevreden zo!" "Dat _____ wel wezen", probeer ik. "Maar als ze echt _____ wordt en dag en nacht iemand nodig heeft?" _____ houdt voet bij stuk. "Ik heb tien dagen _____ per jaar. En anders ga ik gewoon minder _____ ." Ik heb hem in overweging gegeven om met _____ te praten. Daar weten ze alles van regelingen _____ werknemers die voor zieke familieleden zorgen. Het zijn _____ momenteel ongeveer een miljoen! Zo wordt de familie _____ belangrijk. Draaien we de klok met z'n _____ weer terug?

Geef antwoord

1. Hoe oud is Barts moeder? En Bart zelf?
2. Woont Barts moeder zelfstandig thuis?
3. Wat is er laatst gebeurd? Waarom werd ze zo kwaad?
4. Welke oplossingen zijn er voor Bart als zijn moeder veel meer hulp nodig heeft dan nu?
5. Wat wordt bedoeld met 'Draaien we de klok weer terug?'

Grammatica (24, 27)

er	
Hij gaat **er** elke dag **naartoe**	Hij gaat elke dag naar **z'n moeder toe**
Je hebt **er** je handen vol **aan**	Je hebt je handen vol **aan de verzorging**
Er is te weinig personeel in zo'n tehuis	Zo'n tehuis heeft veel te weinig personeel
Nu **komt er** elke dag **iemand** bij haar	Nu krijgt ze elke dag iemand bij zich thuis
Ze is **er** veel eenzamer	Ze is veel eenzamer **in zo'n inrichting**
Het zijn **er** momenteel **een miljoen!**	Een miljoen werknemers verzorgen iemand

Vul in

Met hun rollator kunnen bejaarden alle _____ op. _____ ze maar schuiven! Zo kunnen ze langer z_____ thuis blijven wonen. Goed dat de rollator door de verzekering wordt _____ ! Mijn collega is _____ principieel tegen. De fiets voor je opg_____ kinderen betaal je toch ook zelf? zegt hij. Maar dat is heel wat anders! p_____ ik. Nu wordt hij een beetje _____ . Dat kost veel te _____ ! Er zijn te _____ werknemers om dat allemaal te betalen. Momenteel zijn het _____ slechts 9 miljoen!

Thuiszorg of verzorgingstehuis?

Bent u het eens met Bart? Of met zijn collega? Voer de discussie.

Les 38
Een brede maatschappelijke discussie

- "In Nederland gebeurt alles 50 jaar later", *riep* mijn *grootvader* altijd. Volgens hem *liep* Nederland in alles een halve eeuw *achter*. Nu is dat wel anders. In plaats van een *achterstand* heeft Nederland op veel punten een *voorsprong*. Helaas, zou ik *haast* zeggen. *Abortus* is toegestaan; gebruik van softdrugs wordt niet *vervolgd* en is *wijdverbreid*; *prostitutie* en *euthanasie* zijn niet *strafbaar*. "In Nederland mag alles!" zou je beter kunnen zeggen.
- Bekijk het eens van de andere kant! Sinds abortus legaal is *daalt* het aantal abortussen. En *landelijk* bekeken *overlijden* er relatief weinig *verslaafden* aan *drugs*. *Mede* het gevolg van goede voorlichting. En als prostitutie *legaal* is kan een groot *onrecht* worden *aangepakt*: de vrouwenhandel. Ook is beter *na* te *gaan* of er geen ziektes worden *overgebracht*.
- In mijn land zijn zulke dingen verboden. Ze zijn in strijd met onze godsdienst. *Laat* de Nederlandse kerk dat allemaal zomaar *toe*?
- Zo *machtig* is de kerk hier niet. Kerk en staat zijn gescheiden. Bovendien: er is geen sprake van 'de' kerk. De katholieke kerk en de kerken binnen het protestantisme bestaan naast elkaar. Ook het joodse geloof heeft een plaats, en sinds kort de *islam*. Over zulke *vraagstukken* wordt binnen deze religieuze *stromingen* verschillend gedacht. Een heleboel Nederlanders zijn trouwens helemaal niet *gelovig*.
- Hoe zit het dan met de normen en *waarden*? Hoe beslist men of iets *ethisch verantwoord* is of niet?
- Daar hebben we een *originele* oplossing voor: de overheid stelt een commissie in. Die *start* een brede maatschappelijke discussie: een *reeks* bijeenkomsten waarin ieder *zich* kan *uiten*. *Waarna* de overheid een *wijs* besluit kan nemen.
- Het *ei* van Columbus!
- Nou ja ... die discussies duren soms *eindeloos*. En het resultaat is *voorspelbaar*: een *compromis* waarin niemand zich helemaal herkent. En wat euthanasie betreft: dat is nu mogelijk, maar alleen bij *uitzichtloos* lijden, en op *verzoek* van de patiënt. En de arts moet overleggen met een collega. Het idee dat euthanasie hier *willekeurig* toegepast zou worden, *berust* dus echt op een *misverstand*. - Nou, *des te beter*!

4293	riep	said	disait	rief	söylerdi, derdi	4293
4294	grootvader (de)	grandfather	grand-père	Großvater	büyük baba	4294
4295	liep achter	was behind	retardait	war zurück	geri kaldı	4295
4296	achterstand (de)	lag	retard	Rückstand	geri kalmışlık	4296
4297	voorsprong (de)	lead	avance	Vorsprung	öncelik	4297
4298	haast	almost	presque	fast	acele	4298
4299	abortus (de)	abortion	avortement	Abtreibung	kürtaj	4299
4300	vervolgd	prosecuted	poursuivi en justice	verfolgt	takip edildi	4300
4301	wijd	wide	largement	weit	oldukça, geniş	4301
4302	verbreid	spread	répandu	verbreitet	yaygın	4302
4303	prostitutie (de)	prostitution	prostitution	Prostitution	fuhuş	4303
4304	euthanasie (de)	euthanasia	euthanasie	Euthanasie	ölüm yardımı	4304
4305	strafbaar	punishable	condamnable	strafbar	cezalı	4305
4306	daalt	goes down	baisse	sinkt	azalır	4306
4307	landelijk	nationally	national	landesweit	ulusal, genel	4307
4308	overlijden (aan)	die	décèdent	sterben	ölmek	4308
4309	verslaafden	addicts	intoxiqués	Abhängige	başımlılar	4309
4310	drugs	drugs	drogues	Drogen	uyuşturucu	4310
4311	mede	among other things	en partie	auch	dahi	4311
4312	legaal	legal	légale	legal	yasal	4312
4313	onrecht (het)	injustice	injustice	Unrecht	adaletsizlik	4313
4314	aangepakt	dealt with	s'attaqué	angepackt	ortaya çıkartılır	4314
4315	na gaan	control	contrôler	kontrollieren	araştırmak	4315
4316	overgebracht	transmitted	transmises	übertragen	aktarıldı	4316
4317	laat toe	tolerate	permet	lässt zu	kabul etmek	4317
4318	machtig	powerful	puissante	mächtig	güçlü	4318
4319	islam (de)	Islam	l'islam	Islam	islam	4319
4320	vraagstukken	questions	questions	Fragen	sorunlar	4320
4321	stromingen	movements	courants	Strömungen	akımlar	4321
4322	gelovig	religious	croyants	gläubig	dindar	4322
4323	waarden	values	valeurs	Werte	deşerler	4323
4324	ethisch	ethically	éthiquement	ethisch	ahlaki	4324
4325	verantwoord	sound	raisonnable	verantwortbar	sorumlu tutulur	4325
4326	originele	original	originale	originelle	orijinal	4326
4327	start	begins	lance	beginnt	başlatıyor	4327
4328	reeks (de)	series	série	Reihe	seriler	4328
4329	zich uiten	express himself	s'exprimer	sich äußern	fikrini savunmak	4329
4330	waarna	after which	après quoi	wonach	ki (ondan) sonra	4330
4331	wijs	wise	judicieuse	klugen	akıllıca	4331
4332	ei (het)	egg	oeuf	Ei	yumurta	4332
4333	het ei van Columbus = een simpele en slimme oplossing					4333
4334	eindeloos	forever	indéfiniment	endlos	sonsuz	4334
4335	voorspelbaar	predictable	prévisible	vorhersagbar	önceden tahmin edilir	4335
4336	compromis (het)	compromise	compromis	Kompromiss	uzlaşma	4336
4337	uitzichtloos	hopeless	sans issue	aussichtslosen	çaresi olmayan	4337
4338	verzoek (het)	request	demande	Bitte	istek	4338
4339	willekeurig	at random	arbitrairement	willkürlich	istedişi gibi	4339
4340	berust (op)	is based	repose	beruht	dayanıyor	4340
4341	misverstand (het)	misunderstanding	malentendu	Missverständnis	yanlış anlaşılma	4341
4342	des te beter	all the better	tant mieux	um so besser	daha iyi	4342

Een brede maatschappelijke discussie

- "In Nederland gebeurt alles 50 jaar _____ ", riep mijn grootvader altijd. Volgens hem liep Nederland _____ alles een halve eeuw achter. Nu is dat _____ anders. In plaats van een achterstand heeft Nederland _____ veel punten een voorsprong. Helaas, zou ik haast _____ . Abortus is toegestaan; gebruik van softdrugs wordt niet _____ en is wijdverbreid; prostitutie en euthanasie zijn _____ strafbaar. "In Nederland mag alles!" zou je beter _____ zeggen. - Bekijk het eens van de andere kant! _____ abortus legaal is daalt het aantal abortussen. En _____ bekeken overlijden er relatief weinig verslaafden aan drugs. _____ het gevolg van goede voorlichting. En als prostitutie _____ is kan een groot onrecht worden aangepakt: de _____ . Ook is beter na te gaan of er _____ ziektes worden overgebracht. - In mijn land zijn zulke _____ verboden. Ze zijn in strijd met onze godsdienst. _____ de Nederlandse kerk dat allemaal zomaar toe? - Zo _____ is de kerk hier niet. Kerk en staat _____ gescheiden. Bovendien: er is geen sprake van 'de' _____ . De katholieke kerk en de kerken binnen het _____ bestaan naast elkaar. Ook het joodse geloof heeft _____ plaats, en sinds kort de islam. Over zulke _____ wordt binnen deze religieuze stromingen verschillend gedacht. Een _____ Nederlanders zijn trouwens helemaal niet gelovig. - Hoe zit _____ dan met de normen en waarden? Hoe beslist _____ of iets ethisch verantwoord is of niet? - Daar _____ we een originele oplossing voor: de overheid stelt _____ commissie in. Die start een brede maatschappelijke discussie: _____ reeks bijeenkomsten waarin ieder zich kan uiten. Waarna _____ overheid een wijs besluit kan nemen. - Het ei _____ Columbus! - Nou ja ... die discussies duren soms eindeloos. _____ het resultaat is voorspelbaar: een compromis waarin niemand _____ helemaal herkent. En wat euthanasie betreft: dat is _____ mogelijk, maar alleen bij uitzichtloos lijden, en op _____ van de patiënt. En de arts moet overleggen _____ een collega. Het idee dat euthanasie hier willekeurig _____ zou worden, berust dus echt op een misverstand. - _____ , des te beter!

Geef antwoord

1. Kunt u iets bedenken waarbij Nederland (nog steeds) achterloopt?
2. 'In Nederland mag alles'. Geldt dit volgens u op elk gebied?
3. Alcohol en sigaretten zijn 'legaal'. Is een totaal verbod beter?
4. Een commissie om te beslissen of iets ethisch verantwoord is of niet: het ei van Columbus of verloren tijd?

Grammatica

zou = een mogelijke, maar niet de huidige situatie	
Helaas, **zou** ik haast zeggen	**zou = ik heb de neiging**
Euthanasie **zou** willekeurig toegepast worden	**zou = men zegt dat dat zo is**
Iedereen **zou** een huisarts **moeten** hebben	**zou moeten = eigenlijk noodzakelijk**
Alles mag, **zou** je beter **kunnen** zeggen	**zou** je **kunnen = kun** je **misschien**
Zou u hier **willen** gaan zitten?	**zou** u **willen = wilt** u **alstublieft?**
Als ik jou was, **zou** ik die van Bram nemen	**zou = dat is mijn voorkeur**

Vul in

Als mijn grootvader nog leefde, _____ hij verbaasd zijn. Hij _____ altijd dat Nederland in alles 50 jaar _____ . Maar nu _____ je beter kunnen zeggen dat Nederland een land is waarin alles _____ . Abortus is _____ , prostitutie is niet _____ . Dan kan de _____ beter worden aangepakt, zegt men hier. Ook is beter na _____ gaan of er geen ziektes _____ overgebracht. In mijn land _____ dat allemaal niet kunnen. Zulke dingen zijn in _____ met onze godsdienst.

Brief

Een commissie start de discussie over de minimum leeftijd voor een rijbewijs. Moet dat 23 jaar worden? Jongeren rond de 20 jaar veroorzaken namelijk veel ongelukken. U schrijft een brief naar de commissie (150 woorden) met uw mening.

Les 39
Lieve S.

Hier een *kaartje* uit het *zonnige* zuiden. Op de voorkant de *camping*, bij het *kruisje* staat onze *caravan*. Vlak bij de *toiletten*. Dat geeft nogal wat *lawaai*, en de *geuren* zijn ook niet altijd even lekker. Maar "dan hoeven we 's nachts niet zo ver te lopen", zegt m'n moeder.

Pa had *blijkbaar* zin in een actieve vakantie: fietsen, zwemmen, wandelen. Samen met ons helaas. En thuis is hij niet in *beweging* te krijgen! *Vanmorgen* zijn we weer vroeg op pad gegaan, naar de *top* van die berg, links op de kaart. "*Zet* je *hoed* nou *op*", zei ik nog. Geen overbodige *luxe* hier, met die *brandende* zon. Vooral voor *kale* mannen! Maar ja, hij vond dat *overdreven*. Nu *brengt* hij zijn dagen *door* in het *gras* in de *schaduw* van het toiletgebouw. Met zakken *ijs* en natte *doeken* op zijn *voorhoofd*. Je eigen *schuld*! dacht ik, maar dat zeg ik natuurlijk niet. Ik wil geen *ruzie*. Voorlopig mag hij niet autorijden, dus we blijven wat langer hier.

Ma is in *paniek*: de uit Nederland meegebrachte *voorraden* raken *op*! Ze heeft niet genoeg koffie meegenomen, en natuurlijk is er ook weer te weinig *hagelslag*. En we hebben nog maar voor één dag aardappelen! Ze was bijna in *tranen*. "Dan gaan we toch gezellig in het dorp eten?", stelde ik voor. Maar dat vond ze geen goed idee. Haar eigen eten vindt ze veel lekkerder. *Smaken* verschillen. Ik *lust* langzamerhand wel eens iets anders dan die *eeuwige* Hollandse *pot*!

Denise is tot over haar *oren verliefd*. Als ze niet voor de *spiegel* staat, hangt ze om de *hals* van haar nieuwe held. Of ze zit *vaag* voor zich uit te *staren*. Nou, ik heb hier wel *knappere kerels* gezien. En hij spreekt geen woord Engels! "Moeten jullie elkaar niet eerst een beetje leren kennen?", kon ik niet *nalaten* te vragen. Maar ze is niet voor *rede vatbaar*. Liefde maakt *blind*, zullen we maar zeggen. Ik weet niet wat ik met haar moet beginnen. Wat zou jij doen in mijn plaats?

Zelf kijk ik natuurlijk niet naar de meisjes. Ik denk alleen aan jou en ik mis je.

Veel liefs, L. xxx

PS Mijn adres blijft voorlopig hetzelfde. Laat je nog wat van je horen?

4343	kaartje (het)	postcard	carte	Karte	kartpostal	4343
4344	zonnige	sunny	ensoleillé	sonnigen	güneşli	4344
4345	camping (de)	camping site	camping	Campingplatz	kamp alanı	4345
4346	kruisje (het)	little cross	petite croix	Kreuz	haç	4346
4347	caravan (de)	caravan	caravane	Wohnwagen	karavan	4347
4348	toiletten	toilets	toilettes	Toiletten	tuvaletler	4348
4349	lawaai (het)	noise	bruit	Lärm	gürültü	4349
4350	geuren	smells	odeurs	Gerüche	kokular	4350
4351	pa	dad	papa	Papa	baba	4351
4352	blijkbaar	apparently	manifestement	offensichtlich	belli ki	4352
4353	beweging (de)	movement	mouvement	Bewegung	hareket	4353
4354	is hij niet in beweging te krijgen = doet hij nooit aan sport					4354
4355	vanmorgen	this morning	ce matin	heute Morgen	bu sabah	4355
4356	top (de)	top	sommet	Gipfel	zirve	4356
4357	zet op	put on	met	setz auf	koy	4357
4358	hoed (de)	hat	chapeau	Hut	şapka	4358
4359	luxe (de)	luxury	luxe	Luxus	lüks	4359
4360	brandende	burning	brûlant	brennenden	yanan	4360
4361	kale	bald	chauves	glatzköpfige	kel	4361
4362	overdreven	exaggerated	exagéré	übertrieben	aşırıya kaçmak	4362
4363	brengt door	spends	passe	verbringt	geçirir	4363
4364	gras (het)	grass	herbe	Wiese	çimen	4364
4365	schaduw (de)	shadow	ombre	Schatten	gölge	4365
4366	ijs (het)	ice	glace	Eis	buz	4366
4367	doeken	cloths	linges	Tüchern	bezler	4367
4368	voorhoofd (het)	forehead	front	Stirn	alın	4368
4369	schuld (de)	fault	faute	Schuld	suç	4369
4370	ruzie (de)	row	dispute	Streit	çekişme	4370
4371	ma	mom	maman	Mama	anne	4371
4372	paniek (de)	panic	panique	Panik	panik	4372
4373	voorraden	supplies	provisions	Vorräte	erzaklar	4373
4374	op	out	fini	auf	bitmek üzere	4374
4375	hagelslag (de)	chocolate sprinkles	granulés en chocolat	Schokoladenstreusel	çikolata serpintisi	4375
4376	tranen	tears	larmes	Tränen	göz yaşları	4376
4377	smaken	tastes	goûts	Geschmäcker	tadlar	4377
4378	smaken verschillen = iedereen heeft zijn eigen voorkeur					4378
4379	lust	would like	aime	habe Lust auf	şehvet	4379
4380	eeuwige	never-ending	éternel	ewigen	ebedi	4380
4381	pot (de)	pot	pot	Topf	kap	4381
4382	de Hollandse pot = typisch Hollands eten					4382
4383	oren	ears	oreilles	Ohren	kulaklar	4383
4384	verliefd	in love	amoureuse	verliebt	acık	4384
4385	tot over haar oren verliefd = heel erg verliefd					4385
4386	spiegel (de)	mirror	miroir	Spiegel	ayna	4386
4387	hals (de)	neck	cou	Hals	boyun	4387
4388	vaag	vaguely	vaguement	vage	belli belirsiz	4388
4389	staren	stare	regarder dans le vide	starrt	gözlerini dikip bakmak	4389
4390	knappere	better looking	plus beaux	hübschere	daha yakışıklı	4390
4391	kerels	guys	gaillards	Kerle	erkekler	4391
4392	nalaten	resist	laisser	unterlassen	kendini tutamamak	4392
4393	rede (de)	reason	raison	Vernunft	akıl	4393
4394	vatbaar	open to	sensible	zugänglich	açık olmak	4394
4395	ze is niet voor rede vatbaar = ze wil niet luisteren					4395
4396	blind	blind	aveugle	blind	kör	4396
4397	wat ik moet beginnen = wat ik moet doen					4397
4398	PS = extra regel onderaan de brief					4398

Lieve S.

Hier een kaartje uit het _____ zuiden. Op de voorkant de camping, bij het _____ staat onze caravan. Vlak bij de toiletten. Dat geeft _____ wat lawaai, en de geuren zijn ook niet _____ even lekker. Maar "dan hoeven we 's nachts _____ zo ver te lopen", zegt m'n moeder. _____ had blijkbaar zin in een actieve vakantie: fietsen, _____ , wandelen. Samen met ons helaas. En thuis is _____ niet in beweging te krijgen! Vanmorgen zijn we _____ vroeg op pad gegaan, naar de top van _____ berg, links op de kaart. "Zet je hoed _____ op", zei ik nog. Geen overbodige luxe hier, _____ die brandende zon. Vooral voor kale mannen! Maar _____ , hij vond dat overdreven. Nu brengt hij zijn _____ door in het gras in de schaduw van _____ toiletgebouw. Met zakken ijs en natte doeken op _____ voorhoofd. Je eigen schuld! dacht ik, maar dat _____ ik natuurlijk niet. Ik wil geen ruzie. Voorlopig _____ hij niet autorijden, dus we blijven wat langer _____ . Ma is in paniek: de uit Nederland meegebrachte _____ raken op! Ze heeft niet genoeg koffie meegenomen, _____ natuurlijk is er ook weer te weinig hagelslag. _____ we hebben nog maar voor één dag aardappelen! _____ was bijna in tranen. "Dan gaan we toch _____ in het dorp eten?", stelde ik voor. Maar _____ vond ze geen goed idee. Haar eigen eten _____ ze veel lekkerder. Smaken verschillen. Ik lust langzamerhand _____ eens iets anders dan die eeuwige Hollandse pot! _____ is tot over haar oren verliefd. Als ze _____ voor de spiegel staat, hangt ze om de _____ van haar nieuwe held. Of ze zit vaag _____ zich uit te staren. Nou, ik heb hier _____ knappere kerels gezien. En hij spreekt geen woord _____ ! "Moeten jullie elkaar niet eerst een beetje leren _____ ?", kon ik niet nalaten te vragen. Maar ze _____ niet voor rede vatbaar. Liefde maakt blind, zullen _____ maar zeggen. Ik weet niet wat ik met _____ moet beginnen. Wat zou jij doen in mijn _____ ? Zelf kijk ik natuurlijk niet naar de meisjes. _____ denk alleen aan jou en ik mis je.

_____ liefs, L. xxx

PS Mijn adres blijft _____ hetzelfde. Laat je nog wat van je horen?

Geef antwoord

1 Wie is S.? Wie is L.?
2 Waarom staat de caravan bij de toiletten?
3 Is L. een sportief type? Waar leidt u dat uit af?
4 Welke voorraden neemt een moeder uit uw land mee op reis?
5 Wie is Denise? Wat zou u doen in L.'s plaats?
6 Is liefde slecht voor de ogen?

Grammatica

met de/het		**zonder de/het**	
een kaartje uit **het** zonnige zuiden		groeten uit **Nederland**	
met **de** zoon van **de** buurman		met **pa, ma** en **Denise**	
we gaan naar **de** top van **de** berg		we zijn **op pad**, hij is **in beweging**	
zij controleert **de** voorraden		zij is **in paniek**, zij is **in tranen**	
ze kijkt in **de** spiegel of hangt om **de** hals		**liefde** maakt blind, **melk** is gezond	
met **de** trein	in **de** stad	**met vakantie**	**naar huis**
op **het** stadhuis	naar **de** markt	**op straat**	**naar school**

Vul in

Beste allemaal. We zijn heerlijk op ____ met de tent. Vanochtend zijn we naar de ____ van een hoge berg geweest. In de ____ zon! Leo wilde niet mee. Hij vindt het o____ , zo'n actieve vakantie. Th____ zijn jullie niet in ____ te krijgen! zegt hij. Maar ik vermoed dat hij de dag liever ____ met Nathalie van de buren. Volgens mij is hij ____ . Tot ____ zijn oren! Moeder is in ____ . De ____ voorraden ____ op! Ikzelf ____ wel eens iets anders dan die ____ Hollandse pot. Maar dat ____ ik natuurlijk niet! Ik wil geen ____ !

Schrijfopdracht

Schrijf het kaartje dat S. terugschrijft. Lees het voor aan de groep.

Les 40 Coffeeshop 'Het Hoekje'

Goedenavond allemaal. Mede *namens* het *college* van *burgemeester* en *wethouders*: welkom op deze informatieavond. Het gaat vanavond over het besluit 'Coffeeshop Het Hoekje'. Zoals u weet heeft de *gemeenteraad besloten* om *bij wijze van experiment* een coffeeshop te gaan *beheren*. Per 1 juli *aanstaande* (a.s.) in de Hoofdstraat, onder streng *toezicht*. Zo willen wij de handel in drugs *strak* onder *controle* houden.

Er hebben zich voor vanavond 24 *sprekers* opgegeven, dus ik *verzoek* u om het kort te houden. Als eerste is aan de beurt iemand van de buurtvereniging. Is die meneer aanwezig? O *pardon*, mevrouw. *Microfoon* iets hoger alstublieft (a.u.b) ... gaat uw gang.

Meneer de *voorzitter*, heeft het College zijn verstand verloren? *Criminele handelingen* in onze eigen Hoofdstraat? Van onze belasting*centen*?! Ik zie ze al komen uit het hele land: op naar 'Het Hoekje', daar is drugshandel toegestaan!

Wij begrijpen dat u schrikt. Ik moet *bekennen* dat wij er *in eerste instantie* ook problemen mee hadden. Maar de *toestand* zoals die nu is kan niet voortduren. Wat *zich afspeelt* in sommige cafés, dat wil je niet weten. Het is het bekende *patroon*: de verkoop van softdrugs en die van *harddrugs* lopen in elkaar over. Een *reëel* gevaar voor onze jeugd! En ik wijs erop dat onze *opzet* niet *afwijkt* van het beleid van de *officier van justitie*. Verkoop van *cannabis* tot een *gewicht* van 5 *gram* wordt *gedoogd*. En een erkende coffeeshopeigenaar mag een dagvoorraad van 500 gram in huis hebben. Oké, nu is die *jongeman* daar. Ja, met dat rode *haar*. Spreekt u maar.

Ik heb een vraagje. Die eigenaar, gaat die honderd maal lopen voor zijn dagvoorraad? Laat me niet *lachen*! En van wie koopt hij die?

Tja, wat die man bij zijn achterdeur koopt en van wie, dat *gaat* ons niet *aan*. Het gaat ons om wat hij binnen verkoopt – alleen softdrugs –, en aan wie – aan jongeren vanaf 16 jaar. En ik herinner u eraan: het is een *proef*. We *brengen* na een maand *verslag uit*. Mocht blijken dat een en ander niet volgens plan *verloopt*, dan is het einde verhaal. Aan die *belofte* kunt u mij houden. Wie kan ik nu het woord geven?

4399	goedenavond	good evening	bonsoir	Guten Abend	iyi akşamlar	4399
4400	namens	on behalf of	au nom de	Namen	adına	4400
4401	college (het)	council	comité	Kollegiums	belediye meclisi	4401
4402	burgemeester (de)	mayor	maire	Bürgermeister	belediye başkanı	4402
4403	wethouders	aldermen	conseillers municipaux	Abgeordneten	belediye memurları	4403
4404	gemeenteraad (de)	city council	conseil municipal	Gemeinderat	belediye meclisi	4404
4405	besloten	decided	décidé	beschlossen	karar verdi	4405
4406	bij wijze van	by way of	à titre de	als	olarak	4406
4407	experiment (het)	experiment	expérience	Experiment	deney	4407
4408	coffeeshop (de) = café waar softdrugs verkocht worden					4408
4409	beheren	manage	gérer	leiten	yönetmek	4409
4410	aanstaande	coming	prochain	kommenden	gelecek	4410
4411	toezicht (het)	supervision	surveillance	Aufsicht	denetleme	4411
4412	strak	tightly	serré	stark	sıkı	4412
4413	controle (de)	control	contrôle	Kontrolle	kontrol	4413
4414	sprekers	speakers	orateurs	Sprecher	sözcüler	4414
4415	verzoek	request	prie	bitte	rica ediyorum	4415
4416	pardon	sorry	pardon	entschuldigung	affedersiniz	4416
4417	microfoon (de)	microphone	microphone	Mikrofon	mikrofon	4417
4418	voorzitter (de)	chairman	président	Vorsitzender	başkan	4418
4419	criminele	criminal	criminels	kriminelle	sabıkalı	4419
4420	handelingen	dealings	actes	Handlungen	eylemler	4420
4421	centen	pennies	sous	Moneten	sentler	4421
4422	op naar Het Hoekje = laten we naar Het Hoekje gaan					4422
4423	bekennen	admit	avouer	zugeben	itiraf etmek	4423
4424	in eerste instantie	initially	en premier lieu	zuerst	ilk planda	4424
4425	toestand (de)	situation	situation	Zustand	durum	4425
4426	zich afspeelt	is going on	se joue	sich abspielt	vuku bulmak	4426
4427	dat wil je niet weten = dat is heel erg					4427
4428	patroon (het)	pattern	mode	Muster	model, şema	4428
4429	harddrugs	harddrugs	drogues dures	harte Drogen	sert uyuşturucular	4429
4430	reëel	real	réel	wirkliche	gerçek	4430
4431	opzet (de)	policy	but	Konzept	taslak	4431
4432	afwijkt (van)	differs	diverge	abweicht	ayrılır	4432
4433	officier van justitie (de)	district attorney	procureur	Staatsanwalt	savcı	4433
4434	cannabis (de)	cannabis	cannabis	Cannabis	kenevir	4434
4435	gewicht (het)	weight	poids	Gewicht	aşırlık	4435
4436	gram (het)	grams	gramme	Gramm	gram	4436
4437	gedoogd	tolerated	toléré	geduldet	izinli	4437
4438	jongeman (de)	young man	jeune homme	junge Mann	delikanlı	4438
4439	haar (het)	hair	cheveux	Haar	saç	4439
4440	lachen	laugh	rire	lachen	gülmek	4440
4441	laat me niet lachen = dat is onzin					4441
4442	gaat aan	is of concern	regarde	geht an	ilgilendirir	4442
4443	proef (de)	test	expérience	Versuch	deney	4443
4444	brengen uit	issue	faisons	geben heraus	çıkarmak	4444
4445	verslag (het)	report	compte-rendu	Bericht	protokol	4445
4446	verloopt	goes	se passe	verläuft	sonuç verir	4446
4447	einde verhaal = afgelopen					4447
4448	belofte (de)	promise	promesse	Versprechen	vaat, söz	4448

Coffeeshop 'Het Hoekje'

____ allemaal. Mede namens het college van burgemeester en ____ : welkom op deze informatieavond. Het gaat vanavond over ____ besluit 'Coffeeshop Het Hoekje'. Zoals u weet heeft ____ gemeenteraad besloten om bij wijze van experiment een ____ te gaan beheren. Per 1 juli aanstaande (a.____ .) in de Hoofdstraat, onder streng toezicht. Zo willen ____ de handel in drugs strak onder controle houden. ____ hebben zich voor vanavond 24 sprekers opgegeven, dus ____ verzoek u om het kort te houden. Als ____ is aan de beurt iemand van de buurtvereniging. ____ die meneer aanwezig? O pardon, mevrouw. Microfoon iets ____ alstublieft (a.u.b) ... gaat uw gang. Meneer ____ voorzitter, heeft het College zijn verstand verloren? Criminele ____ in onze eigen Hoofdstraat? Van onze belastingcenten?! Ik ____ ze al komen uit het hele land: op ____ 'Het Hoekje', daar is drugshandel toegestaan! Wij begrijpen ____ u schrikt. Ik moet bekennen dat wij er ____ eerste instantie ook problemen mee hadden. Maar de ____ zoals die nu is kan niet voortduren. Wat ____ afspeelt in sommige cafés, dat wil je niet ____ . Het is het bekende patroon: de verkoop van ____ en die van harddrugs lopen in elkaar over. ____ reëel gevaar voor onze jeugd! En ik wijs ____ dat onze opzet niet afwijkt van het beleid ____ de officier van justitie. Verkoop van cannabis tot ____ gewicht van 5 gram wordt gedoogd. En een ____ coffeeshopeigenaar mag een dagvoorraad van 500 gram in ____ hebben. Oké, nu is die jongeman daar. Ja, ____ dat rode haar. Spreekt u maar. Ik heb ____ vraagje. Die eigenaar, gaat die honderd maal lopen ____ zijn dagvoorraad? Laat me niet lachen! En van ____ koopt hij die? Tja, wat die man bij ____ achterdeur koopt en van wie, dat gaat ons ____ aan. Het gaat ons om wat hij binnen ____ – alleen softdrugs –, en aan wie – aan jongeren vanaf ____ jaar. En ik herinner u eraan: het is ____ proef. We brengen na een maand verslag uit. ____ blijken dat een en ander niet volgens plan ____ , dan is het einde verhaal. Aan die belofte ____ u mij houden. Wie kan ik nu het ____ geven?

Geef antwoord

1 Door wie is de bijeenkomst georganiseerd, met welk doel?
2 Wat zegt die mevrouw van de buurtvereniging? Heeft ze gelijk?
3 Wat is 'de toestand zoals hij nu is'?
4 Wat is het beleid van de officier van justitie?
5 Wat is het punt van de jongeman met het rode haar?
6 Deze coffeeshop is een proef. Wat wordt daarmee bedoeld?

Grammatica (24)

wijs op, streeft naar	**wijs erop, streeft ernaar**
Ik **wijs** u **op** het gedoogbeleid van de officier van justitie.	Ik **wijs erop dat** de officier van justitie een gedoogbeleid voert.
Ik **herinner** u **aan** uw belofte.	Ik **herinner** u **eraan dat** u dat beloofd hebt.
Het **komt vaak** neer **op** afspraken met twee andere partijen.	Het **komt er** vaak **op neer dat** er afspraken gemaakt worden met twee andere partijen.
Men **streeft** namelijk **naar** een eerlijke verdeling van woningen.	Men **streeft er** namelijk **naar** de woningen eerlijk **te** verdelen.

Vul in

Het college van ____ en wethouders ____ besloten tot een proef met een ____ . Men streeft ____ de drugshandel onder controle ____ houden. Bij ____ van experiment gaat de gemeente ____ 1 juli een coffeeshop ____ . Maar nu heb ik een ____ : heeft het college zijn verstand ____ ? Het komt erop ____ dat er criminele ____ georganiseerd worden. Van mijn b____ ! Ik ____ u eraan dat drugshandel verboden is. Ik begrijp dat u s____ . Maar ik ____ erop dat verkoop van cannabis tot 5 gram ____ wordt door justitie.

Informatieavond

Tijdens de informatieavond komen voor- én tegenstanders aan het woord. U bent een van de 24 sprekers. Ga uw gang!

Les 41

Red de voetbalclub!

Professionele voetbalclubs kunnen *lelijk* in de problemen komen. Ze maken schulden met topsalarissen voor *spelers, trainers* en met hun luxe *stadions*. En als de *prestaties* ook nog *onder de maat* blijven, doen ze een *beroep* op de gemeente. Voetbalclub in nood! Moet de gemeente erop *ingaan*?

Argumenten voor

1 *Supporters beleven plezier* aan voetbal. Zij vormen als het ware een grote familie, met het stadion als vaste *ontmoeting*splaats.

2 Een *elftal* dat kampioen wordt is de beste reclame die een stad kan wensen.

3 Op kaartjes voor een *concert* of *opera* zit subsidie, waarom niet op kaartjes voor het stadion?

4 Bedrijven die in moeilijkheden *verkeren* worden niet zelden *overeind* gehouden met overheidssteun. Waarom voetbalclubs niet?

5 Jongeren zien in voetballers een *rolmodel*. *Inspirerend*! Als ze zelf gaan voetballen leren ze in een *team* te spelen.

6 Voetbal is een *krachtige stimulans* voor de economie. Met de reclames verdienen de bedrijven hun *investeringen* dubbel en dwars terug.

7 Voetbal is *kunst*! Zie je die *knappe* actie met de *bal*? Wat een *snelheid*! *Doelpunt*!!

Argumenten tegen

1 Ik *haat* voetbal. De opmerkingen van de *toeschouwers* tijdens de wedstrijden vind ik *schokkend*. Ze moesten *zich schamen*. Ik *waag me* niet in een stadion!

2 Supporters komen alleen maar om te *vechten*. Of hun elftal nou de *overwinning* behaalt of niet, ze gaan met elkaar op de *vuist*. Zo trekken ze een *spoor* van *vernieling* door de stad. Het bezorgt de politie *letterlijk* handenvol werk en het kost veel geld.

3 Het geld kan beter besteed worden. Aan meer openbaar vervoer, of aan goedkopere woningen.

4 Er zijn gemeentes die het stadion van een club kopen voor een *vermogen*. Later verhuren ze het aan diezelfde club voor een *symbolisch* bedrag.

5 Grote clubs halen jonge *talenten* uit ontwikkelingslanden, trainen ze, en verkopen ze met winst. *Slaven*handel!

6 De problemen van de clubs zijn het gevolg van slecht bestuur. Dat moet niet *beloond* worden.

7 Voetbal is oorlog. Het spel wordt steeds *gemener*. Geen *wonder* dat supporters het slechte voorbeeld volgen!

4449	professionele	professional	professionnels	professionelle	profesyonel	4449
4450	lelijk	ugly	laide	hässlich	fena, kötü	4450
4451	lelijk in de problemen = in grote problemen					4451
4452	spelers	players	joueurs	Spieler	oyuncular	4452
4453	trainers	coaches	entraîneurs	Trainer	antrenörler	4453
4454	stadions	stadiums	stades	Stadien	stadyumlar	4454
4455	prestaties	achievements	performances	Leistungen	netice, başarı	4455
4456	onder de maat	not up to par	en desous de la norme	minderwertig	ölçünün altında	4456
4457	beroep (het)	appeal	appel	appellieren	toplantıya daver	4457
4458	ingaan (op)	comply	réagir	eingehen	olumlu tepki vermek	4458
4459	argumenten	arguments	arguments	Argumente	gerekçeler	4459
4460	supporters	supporter	supporters	Anhänger	taraftarlar	4460
4461	beleven	experience	donnent	haben	yaşamak	4461
4462	plezier (het)	enjoyment	plaisir	Spaß	mutluluk	4462
4463	als het ware een grote familie = het lijkt wel een grote familie					4463
4464	ontmoeting (de)	meeting	rencontre	Begegnung	buluşma	4464
4465	elftal (het)	team	équipe	Fußballmannschaft	takım	4465
4466	concert (het)	concert	concert	Konzert	konser	4466
4467	opera (de)	opera	opéra	Oper	opera	4467
4468	verkeren (in)	are	se trouvent	sich befinden	bulunmak	4468
4469	overeind	on their feet	relever	aufrecht	ayakta	4469
4470	rolmodel (het)	role model	modèle	Vorbild	örnek	4470
4471	inspirerend	inspiring	inspirant	inspirierend	esinlendirici, ilham verici	4471
4472	team (het)	team	équipe	Team	takım	4472
4473	krachtige	strong	vigoureuse	kräftige	güçlü	4473
4474	stimulans (de)	incentive	stimulant	Stimulation	uyarıcı	4474
4475	investeringen	investments	investissements	Investitionen	yatırım	4475
4476	dubbel en dwars = helemaal					4476
4477	kunst (de)	art	art	Kunst	sanat	4477
4478	knappe	beautiful	brillante	gekonnte	alımlı	4478
4479	bal (de)	ball	ballon	Ball	top	4479
4480	snelheid (de)	speed	vitesse	Schnelligkeit	hız	4480
4481	doelpunt (het)	goal	but	Tor	gol	4481
4482	haat	hate	hais	hasse	nefret	4482
4483	toeschouwers	spectators	spectateurs	Zuschauer	seyirciler	4483
4484	schokkend	shocking	choquant	schockierend	sarsıcı	4484
4485	zich schamen	be ashamed	avoir honte	sich schämen	utanmak	4485
4486	waag me	venture	me risque	wage mich	cesaret ediyorum	4486
4487	vechten	fight	se battre	kämpfen	savaşmak	4487
4488	overwinning (de)	victory	victoire	gewinnt	zafer	4488
4489	vuist (de)	fist	poing	Faust	yumruk	4489
4490	op de vuist gaan = gaan vechten					4490
4491	spoor (het)	trail	trace	Spur	dürtü	4491
4492	vernieling (de)	destruction	destruction	Verwüstung	bozulmak	4492
4493	letterlijk	literally	littéralement	buchstäblich	harfi harfine, aynen	4493
4494	handenvol werk = veel werk					4494
4495	vermogen (het)	fortune	fortune	Vermögen	güç	4495
4496	symbolisch	symbolic	symbolique	symbolischen	sembolik	4496
4497	talenten	talented people	talents	Talente	kabiliyetler	4497
4498	slaven	slaves	esclaves	Sklaven	köle	4498
4499	beloond	rewarded	récompensé	belohnt	ödüllendirilme	4499
4500	gemener	nastier	plus méchant	niederträchtiger	daha kötü	4500
4501	wonder (het)	miracle	miracle	Wunder	hayret	4501
4502	geen wonder = het is logisch					4502

Red de voetbalclub!

Professionele voetbalclubs kunnen lelijk in de problemen _____ . Ze maken schulden met topsalarissen voor spelers, trainers _____ met hun luxe stadions. En als de prestaties _____ nog onder de maat blijven, doen ze een _____ op de gemeente. Voetbalclub in nood! Moet de _____ erop ingaan?

Argumenten voor

1 Supporters beleven plezier aan _____ . Zij vormen als het ware een grote familie, _____ het stadion als vaste ontmoetingsplaats. **2** Een elftal dat _____ wordt is de beste reclame die een stad _____ wensen. **3** Op kaartjes voor een concert of opera _____ subsidie, waarom niet op kaartjes voor het stadion? **4** _____ die in moeilijkheden verkeren worden niet zelden overeind _____ met overheidssteun. Waarom voetbalclubs niet? **5** Jongeren zien in _____ een rolmodel. Inspirerend! Als ze zelf gaan voetballen _____ ze in een team te spelen. **6** Voetbal is _____ krachtige stimulans voor de economie. Met de reclames _____ de bedrijven hun investeringen dubbel en dwars terug. **7** _____ is kunst! Zie je die knappe actie met _____ bal? Wat een snelheid! Doelpunt!!

Argumenten tegen

1 Ik _____ voetbal. De opmerkingen van de toeschouwers tijdens de _____ vind ik schokkend. Ze moesten zich schamen. Ik _____ me niet in een stadion!

2 Supporters komen alleen _____ om te vechten. Of hun elftal nou de _____ behaalt of niet, ze gaan met elkaar op _____ vuist. Zo trekken ze een spoor van vernieling _____ de stad. Het bezorgt de politie letterlijk _____ werk en het kost veel geld. **3** Het geld _____ beter besteed worden. Aan meer openbaar vervoer, of _____ goedkopere woningen. **4** Er zijn gemeentes die het stadion _____ een club kopen voor een vermogen. Later verhuren _____ het aan diezelfde club voor een symbolisch bedrag. **5** _____ clubs halen jonge talenten uit ontwikkelingslanden, trainen ze, _____ verkopen ze met winst. Slavenhandel! **6** De problemen van _____ clubs zijn het gevolg van slecht bestuur. Dat _____ niet beloond worden. **7** Voetbal is oorlog. Het spel _____ steeds gemener. Geen wonder dat supporters het slechte _____ volgen!

Geef antwoord

1 Waarom verdienen die spelers zoveel?
2 Waarom komen de clubs in de problemen bij slechte prestaties?
3 Waarom kopen de gemeentes die stadions?
4 In hoeverre is een voetballer een inspirerend rolmodel?
5 In hoeverre is voetbal goed voor de economie?
6 Zijn er ook voordelen voor de jonge talenten uit arme landen?
7 Wat vindt u het sterkste argument van de voor- en tegenstanders?

Grammatica

een beroep doen op	De clubs doen een **beroep op** de gemeente.
ingaan op	Moet de gemeente **ingaan op** het verzoek?
plezier beleven aan	Supporters **beleven plezier aan** voetbal.
in moeilijkheden verkeren	Ook bedrijven **verkeren** soms **in** moeilijkheden.
besteden aan	Het geld kan beter **besteed** worden **aan** vervoer.
verhuren aan	Ze **verhuren** het stadion weer **aan** de club.

Vul in

Als de professionele voetbalclubs te veel schulden maken, kunnen ze lelijk ____ de problemen komen. Vooral ____ de prestaties onder de ____ blijven. Dan beleven de supporters namelijk minder ____ aan de wedstrijden, en blijft de verkoop van kaartjes ook ____ de maat! Als clubs in ____ verkeren, doen ze vaak een beroep ____ de gemeente. ____ steun van de overheid kunnen ze wel ____ blijven. En waarom zou de gemeente niet ingaan ____ het verzoek? Er zit toch ook subsidie op kaartjes voor een ____ ? Bovendien ____ voetbal een krachtige stimulans voor de economie.

Kunst of oorlog?

Houdt u van voetbal? Of haat u het? U kunt vast nog wel meer argumenten bedenken. Zoek een tegenstander en voer de discussie.

Les 42

Fietsen: goed voor u!

Nederland telt meer fietsen dan mensen. Waarom zijn er zoveel? Daar zijn al heel wat *analyses* aan *gewijd* en *beschouwingen* over *gepubliceerd*. Wij doen een nieuwe *poging*. Nederland is klein en *plat*. Ligt de verklaring in deze twee *kenmerken*? De fiets is goedkoop. Dat sluit goed aan bij een typisch Nederlandse *eigenschap*. Of is er een relatie met de calvinistische *moraal*? Nederlanders zijn *milieubewust*. Ze scheiden hun *afval*: groen, glas, papier. Vier miljoen mensen zijn lid van een milieu-organisatie. Velen kiezen voor 'groene' energie, *opgewekt* door windmolens. En dus voor de fiets. Fietsen is niet schadelijk voor het milieu, dat weet u toch? Voor een uur fietsen heb je één *boterham* nodig: fietsen kost dus minder energie dan autorijden. Er is weinig ruimte. Er is plaats voor één auto voor de deur. Vandaar dat we op 1000 inwoners slechts 400 auto's tellen. In de VS zijn er wel bijna 600 auto's per 1000 inwoners. Maar dat zegt niets, zult u *opmerken*. Auto*dichtheid meet* je per vierkante kilometer. Ja, dan komt Nederland op 150 per km^2, 10 keer zo veel als de VS. Weinig of veel auto's? 't Is maar hoe je het bekijkt.

Op de fiets is iedereen gelijk, *las* ik in een *artikel*. Dat is het *onbewuste motief* achter de keuze voor de fiets, aldus de *journalist*. Volgens mij *slaat*-ie de *spijker* op de kop. Iedereen fietst: van klein tot groot, van hoog tot laag, arm en rijk. Huisvrouwen en *zakenlui*, scholieren en leraren. Studenten en *hoogleraren*, de staatssecretaris en de minister, de *dief* en de agent.

Nederlanders houden van natuur. Overal zijn fiets*paden*, route-*aanduidingen* en informatie*borden*. Dat verrast u misschien. Want wat is natuur nog in dit land? Met natuur bedoelt men boerenland: *korenvelden*, *weilanden*, dorpjes. En vergeet u de 'nieuwe natuur' niet: boerenland 'teruggegeven aan de natuur'. Een *avontuurlijk* landschap waar de natuur zijn gang kan gaan, dat spreekt tot de *verbeelding*. Dan pak je je fiets en ga je eropuit.

Op de fiets zijn de Nederlanders in hun *element*. En tegelijkertijd doen ze iets aan hun *conditie*. Haal diep *adem*, *ruik* de *zuivere* lucht en *trap* stevig door. Fietsen: goed voor u!

4503	analyses	analyses	analyses	Untersuchungen	analizler	4503
4504	gewijd (aan)	devoted	consacrées	gewidmet	kutsal	4504
4505	beschouwingen	observations	considérations	Betrachtungen	görüşler	4505
4506	gepubliceerd	published	publiées	veröffentlicht	yayınlandı	4506
4507	poging (de)	attempt	tentative	Versuch	deneme	4507
4508	plat	flat	plat	flach	düz	4508
4509	kenmerken	characteristics	particularités	Kennzeichen	özellikler	4509
4510	eigenschap (de)	quality	caractéristiques	Eigenschaft	özellik	4510
4511	moraal (de)	moral	morale	Moral	moral	4511
4512	milieubewust	environment minded	conscient de l'environnement	umweltbewusst	çevre bilinci olan	4512
4513	afval (het)	garbage	ordures	Abfall	çöp	4513
4514	opgewekt	generated	produit	erzeugt	neşeli	4514
4515	boterham (de)	sandwich	tartine	Butterbrot	ekmek dilimi	4515
4516	dat zegt niets = dat betekent niets					4516
4517	opmerken	remark	remarquer	anmerken	farkına varmak	4517
4518	dichtheid (de)	density	densité	Dichte	sıklık	4518
4519	meet	measure	mesure	misst	ölçer	4519
4520	las	read	lisais	las	okudu	4520
4521	artikel (het)	article	article	Artikel	makale	4521
4522	onbewuste	subconscious	inconscient	unbewusstes	bilinçdışı	4522
4523	motief (het)	motive	motif	Motiv	gerekçe	4523
4524	journalist (de)	journalist	journaliste	Journalist	gazeteci	4524
4525	slaat	hits	frappe	trifft	(çivi) çakmak	4525
4526	spijker (de)	nail	clou	Nagel	çivi	4526
4527	slaat hij de spijker op de kop = heeft hij helemaal gelijk					4527
4528	zakenlui	business people	hommes d'affaires	Geschäftsleute	işadamı	4528
4529	hoogleraren	professors	professeurs d'université	Professoren	profesörler	4529
4530	staatssecretaris (de) = onderminister					4530
4531	dief (de)	thief	voleur	Dieb	hırsız	4531
4532	paden	paths	chemins	Wege	ara yollar	4532
4533	aanduidingen	indications	indications	Kennzeichnungen	işaretler	4533
4534	borden	signs	tableaux	Tafeln	levhalar	4534
4535	korenvelden	cornfield	champs de blé	Kornfelder	mısır tarlaları	4535
4536	weilanden	pastures	prés	Weiden	çayırlar	4536
4537	avontuurlijk	exciting	aventureux	abenteuerliche	maceracı	4537
4538	verbeelding (de)	imagination	imagination	Phantasie	hayal gücü	4538
4539	spreekt tot de verbeelding = maakt grote indruk, brengt de fantasie op gang					4539
4540	ga je eropuit = maak je een tochtje naar buiten					4540
4541	op de fiets zijn ze in hun element = ze fietsen graag en kunnen het goed					4541
4542	element (het)	element	élément	Element	element	4542
4543	conditie (de)	fitness	condition	Kondition	kondisyon	4543
4544	adem (de)	breath	respiration	Atem	soluk	4544
4545	ruik	smell	sens	riech	kokla	4545
4546	zuivere	clean	pur	saubere	temiz	4546
4547	trap	pedal	pédale	strampel	pedala bas	4547

Fietsen: goed voor u!

Nederland telt meer fietsen dan mensen. Waarom _____ er zoveel? Daar zijn al heel wat analyses _____ gewijd en beschouwingen over gepubliceerd. Wij doen een _____ poging. Nederland is klein en plat. Ligt de _____ in deze twee kenmerken? De fiets is goedkoop. _____ sluit goed aan bij een typisch Nederlandse eigenschap. _____ is er een relatie met de calvinistische moraal? _____ zijn milieubewust. Ze scheiden hun afval: groen, glas, _____ . Vier miljoen mensen zijn lid van een milieu-_____ . Velen kiezen voor 'groene' energie, opgewekt door windmolens. _____ dus voor de fiets. Fietsen is niet schadelijk _____ het milieu, dat weet u toch? Voor een _____ fietsen heb je één boterham nodig: fietsen kost _____ minder energie dan autorijden. Er is weinig ruimte. _____ is plaats voor één auto voor de deur. _____ dat we op 1000 inwoners slechts 400 _____ tellen. In de VS zijn er wel bijna _____ auto's per 1000 inwoners. Maar dat zegt _____ , zult u opmerken. Autodichtheid meet je per vierkante _____ . Ja, dan komt Nederland op 150 per vierkante kilometer, _____ keer zo veel als de VS. Weinig of veel _____ ? 't Is maar hoe je het bekijkt. _____ de fiets is iedereen gelijk, las ik in _____ artikel. Dat is het onbewuste motief achter de _____ voor de fiets, aldus de journalist. Volgens mij _____-ie de spijker op de kop. Iedereen fietst: _____ klein tot groot, van hoog tot laag, arm _____ rijk. Huisvrouwen en zakenlui, scholieren en leraren. Studenten _____ hoogleraren, de staatssecretaris en de minister, de dief _____ de agent. Nederlanders houden van natuur. Overal zijn _____ , route-aanduidingen en informatieborden. Dat verrast u misschien. _____ wat is natuur nog in dit land? Met _____ bedoelt men boerenland: korenvelden, weilanden, dorpjes. En vergeet _____ de 'nieuwe natuur' niet: boerenland 'teruggegeven aan de _____ '. Een avontuurlijk landschap waar de natuur zijn gang _____ gaan, dat spreekt tot de verbeelding. Dan pak _____ je fiets en ga je eropuit. Op _____ fiets zijn de Nederlanders in hun element. En _____ doen ze iets aan hun conditie. Haal diep _____ , ruik de zuivere lucht en trap stevig door. _____ : goed voor u!

Geef antwoord

1. Wat vindt u een betere verklaring voor het grote aantal fietsen: het landschap of de prijs van de fietsen?
2. Wat zou de relatie kunnen zijn met de calvinistische moraal?
3. Bent u het eens met de conclusie dat fietsen minder energie kost dan autorijden?
4. Noem twee manieren om de autodichtheid te meten. Welke is de beste?
5. De minister op de fiets: sportief of onverantwoord?
6. Wat is 'nieuwe natuur'? Hoe ziet dat eruit, denkt u?
7. Wat is gevaarlijker volgens u: fietsen of autorijden?

Vul in

Er ___ heel wat fietsen rond in Nederland: het land kent een grote fiets___. Ik las laatst een ___ over dit typisch Nederlandse ___. Volgens de ___ zijn er zo veel fietsen omdat het land plat en ___ is. Maar er zijn toch wel meer ___ en ___ gebieden op de wereld? En daar k___ de mensen niet allemaal voor de fiets! Nee, ik denk dat er een ___ is met de calvinistische m___ van de Nederlanders. Calvinisten ___ niet van luxe, dat weet je ___? Voor mij is een fiets goed genoeg, ___ ze. Een andere ___ van Nederlanders is dat ze van de natuur ___. Ze ___ er graag op uit, ook op de fiets. Dat verrast u ___. Want ___ is natuur nog in dit land, ___ u opmerken. Maar vergeet u het boerenland niet, met z'n dorpjes en ___. En ook in de 'nieuwe ___' is de Nederlander in ___ element: een ___ landschap, waar de natuur zijn ___ kan gaan. Fietsen, goed voor ___!

Vakantie

Vader heeft zin in een fietsvakantie door Nederland. De beide dochters vinden het een leuk plan, de rest van het gezin voelt er niets voor. Bereid de argumenten voor en voer het gesprek.

Les 43
Gastland Nederland

Door de eeuwen heen heeft Nederland vluchtelingen *opgevangen*, en mensen *opgenomen* die hier werk zochten. Daaraan *ontleende* het de *naam* een *gastvrij* en *tolerant* land te zijn. Ook in de 20ste eeuw konden arbeiders uit Zuid-Europa en later uit *Marokko* en *Turkije* hier terecht. Er was zo veel werk dat de industrie arbeiders uit die landen *aantrok*. Inmiddels hebben velen van hen de Nederlandse *nationaliteit verworven*. Er wonen hier ook veel *Surinamers*, en dat zijn eveneens Nederlanders. Zij *kozen* voor de Nederlandse nationaliteit toen Suriname in 1975 onafhankelijk werd.

Tegenwoordig is het veel moeilijker om het land binnen te komen. Er zijn afspraken omtrent *asielprocedures* tussen de EU-landen onderling. Nadat vluchtelingen hun *aanvraag* hebben *ingediend*, moeten ze in speciale *centra* vaak jarenlang in *spanning* de beslissing *afwachten*. *Degenen* van wie de aanvraag wordt *afgewezen* nemen een *advocaat* in de arm. Als ook die procedure *mislukt*, worden ze op straat gezet. '*Verwijderd*' heet dat officieel. Maar *terugkeer* naar het eigen land is vaak niet mogelijk. Er zijn naar schatting minstens 200.000 *illegalen* werkzaam in de *schoonmaak*, de horeca of de tuinbouw.

En de arbeidsmigratie? Mensen uit een EU-land kunnen direct aan het werk. Anderen moeten eerst een werkvergunning zien te *verkrijgen*. Dat heeft vaak heel wat voeten in de aarde, en het kost ook wat. Als *hoogopgeleiden* willen weten wat hun diploma *waard* is, worden ze van het kastje naar de muur gestuurd. Zelfs artsen komen niet altijd in aanmerking voor een werkvergunning.

Voor laagopgeleiden ligt het nog moeilijker. Er is geen werk voor hen. Ook de *Turkse* en *Marokkaanse* arbeiders zijn vaak in de bijstand terechtgekomen. *Materieel* hebben ze het niet slecht, maar ze verkeren in een maatschappelijk *isolement*. Ook de volgende *generaties* voelen zich *innerlijk* sterk verbonden met het land van de ouders. Vaak kiezen de jongeren hun partner daar. Een kwart van de totale immigratie is huwelijksmigratie.

Ik heb iets *vernomen* over 'inburgering'. Wat houdt dat in? Dat je *je aanpast*? 'Inburgeren' betekent 'burger worden', '*je thuis voelen*'. Sinds het begin van dit *millennium* zijn immigranten verplicht cursussen Taal & Cultuur te volgen. Sommigen voelen zich al snel als een vis in het water, anderen moeten de weg nog vinden in het *gastland*. Dat kan via projecten waarin scholing en werk gecombineerd worden. Want werk is de *allerbeste* inburgeringcursus!

4548	opgevangen	received	accueillis	aufgefangen	yakaladı, tuttu	4548
4549	opgenomen	taken in	admis	aufgenommen	kabul etti	4549
4550	ontleende	derived	tirait	dankte	bir yerden alınan isim	4550
4551	naam (de)	name	nom	Namen	isim	4551
4552	gastvrij	hospitable	hospitalier	gastfreundliches	misafirperver	4552
4553	tolerant	tolerant	tolérant	tolerantes	tahammüllü	4553
4554	Marokko	Morocco	Maroc	Marokko	Fas	4554
4555	Turkije	Turkey	Turquie	Türkei	Türkiye	4555
4556	aantrok	attracted	attirait	anlockte	çekti	4556
4557	nationaliteit (de)	nationality	nationalité	Nationalität	milliyet	4557
4558	verworven	obtained	obtenue	erworben	oldu	4558
4559	Surinamers	Surinamese	Surinamiens	Surinamer	Sürinamlılar	4559
4560	kozen	chose	choisirent	wählten	seçtiler	4560
4561	asielprocedures	asylum procedures	procédures d'asile	Asylverfahren	iltica prosedürü	4561
4562	aanvraag (de)	request	demande	Antrag	müracaat	4562
4563	ingediend	submitted	déposée	eingereicht	başvurdu	4563
4564	centra	centres	centres	Zentren	merkezler	4564
4565	spanning (de)	anxiety	avec anxiété	Anspannung	gerilim	4565
4566	afwachten	wait	attendre	abwarten	beklemek	4566
4567	degenen	those	ceux	diejenigen	onlar ki	4567
4568	afgewezen	rejected	refusée	abgewiesen	reddedilen	4568
4569	advocaat (de)	lawyer	avocat	Anwalt	avukat	4569
4570	nemen een advocaat in de arm = zoeken een advocaat					4570
4571	mislukt	fails	échoue	missglückt	başarısız	4571
4572	verwijderd	removed	expulsé	ausgewiesen	reddedildi	4572
4573	terugkeer (de)	return	retour	Rückkehr	geri dönüş	4573
4574	illegalen	illegal aliens	immigrants illégaux	Illegale	kanundışı yaşayanlar	4574
4575	schoonmaak (de)	cleaning	nettoyage	Reinigungsgewerbe	temizlik	4575
4576	verkrijgen	acquire	obtenir	bekommen	almak	4576
4577	zien te verkrijgen = proberen te verkrijgen					4577
4578	dat heeft heel wat voeten in de aarde = dat kost grote moeite					4578
4579	hoogopgeleiden	highly educated	hautement qualifiés	gut Ausgebildete	yüksek eşitimli	4579
4580	waard	worth	vaut	wert	deşer	4580
4581	van het kastje naar de muur = van het ene loket naar het andere					4581
4582	komen in aanmerking voor = hebben recht op					4582
4583	Turkse	Turkish	Turcs	türkischen	Türk	4583
4584	Marokkaanse	Moroccan	Marocains	marokkanischen	Faslı	4584
4585	materieel	materially	matériellement	materiell	maddi	4585
4586	isolement (het)	isolation	isolement	Isolierung	yalıtım, izolasyon	4586
4587	generaties	generations	générations	Generationen	nesiller	4587
4588	innerlijk	intrinsically	intérieurement	innerlich	içten	4588
4589	vernomen	heard	appris	gehört	duydum	4589
4590	inburgering = het proces van inburgeren					4590
4591	je aanpast (aan)	adjust	s'adapte	dich anpasst	uymak	4591
4592	je thuis voelen	feel at home	se sentir à l'aise	dich Zuhause fühlen	evinde hissetmek	4592
4593	millennium (het)	millennium	millénaire	Jahrtausend	bin senelik bir çaş	4593
4594	voelen zich als een vis in het water = voelen zich in hun element					4594
4595	gastland (het)	host country	pays d'acceuil	Gastland	evsahibi ülke	4595
4596	allerbeste	very best	le meilleur	allerbeste	en iyi(si)	4596

Gastland Nederland

Door de eeuwen heen heeft ____ vluchtelingen opgevangen, en mensen opgenomen die hier werk ____ . Daaraan ontleende het de naam een gastvrij en ____ land te zijn. Ook in de 20ste eeuw ____ arbeiders uit Zuid-Europa en later uit Marokko ____ Turkije hier terecht. Er was zo veel werk dat ____ industrie arbeiders uit die landen aantrok. Inmiddels hebben ____ van hen de Nederlandse nationaliteit verworven. Er wonen ____ ook veel Surinamers, en dat zijn eveneens Nederlanders. ____ kozen voor de Nederlandse nationaliteit toen Suriname in ____ onafhankelijk werd. Tegenwoordig is het veel moeilijker om ____ land binnen te komen. Er zijn afspraken omtrent ____ tussen de EU-landen onderling. Nadat vluchtelingen hun ____ hebben ingediend, moeten ze in speciale centra vaak ____ in spanning de beslissing afwachten. Degenen van wie ____ aanvraag wordt afgewezen nemen een advocaat in de ____ . Als ook die procedure mislukt, worden ze op ____ gezet. 'Verwijderd' heet dat officieel. Maar terugkeer naar ____ eigen land is vaak niet mogelijk. Er zijn ____ schatting minstens 200.000 illegalen werkzaam in de ____ , de horeca of de tuinbouw. En de arbeidsmigratie? ____ uit een EU-land kunnen direct aan het ____ . Anderen moeten eerst een werkvergunning zien te verkrijgen. ____ heeft vaak heel wat voeten in de aarde, ____ het kost ook wat. Als hoogopgeleiden willen ____ wat hun diploma waard is, worden ze van ____ kastje naar de muur gestuurd. Zelfs artsen komen ____ altijd in aanmerking voor een werkvergunning. Voor ____ ligt het nog moeilijker. Er is geen werk ____ hen. Ook de Turkse en Marokkaanse arbeiders zijn ____ in de bijstand terechtgekomen. Materieel hebben ze ____ niet slecht, maar ze verkeren in een maatschappelijk ____ . Ook de volgende generaties voelen zich innerlijk sterk ____ met het land van de ouders. Vaak kiezen ____ jongeren hun partner daar. Een kwart van de ____ immigratie is huwelijksmigratie. Ik heb iets vernomen over '____'. Wat houdt dat in? Dat je je aanpast? '____' betekent 'burger worden', 'je thuis voelen'. Sinds het ____ van dit millennium zijn immigranten verplicht cursussen Taal ____ Cultuur te volgen. Sommigen voelen zich al snel ____ een vis in het water, anderen moeten de ____ nog vinden in het gastland. Dat kan via ____ waarin scholing en werk gecombineerd worden. Want werk ____ de allerbeste inburgeringcursus!

Geef antwoord

1 Waarom was er in de tweede helft van de 20ste eeuw zoveel werk?
2 Waarom is terugkeer naar het eigen land vaak niet mogelijk?
3 Vindt u het ook zo vreemd dat buitenlandse artsen niet direct in aanmerking komen voor een werkvergunning? Waarom?
4 Huwelijkspartners uit het eigen land: noem voor- en nadelen.
5 Is je aanpassen de beste manier om in te burgeren?

Maak de zinnen af:

Vroeger ______________________ een gastvrij land te zijn.
Omdat ____________, ________ arbeiders uit Marokko en Turkije aan.
Toen Suriname in 1975 __________, ______ de Nederlandse nationaliteit.
Nadat ze ______________, __________ in speciale centra.
Als de aanvraag ______________, __________ in de arm.
Omdat terugkeer ______________, ________ illegalen werkzaam.

Vul in

In de 20ste eeuw ____ arbeiders uit Marokko en Turkije direct ____ het werk. Maar nu ____ dat moeilijker. Hoogopgeleiden die willen ____ wat hun diploma waard is, ____ van het kastje naar de muur ____ . Doordat er te weinig laaggeschoold werk is, ____ laagopgeleiden vaak in de ____ terecht. Ik heb iets ____ over 'tijdelijke werkvergunningen'. Als arbeidsmigranten in aanmerking zouden ____ voor een tijdelijke vergunning, ____ veel problemen direct opgelost zijn. Wat ____ jij?

Nieuw beleid

Stel: Nederland neemt officieel de status van immigratieland aan. Dan moet er nieuw beleid vastgesteld worden. Drie commissies, 'Asielbeleid', 'Werkvergunningen' en 'Inburgering', overleggen over het nieuwe beleid en doen voorstellen.

Figuur 1 Immigratiemotieven

CBS 2001

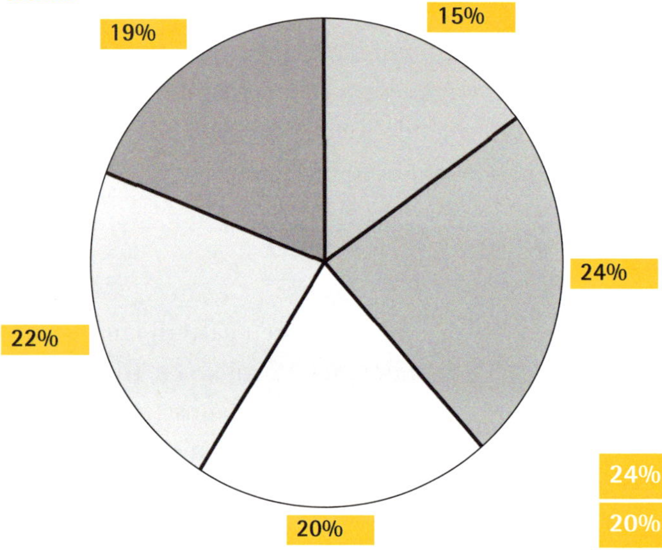

24%	huwelijksmigratie
20%	gezinshereniging*
22%	asiel
19%	werk
15%	overige motieven

Vraag

Als de immigratie in een van de sectoren in deze figuur beperkt wordt, zullen één of meer andere sectoren waarschijnlijk groeien. Kunt u een paar voorbeelden bedenken?

* 'Gezinshereniging': een immigrant die in Nederland werkt mag onder bepaalde voorwaarden gezinsleden (partner en/of kinderen) laten overkomen.

Figuur 2 Herkomst immigranten

Twee derde allochtonen* komt uit Turkije, Suriname, Marokko en Antillen

Aantal inwoners naar herkomst, 1 januari 2003

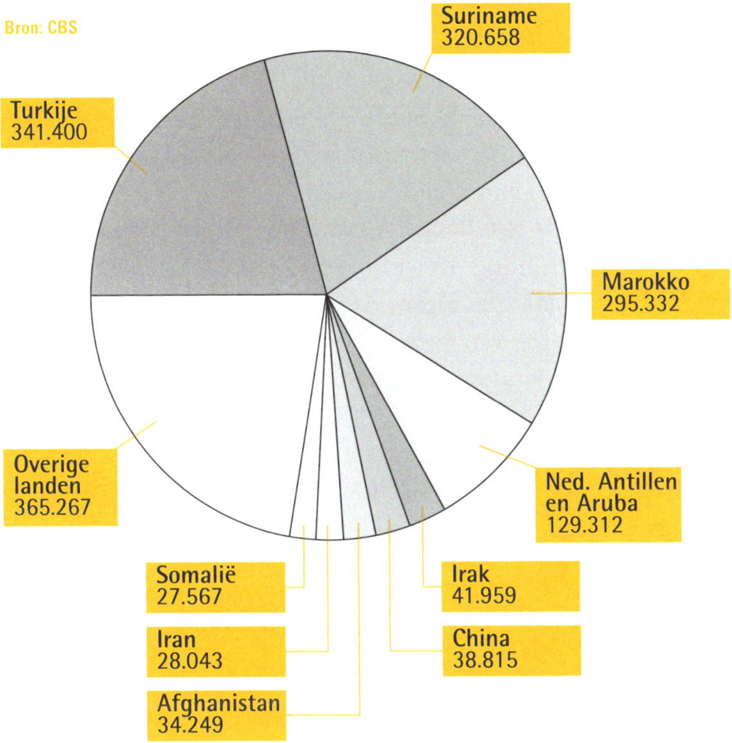

Vul in

Bovenstaand diagram geeft ____ waar de immigranten en hun gezinsleden ____ komen. Verreweg de meesten blijken uit ____ en uit ____ te komen. We ____ dat er ook heel wat Marokkanen in Nederland wonen. Bijna twee derde van de immigranten ____ uit een van deze drie landen. Verder leert het ____ ons dat de aantallen Irakezen en Afghanen veel kleiner ____ . Merk op dat bijna een kwart van de immigranten uit 'overige landen' komt. Wat het diagram ons niet ____ , is uit **welke** landen zij ____ !

* 'Allochtoon': iemand van wie (minstens) één ouder in een ander (meestal niet-geïndustrialiseerd) land geboren is.

Les 44
Nieuwe verhoudingen

Stralende zon aan een blauwe hemel, witte stranden met *palmbomen*, en men spreekt Nederlands! In welke *uithoek* van het Koninkrijk zijn we nu?! We zijn op Curaçao in de *Caribische Zee*. Het is een van de Nederlandse Antillen. Via deze Antillen zijn destijds naar schatting 550.000 *Afrikanen* als slaven naar Amerika gebracht. Maar de *slavernij* is *afgeschaft* en sinds 1954 hebben de eilanden binnenlands *zelfbestuur*. Het is een *boeiend* land, en het is er altijd lekker *weer*: een ideale vakantiebestemming.

Dertig procent van de *Antillianen* leeft onder de *armoede*grens. De werkeloosheid is enorm hoog. Het Internationaal *Monetair* Fonds (IMF) is bereid geld te *lenen*, maar stelt eisen. Ambtenaren moeten *ontslagen* worden en er moet *gesneden* worden in sociale voorzieningen en onderwijs. De helft van de Antilliaanse kinderen verlaat de school zonder diploma. De drugshandel biedt dan meer *perspectieven*. De Nederlandse hulp wordt voor een groot deel besteed aan de *bestrijding* daarvan.

Het is midden in de zomer. Dansende en zingende mensen in *prachtige* kleren trekken op wagens door de stad, *begeleid* door *luide ritmische* muziek. De *stemming* zit er goed in, *blond* en *bruin klapt* en zingt *enthousiast* mee. Zijn we in *Latijns-Amerika*? *Mis*! We zijn in Rotterdam. We hadden het kunnen weten. Het is namelijk 26 juli, en dan *vindt* daar het zomercarnaval *plaats*. Veel *deelnemers* komen uit de Antillen, en de Antilliaanse *salsa* of *rap draagt bij* aan de *feestvreugde*.

Hoeveel Antillianen er in Nederland wonen, 125.000 of 200.000, weten we niet precies. Ze spreken Nederlands, dus de perspectieven zijn goed. Behalve voor een kleine groep. Die spreekt de taal toch niet goed genoeg, woont illegaal bij familie, vindt geen werk, en komt in de criminaliteit terecht.

"Stuur ze terug!" *roepen* velen, "en stop de immigratie!" Onmogelijk: Antillianen zijn Nederlanders. "Maak er een Nederlandse provincie van", *suggereren* anderen. Het is maar de vraag of de Antillianen dat zien zitten! "*Schenk* de eilanden onafhankelijkheid!" zeggen weer anderen. Maar kunnen zij als afzonderlijke staat wel een gezonde economie *opbouwen*? Eén ding is *zeker*. De *verhoudingen* met de Antillen zijn *dringend* aan *herziening* toe.

4597	stralende	brilliant	lumineux	strahlende	pırıltılı	4597
4598	palmbomen	palm trees	palmiers	Palmen	palmiyeler	4598
4599	uithoek (de)	corner	coin perdu	entlegene Ecke	kuytu köşe	4599
4600	Caribische Zee	Caribbean Sea	mer des Caraïbes	Karibik	Karaip denizi	4600
4601	Afrikanen	Africans	Africains	Afrikaner	Afrikalılar	4601
4602	slavernij (de)	slavery	esclavage	Sklaverei	kölelik	4602
4603	afgeschaft	abolished	aboli	abgeschafft	hükümsüz kılmak	4603
4604	zelfbestuur (het)	self-government	autonomie	Selbstverwaltung	özerklik	4604
4605	boeiend	fascinating	fascinant	spannend	etkileyici	4605
4606	weer (het)	weather	temps	Wetter	hava	4606
4607	Antillianen	Antilleans	Antillais	Antillianer	Antilliler	4607
4608	armoede (de)	poverty	pauvreté	Armut	fakirlik	4608
4609	onder de armoedegrens = ver onder minimuminkomen					4609
4610	het IMF = een internationale bank die geld leent aan arme landen					4610
4611	monetair	monetary	monétaire	Währungs-	parasal	4611
4612	lenen	lend	emprunter	leihen	ödünç vermek	4612
4613	ontslagen	dismissed	licenciés	entlassen	işten çıkartmak	4613
4614	gesneden (in)	cuts made	coupé	gekürzt	ikiye ayırmak	4614
4615	perspectieven	perspectives	perspectives	Perspektiven	perpektifler	4615
4616	bestrijding (de)	fight	lutte	Bekämpfung	önlemek	4616
4617	prachtige	beautiful	magnifiques	prächtigen	harika	4617
4618	begeleid	accompanied	accompagnés	begleitet	beraberinde	4618
4619	luide	loud	bruyant	lauter	yüksek sesli	4619
4620	ritmische	rhythmic	rythmique	rhythmischer	ritmik	4620
4621	stemming (de)	mood	ambiance	Stimmung	atmosfer	4621
4622	de stemming zit er goed in = iedereen is in een goede stemming					4622
4623	blond	blond people	blond	blond	sarışın	4623
4624	bruin	brown people	brun	braun	kahverengi	4624
4625	klapt	clap	frappent	klatscht	alkışlar	4625
4626	enthousiast	enthusiastically	avec enthousiasme	begeistert	coşkulu	4626
4627	Latijns-Amerika	Latin America	Amérique latine	Lateinamerika	Latin-Amerika	4627
4628	mis	wrong	faux	daneben	tutturamamak	4628
4629	hadden het kunnen weten = konden het weten, maar dachten er niet aan					4629
4630	vindt plaats	takes place	a lieu	findet statt	gerçekleşir	4630
4631	deelnemers	participants	participants	Teilnehmer	katılımcılar	4631
4632	salsa	salsa	salsa	Salza	salsa	4632
4633	rap	rap	rap	Rap	rap	4633
4634	draagt bij (aan)	contributes	contribue	trägt bei	katkıda bulunuyor	4634
4635	feestvreugde (de)	festivity	allégresse	Feststimmung	şenlik	4635
4636	roepen	say	disent	rufen	seslenmek	4636
4637	suggereren	suggest	suggèrent	schlagen vor	telkin etmek	4637
4638	zien zitten = prettig vinden					4638
4639	schenk	give	offre	schenk	ver, ikram et	4639
4640	opbouwen	build	établi	aufbauen	yapılandırmak	4640
4641	zeker	certain	sûre	sicher	kesin	4641
4642	verhoudingen	relations	relations	Verhältnisse	ilişkiler	4642
4643	dringend	urgently	urgemment	dringend	acilen	4643
4644	herziening (de)	revision	révision	verbesserung	gözden geçirme	4644
4645	een ding is zeker = een ding is duidelijk					4645

Nieuwe verhoudingen

Stralende zon aan een blauwe ____ , witte stranden met palmbomen, en men spreekt Nederlands! ____ welke uithoek van het Koninkrijk zijn we nu?! ____ zijn op Curaçao in de Caribische Zee. Het ____ een van de Nederlandse Antillen. Via deze Antillen ____ destijds naar schatting 550.000 Afrikanen als slaven ____ Amerika gebracht. Maar de slavernij is afgeschaft en ____ 1954 hebben de eilanden binnenlands zelfbestuur. Het is ____ boeiend land, en het is er altijd lekker ____ : een ideale vakantiebestemming. Dertig procent van de Antillianen ____ onder de armoedegrens. De werkeloosheid is enorm hoog. ____ Internationaal Monetair Fonds (IMF) is bereid geld te ____ , maar stelt eisen. Ambtenaren moeten ontslagen worden en ____ moet gesneden worden in sociale voorzieningen en onderwijs. ____ helft van de Antilliaanse kinderen verlaat de school ____ diploma. De drugshandel biedt dan meer perspectieven. De ____ hulp wordt voor een groot deel besteed aan ____ bestrijding daarvan. Het is midden in de zomer. ____ en zingende mensen in prachtige kleren trekken op ____ door de stad, begeleid door luide ritmische muziek. ____ stemming zit er goed in, blond en bruin ____ en zingt enthousiast mee. Zijn we in Latijns-____ ? Mis! We zijn in Rotterdam. We hadden het ____ weten. Het is namelijk 26 juli, en dan ____ daar het zomercarnaval plaats. Veel deelnemers komen uit ____ Antillen, en de Antilliaanse salsa of rap draagt ____ aan de feestvreugde. Hoeveel Antillianen er in Nederland ____ , 125.000 of 200.000, weten we niet ____ . Ze spreken Nederlands, dus de perspectieven zijn goed. ____ voor een kleine groep. Die spreekt de taal ____ niet goed genoeg, woont illegaal bij familie, vindt ____ werk, en komt in de criminaliteit terecht. "Stuur ____ terug!" roepen velen, "en stop de immigratie!" Onmogelijk: ____ zijn Nederlanders. "Maak er een Nederlandse provincie van", ____ anderen. Het is maar de vraag of de Antillianen ____ zien zitten! "Schenk de eilanden onafhankelijkheid!" zeggen weer ____ . Maar kunnen zij als afzonderlijke staat wel een ____ economie opbouwen? Eén ding is zeker. De verhoudingen ____ de Antillen zijn dringend aan herziening toe.

Geef antwoord

1 Waarom zit het Koninkrijk in die verre uithoeken?
2 Waarom heeft Nederland zich vroeger juist daar uitgebreid?
3 Wat is het 'zomercarnaval'? Waarom heet het zo?
4 Wat lijkt u het beste voor de Antillen: onafhankelijkheid of de status van provincie? Zijn er ook nadelen?

Grammatica (29)

worden of zijn?		
Veel ambtenaren **worden ontslagen**.	→	Velen raken hun baan kwijt.
De hulp **wordt besteed** aan drugsbestrijding.	→	Het geld gaat naar drugsbestrijding.
Er **wordt gesneden** in het onderwijs.	→	De overheid besteedt minder geld.
Slaven **zijn** naar Amerika **gebracht**.	→	Hun nakomelingen wonen daar nog.
De slavernij **is afgeschaft**.	→	Die bestaat nu niet meer.
Veel ambtenaren **zijn ontslagen**.	→	Ze hebben geen werk meer.

Vul in

Naar schatting ____ een half miljoen Afrikanen naar Amerika gebracht. Ze ____ daar gebruikt als slaven. Maar nu ____ de slavernij afgeschaft, en dus ____ er nu geen slaven meer getransporteerd via de Antillen. Er ____ nu vooral toeristen getransporteerd naar de eilanden. Met hun stranden met ____ , de ____ zon en het ____ weer zijn ze een ideale ____ . Maar een groot ____ Antillianen leeft onder de ____ . Het IMF eist dat er flink in het onderwijs gesneden ____ . Pas nadat er in het onderwijs gesneden ____ , is het IMF bereid geld te ____ . Maar daarmee gaat de kwaliteit van het onderwijs achteruit. Dan ____ nog meer kinderen de school zonder ____ .

Feest

Welk feest dat in uw land gevierd wordt zou u hier willen invoeren?

Les 45
De tijd vliegt

Oudejaarsavond, de laatste avond van het jaar. De *kerstboom* staat nog in de kamer, en in de wc hangen tientallen *nieuwjaarskaarten*. Het hele huis *ruikt* naar *zoete oliebollen*, zelf*gebakken* of gekocht op straat. De *champagne* staat al klaar. Straks, precies om 12 uur 's nachts, begint het nieuwe jaar. Iedereen gaat de straat op om *vuurwerk af* te *steken*. En om buren en vrienden gelukkig nieuwjaar te wensen.

Maar eerst is er nog een lange avond. Gezinnen doen *spelletjes*, de kinderen mogen *opblijven* met de *volwassenen*. Op tv zijn er speciale programma's, vaak met een overzicht van het afgelopen jaar. Wat waren de *hoogtepunten* en wat de *dieptepunten*? Wie waren er in het nieuws? Wat maakte de *tongen* los?

Veel mensen kijken ook op hun eigen leven terug. De tijd vliegt! Ze halen *herinneringen* op aan het afgelopen jaar, *hetzij* goede, hetzij slechte. Ze vertellen elkaar hun goede *voornemens*. Nog één *sigaret opsteken* en dan stoppen. *Italiaans* leren, meer bewegen. *Zich gedragen* in het verkeer, de tuin doen. Wat ervan terechtkomt? Dat zien we *volgend* jaar wel!

Het is ook de laatste les van deze cursus. Een mooie *aanleiding* om terug te kijken. Weet je nog wat je aan het begin van de cursus wilde leren? Beter Nederlands verstaan, spreken of schrijven? En hoe is het er nu mee? Waar heb je je vooral mee bezig gehouden? Wat was het leukste dat je over Nederland geleerd hebt? En het *nuttigste*? Heb je *commentaar* op de manier van les geven? *Bood* het boek voldoende *stof* tot discussie? Zijn er *onderwerpen* die je *gemist* hebt in het *materiaal*? Zo ja, waarover had je nog willen praten in de les?

En dan natuurlijk het belangrijkste: spreek je nu *vloeiend* Nederlands? Je *zucht*. Nog niet? Dat zou in deze *fase* natuurlijk te veel gevraagd zijn. Maar je bent wel een aardig eind op weg. De *grondslag* is gelegd. Je wilt het nog beter leren? Oefenen, oefenen, je *ontkomt* er niet aan! Een goed voornemen voor de *komende* tijd?

4646	oudejaarsavond (de)	New Year's Eve	Saint-Sylvestre	Silvester	yeniyıl akşamı	4646
4647	kerstboom (de)	Christmas tree	sapin de Noël	Weihnachtsbaum	yılbaşı aşacı	4647
4648	nieuwjaarskaarten	new year cards	cartes de voeux	Neujahrskarten	yılbaşı kartları	4648
4649	ruikt	smells	sent	riecht	kokar	4649
4650	zoete	sweet	sucrés	süßen	tatlı	4650
4651	oliebollen	new year's pastry	beignets	Krapfen	lokmalar	4651
4652	gebakken	baked	cuits	gebacken	pişirdi	4652
4653	champagne (de)	champagne	champagne	Champagner	şampanya	4653
4654	vuurwerk (het)	fireworks	feux d'artifice	Feuerwerk	havai fişek	4654
4655	af steken	let off	allumer	abschießen	yakmak	4655
4656	spelletjes	games	jeux	Spiele	oyunlar	4656
4657	opblijven	stay up	veiller	aufbleiben	uyanık kalmak	4657
4658	volwassenen	grown-ups	adultes	Erwachsenen	yetişkinler	4658
4659	hoogtepunten	highs	points culminants	Höhepunkte	zirvedeki konular	4659
4660	dieptepunten	lows	points les plus bas	Tiefpunkte	en düşük noktalar	4660
4661	tongen	tongues	langues	Zungen	diller	4661
4662	wat maakte de tongen los = waarover praatte iedereen?					4662
4663	de tijd vliegt = de tijd gaat snel					4663
4664	herinneringen	memories	souvenirs	Erinnerungen	anılar	4664
4665	hetzij	be it	soit	entweder...oder	hem ... hem ...	4665
4666	voornemens	resolutions	résolutions	Vorsätze	planlar	4666
4667	sigaret (de)	cigarette	cigarette	Zigarette	sigara	4667
4668	opsteken	light	allumer	anstecken	yakmak	4668
4669	Italiaans (het)	Italian	italien	Italienisch	Italyanca	4669
4670	zich gedragen	behave	se comporter	sich benehmen	iyi davranmak	4670
4671	wat ervan terechtkomt = wat ze in praktijk zullen brengen					4671
4672	volgend	next	prochaine	nächstes	gelecek	4672
4673	aanleiding (de)	reason	occasion	Anlass	vesile	4673
4674	nuttigste	most useful	le plus utile	nützlichste	faydalı	4674
4675	commentaar (het)	comments	commentaire	Kommentar	yorum	4675
4676	bood	offered	offrait	bot	verdi, teklif etti	4676
4677	stof (de)	matter	matière	Stoff	malzeme	4677
4678	onderwerpen	subjects	sujets	Themen	konular	4678
4679	gemist	missed	fait défaut	vermisst	kaçırdı	4679
4680	materiaal (het)	material	matériel	Unterrichtsmaterial	materyal	4680
4681	had je willen praten = je wilde praten, maar het is niet gebeurd					4681
4682	vloeiend	fluently	couramment	fließend	akıcı	4682
4683	zucht	sigh	soupire	seufzt	oflayıp pofluyorsun!	4683
4684	fase (de)	stage	phase	Phase	evre	4684
4685	te veel gevraagd = onmogelijk					4685
4686	grondslag (de)	foundation	base	Grundstein	temel	4686
4687	ontkomt (aan)	escape	échappe	entkommst	kurtulur, kaçınılır	4687
4688	komende	to come	à venir	kommende	gelecek	4688
4689	nieuwjaarsdag	New Year's Day	Jour de l'An	Neujahr	yeniyıl günü	4689
4690	Pasen	Easter	Pâques	Ostern	Paskalya	4690
4691	Hemelvaartsdag	Ascension Day	l'Ascension	Christi-Himmelfahrt	Isa'nın göşe çıktışına inanılan gün	4691
4692	Pinksteren	Pentecost	la Pentecôte	Pfingsten	Pantkot yortusu	4692
4693	bevrijding (de)	liberation	libération	Befreiung	kurtuluş	4693

Feestdagen, officiële vrije dagen:	
nieuwjaarsdag	1 januari
Pasen	een zondag + maandag in maart of april
Koninginnedag	30 april
Hemelvaartsdag	een donderdag in mei of juni
Pinksteren	een zondag + maandag in mei of juni
Kerstmis	25 en 26 december
Feestdagen, geen vrije dagen	
*Bevrijdings*dag	5 mei
Sinterklaas	5 december

De tijd vliegt

Oudejaarsavond, _____ laatste avond van het jaar. De kerstboom staat _____ in de kamer, en in de wc hangen _____ nieuwjaarskaarten. Het hele huis ruikt naar zoete oliebollen, _____ of gekocht op straat. De champagne staat _____ klaar. Straks, precies om 12 uur 's nachts, _____ het nieuwe jaar. Iedereen gaat de straat op _____ vuurwerk af te steken. En om buren en _____ gelukkig nieuwjaar te wensen. Maar eerst is er _____ een lange avond. Gezinnen doen spelletjes, de kinderen _____ opblijven met de volwassenen. Op tv zijn er _____ programma's, vaak met een overzicht van het _____ jaar. Wat waren de hoogtepunten en wat de _____ ? Wie waren er in het nieuws? Wat maakte _____ tongen los? Veel mensen kijken ook op hun _____ leven terug. De tijd vliegt! Ze halen herinneringen _____ aan het afgelopen jaar, hetzij goede, hetzij slechte. _____ vertellen elkaar hun goede voornemens. Nog één sigaret _____ en dan stoppen. Italiaans leren, meer bewegen. Zich _____ in het verkeer, de tuin doen. Wat ervan _____ ? Dat zien we volgend jaar wel! Het _____ ook de laatste les van deze cursus. Een _____ aanleiding om terug te kijken. Weet je nog _____ je aan het begin van de cursus wilde _____ ? Beter Nederlands verstaan, spreken of schrijven? En hoe _____ het er nu mee? Waar heb je je _____ mee bezig gehouden?

Wat was het leukste dat ____ over Nederland geleerd hebt? En het nuttigste? Heb ____ commentaar op de manier van les geven? Bood ____ boek voldoende stof tot discussie? Zijn er onderwerpen ____ je gemist hebt in het materiaal? Zo ja, ____ had je nog willen praten in de les? ____ dan natuurlijk het belangrijkste: spreek je nu vloeiend ____? Je zucht. Nog niet? Dat zou in deze ____ natuurlijk te veel gevraagd zijn. Maar je bent wel ____ aardig eind op weg. De grondslag is gelegd. ____ wilt het nog beter leren? Oefenen, oefenen, je ____ er niet aan! Een goed voornemen voor de ____ tijd?

Feestdagen, officiële vrije dagen:
Nieuwjaarsdag: 1 januari.
____: een zondag + maandag in maart of april.
____: 30 april.
Hemelvaartsdag: een donderdag in mei of ____.
Pinksteren: een zondag + maandag in mei of ____.
Kerstmis: 25 en 26 december.
Feestdagen, geen vrije ____.
Sinterklaas: 5 december.
Bevrijdingsdag: 5 mei.

Geef antwoord

1. Wat zijn de nieuwjaarstradities in uw land?
2. Wat waren uw goede voornemens voor dit jaar? En?
3. Wat wilde u in deze cursus leren? Is het gelukt?
4. Wat was het vreemdste dat u over Nederland geleerd hebt?
5. Wat gaat u doen om vloeiend Nederlands te leren spreken?

Grammatica (11, 20)

had willen, had kunnen, had moeten	
Waarover **had** je **willen** praten?	Je wilde erover praten, maar het gebeurde niet.
We **hadden willen** komen.	We wilden komen, maar 't kwam er niet van.
We **hadden** het **kunnen** weten.	We konden het weten, maar dachten er niet aan.
Je **had** me toch **kunnen** bellen?	Je kon me bellen; waarom deed je het niet?
We **hadden** je **moeten** bellen.	We hebben je niet gebeld, maar 't was wel nodig.
Ik **had** eerder **moeten** vertrekken.	Ik vertrok te laat, dat was dom.

Vul in

Op o____ , de laatste avond van het jaar, mogen de kinderen ____ . We doen altijd s____ . De oliebollen ____ we dit jaar op straat ____ . Ik had ze liever zelf ____ bakken, maar er was geen olie in huis! Jij had olie moeten ____ ! Dan hadden we onze eigen bollen ____ bakken! Laten we eens terug____ op het ____ jaar. Wie waren er in het ____ ? Wat maakte de ____ los? Wat zijn jouw goede ____ ? Ik wil ____ leren en wat meer in de tuin ____ . O! Het is 12 uur! Tijd om vuurwerk af te ____ . De tijd v____ ! Staat de ____ al klaar? Niet? Ik ____ het kunnen weten! Hallo buurvrouw, ____ nieuwjaar! Wat een prachtig v____ , hè? Nou, ik ga nog één sigaret ____ , en dan ____ ik ermee. Wat ervan ____ ? Dat zie ik ____ jaar wel!

Tv-programma

Wat zou u in een tv-programma over deze cursus laten zien? Noem hoogte- en dieptepunten. Wat maakte de tongen los?

Index

Lijst met gebruikte vaste verbindingen en staande uitdrukkingen

Tracks op de cd's

cd 1

1	Les 1	Geachte cursist
2	Les 2	Nederland, waar ligt dat eigenlijk?
3	Les 3	Een dagje Amsterdam
4	Les 4	Het rijtjeshuis
5	Les 5	Hoe leer je een taal?
6	Les 6	Op het platteland
7	Les 7	Het Koninklijk Huis
8	Les 8	Vrijheid van onderwijs
9	Les 9	De kaart nog eens bekeken
10	Les 10	We noemen haar Roos
11	Les 11	Woonruimte gezocht
12	Les 12	De Nederlanders maakten Nederland
13	Les 13	Politieke partijen: voor elk wat wils
14	Les 14	Zeg maar Piet
15	Les 15	Gelijke kansen
16	Les 16	Willem van Oranje
17	Les 17	Dijken en dammen
18	Les 18	Wereldberoemd in Nederland
19	Les 19	Beter laat dan nooit
20	Les 20	Komt u over een weekje maar terug
21	Les 21	Bustocht door Den Haag
22	Les 22	De Gouden Eeuw
23	Les 23	Wie betaalt voor het gebroken been
24	Les 24	Als haringen in een ton

cd 2

1	Les 25	Over de helft
2	Les 26	De Verenigde Staten van Europa?
3	Les 27	Hulp of handel?
4	Les 28	Met z'n allen op de wachtlijst
5	Les 29	Rotterdam doet 't
6	Les 30	Samen in de spits
7	Les 31	Van de wieg tot het graf
8	Les 32	Tulpen en gloeilampen
9	Les 33	Goede buren
10	Les 34	Goede raad is duur
11	Les 35	Brood op de plank
12	Les 36	Heeft u zelf nog vragen?
13	Les 37	Laat haar maar schuiven
14	Les 38	Een brede maatschappelijke discussie
15	Les 39	Lieve S.
16	Les 40	Coffeeshop 'Het Hoekje'
17	Les 41	Red de voetbalclub!
18	Les 42	Fietsen: goed voor u!
19	Les 43	Gastland Nederland
20	Les 44	Nieuwe verhoudingen
21	Les 45	De tijd vliegt